高等职业教育经管类专业平台课系列教材

市场营销实用教程

刘艳玲　刘晓霞　主　编
于广天　何　琳　蒋建华　副主编

中国轻工业出版社

图书在版编目（CIP）数据

市场营销实用教程 / 刘艳玲，刘晓霞主编．—北京：中国轻工业出版社，2022.7

高等职业教育“十三五”规划教材

ISBN 978-7-5184-2721-5

Ⅰ．①市… Ⅱ．①刘… ②刘… Ⅲ．①市场营销 — 高等职业教育 — 教材 Ⅳ．① F713.50

中国版本图书馆 CIP 数据核字（2019）第 250724 号

责任编辑：崔丽娜　　责任终审：劳国强　　整体设计：锋尚设计
策划编辑：张文佳　　责任校对：吴大朋　　责任监印：张　可

出版发行：中国轻工业出版社（北京东长安街6号，邮编：100740）
印　　刷：河北鑫兆源印刷有限公司
经　　销：各地新华书店
版　　次：2022年7月第1版第2次印刷
开　　本：787 × 1092　1/16　印张：14
字　　数：330千字
书　　号：ISBN978-7-5184-2721-5　定价：45.00元
邮购电话：010-65241695
发行电话：010-85119835　传真：85113293
网　　址：http://www.chlip.com.cn
Email：club@chlip.com.cn
如发现图书残缺请与我社邮购联系调换
220877J2C102ZBW

在顾客导向的市场经济中，不论从事何种职业，具备一定的市场营销知识对于学生今后的职业生涯发展都具有很大帮助意义。

本教材是编者结合多年教学和企业工作经验，在对企业、团体以及政府部门等社会经济结构的市场营销活动进行研究的基础上所做的总结。本教材以企业实际营销管理工作过程为导向规划章节，力求内容精练，逻辑严密，基本概念和基础理论表述规范，同时具有较强的务实性和启发性，能够有效促进学生的学习，培养学生的基本营销技能。

本教材的特色体现在：

1．模块化教学内容设计。本教材根据高等职业院校教学的需求和特点，以企业实际营销管理活动过程为线索规划教材内容，全书共分为六个模块，依次为认识营销、发现营销机会、目标市场战略、营销组合策略、企业营销管理、市场营销的发展。每个模块都设有学习目标、导入案例、课后总结和课后练习与实训。

2．紧随现代营销的新发展，增加了数字营销内容。以往很多同类教材比较注重市场营销学的基本理论和经典内容，在内容的编排和案例的选材上比较陈旧。本书紧跟当前营销的发展趋势，新增了介绍网络营销推广的工具与方法的模块，在案例的选择方面也有意增加了数字营销的鲜活案例。

3．案例丰富。本教材结合每个模块的内容精心挑选导入案例，并且在每个模块中，还设有大量篇幅较小的案例，以加强学生对重要知识点的理解与运用。

4．体现分层教学思想。拓展知识以“资料补充”的方式在各模块中呈现，教师可根据授课需要自行决定讲课深度。

5．强调项目实训。本教材融入项目制教学理念，每个模块都安排了有针对性的项目实训，力争做到理论与实践一体化，形成“教中学，学中做，做中考”。

6．配套资源丰富。提供教学课件、课后习题答案等电子教学资源，减轻教师备课负担。

本书在编写过程中发挥了各位编者的优势力量，每个人承担了各自最擅长的模块。刘艳玲负责整个编书大纲和内容的设计安排及最后审核，并具体负责编写模块一“认识营销”、模块四“营销组合策略”中的任务一、二、五以及模块五“企业营销管理”；刘晓霞负责编写模块三“目标市场战略”、模块六“市场营销的发展”以及模块四中的任务三、四；蒋建华负责编写模块二“发现营销机会”；于广天负责编写全书的案例部分；何琳负责各个模块的练习与思考、实训设计以及电子教学资源的编写。另外，18级营销专业的学生金君燕、俞喜斌、于豪杰、沈晗、张梦梦在本书编写过程中，帮助收集整理了大量资料，在此表示感谢。

在本书的编写过程中，编者翻阅了大量和市场营销相关的资料，在此，对这些资料的编者表示衷心的感谢。由于编写人员水平有限，书中不足之处在所难免，敬请广大读者批评指正。

编者

2019年10月

Contents / 目录

模块一

认识营销

学习目标

1．了解市场营销学的产生与发展

2．明确市场营销学研究的对象和内容

3．理解和掌握市场营销学的核心概念

4．理解不同营销观念对营销管理活动的影响

导入案例

碎片化时代之酒业新营销

新营销时代，是一个碎片化营销时代，它包括信息碎片化、市场碎片化和渠道碎片化。过去依靠某种渠道、某种媒体、某种消费市场就可以打天下的时代已经一去不复返了，新营销需要整合信息传播布局，整合市场布局，整合渠道布局，新营销时代呈现出许多新碎片、新动能，学习、研究好新碎片、新动能，有利于酒企更好地开展酒业新营销。

一、市场碎片化之社群营销

在市场碎片化的新营销时代，社群营销已为越来越多的企业所重视。社群是指一个有相互关系的群体或网络，这种关系可以基于物质、精神、情感等多种方式。近些年，随着网络沟通平台的发展，社群也得到了前所未有的发展。社群它包含但不限于社区、微信群、QQ群、协会、俱乐部等团体与组织，既有形也无形地存在于社会中，需要营销人员通过关系渗透去发掘和进入社群，社群的存在给酒业新营销提供了新阵地，那么，如何做好社群营销呢？

（1）引入符合社群需求的特色产品。比如酱香酒就具有明显的个性化特色，是以特色地产高粱为原料，具有特殊气候条件，具有特殊酿造工艺，具有独特香型，不少酱酒企业已率先尝试社群营销，收益颇丰，个别企业通过社群营销已经年销售几个亿。社群营销基于群体的关系基础和认同感，比较适合销售高品质、性价比高的产品，弱化品牌的重要性，给有特色的非品牌产品提供了很好的营销机会。

（2）抓好三化：场景化、体验化、互动化。场景化是一种更加全面的沟通方式，随着VR、AR技术的发展，沟通不再局限于过去的产品介绍或企业介绍，小视频及视频直播等让消费者更加切身地感受到产品原材料的优选过程、酒水酿造过程、品质管控过程，从而更加信任企业与产品；体验化是增强消费者的切身感受，线下品鉴会是最常见的体验方式，可以开展盲品、原酒调酒等活动，让消费者感受到物有所值；互动化是让消费者提出建议，优化产品（包括产品包装），让他们对产品与服务更加满意。

（3）开发社群营销工具。如销售APP、场景化小视频，把消费者发展成销售商，低门槛招募直分销商，从而去开发更多的社群，构建金字塔式的直分销网络，否则难以形成规模销售。

（4）对于酒水口感、原料、配伍、风格存在巨大差异的洋酒、红酒、健康酒，社群营销更是大有作为。

二、渠道碎片化之线上销售平台布局

在渠道碎片化方面，线上渠道O2O，B2C，C2C在VR、AR技术的发展下，网络购物场景化体验越来越好，网购热也是大家有目共睹的。据统计：目前酒水行业网购率在10%左右，网购率高的3C家电、服装类在30%～40%，相比较而言，酒水行业网购率是比较低的，对于为什么酒水网购率低的原因，笔者认为：①一些名酒企业销量重头戏在传统渠道，怕线上打价格战，影响传统渠道的积极性，从而对线上渠道布局不积极甚至抵制；②白酒因为酒精易燃，属于危险品，快递业不太愿意接白酒快递单，因此制约了线上白酒交易；③产品基于线上假仿冒产品对消费者的伤害，消费者对线上名酒信任度较低；④线下酒水营销的深度和广度要大于3C家电、服装等品类；⑤酒企未从生产源头改善产品包装以满足白酒的快递需求。

虽然目前酒水网购率相对较低，但其他品类对消费者购物习惯的培养与改变必然会带动线上酒水销售的蓬勃发展，酒水网购率低说明存在更大的线上销售增长空间；近几年酒仙网、1919、易酒批零等一批专业酒水B2B、B2C平台发展迅速，说明酒水线上消费在高速成长，本着顺势发展的精神，酒企应及早布局线上销售平台：①入驻网购平台打造旗舰店，或授权网络平台运营；②打造企业网上商城；③打造线上专销品规，对于B2B、B2C综合性网购平台可以授权定制专销品规，以保障不对线下经销渠道造成价格冲击；对于单纯性网络B2C平台，可以有条件地授权销售；④线上品规在产品包装设计时，就要考虑快递运输的要求，要把防摔、防渗漏纳入一体化设计，以满足快递运输需要；⑤强化价格管控，最好实行线上销售商价格保证金制度，保障线上价格稳定，维护线上线下渠道利益，从而保障他们的积极性。

三、信息碎片化之新媒体整合

新媒体是指当下万物皆媒的环境，简单地说，新媒体是一种环境。新媒体涵盖了所有数字化的媒体形式，包括所有数字化的传统媒体、网络媒体、移动端媒体、数字电视、数字杂志等。在信息碎片化时代，新媒体具有针对性传播、传播快、场景化传播、容易产生集群效应的特点，具有明显优势。很多酒企对传统媒体投放富有经验，但对新媒体研究不多，酒企要对新媒体不断研究，尤其研究人气最火的新媒体。这几年随着“两微一抖”的火爆，AR、VR场景化、个性化传播是过去传统媒体无法做到的。在新媒体时代，酒企要做好以下几个方面，为新营销助力：

（1）信息碎片化时代，除了信息源头多，新媒体平台也很多，包括微信、微博、抖音、QQ、优酷、土豆网、腾讯视频、腾讯新闻、今日头条、一点资讯、爱奇艺、快手等，鉴于媒体的多元化，要做好新媒体筛选与整合布局；

（2）做好传统媒体的筛选，做好与新媒体的整合布局，不要非此即彼，运用新媒体的根本目的是要比传统媒体高效，降低单客成本，要客观优选传统媒体与新媒体整合方案；

（3）新媒体传播的关键是要做到传播人数的几何级放大，人数的几何级放大可以通过物质奖励的方式，调动“大V”多层次转发酒企新闻与产品信息的积极性，也可以制作一些情绪化的小视频，放在抖音上，让大家自发地收藏与转发；

（4）新媒体传播新闻、信息要及时快捷，传播语言要精练，传播内容要娱乐化，要能吸引眼球，例如江小白的兴起，离不开它独树一帜的传播方式、传播内容。让新时代消费者易于接受的传播方式、传播内容才会事半功倍。

（中国营销传播网，2018-11-25，作者：刘传彬）

任务一

了解市场营销学的产生与发展

市场营销学萌生于20世纪初期，形成于20世纪中叶，成熟于20世纪80年代，目前仍在不断发展。近百年来，随着社会经济及市场经济的发展，市场营销学发生了根本性的变化，从传统市场营销学演变为现代市场营销学，其应用从营利性组织扩展到非营利性组织，从国内扩展到国外。

一、国外市场营销学的产生与发展

美国市场营销学自20世纪初诞生以来，其发展大体经历了4个阶段。

1．萌芽阶段

19世纪末到20世纪初，各主要资本主义国家经过工业革命，生产力迅速提高，市场规模急剧扩大，供求关系也逐步变化，市场由卖方开始向买方转化，市场营销活动日益成为影响企业效益的重要因素。1904年，克罗西在美国宾夕法尼亚大学开设了“产品市场营销”课程，1910年，巴特勒在威斯康星大学开设了“市场营销方法”课程。1912年，哈佛大学教授赫杰特齐出版了第一本销售学教科书*Marketing*，标志着市场营销学作为一门独立学科的建立。这本教材同现代市场营销学的原理、概念不尽相同，它主要涉及分销和广告学，而且仅限于某些大学的课堂中，并未引起社会的重视，也未应用于企业营销活动。

2．应用阶段

在1929年至1933年，资本主义国家爆发了严重的经济危机，生产过剩，产品大量积压，因而，如何让消费者足量购买就成了企业和市场学家们认真思考和研究的课题。市场营销学也因此从课堂走向了社会实践，并初步形成体系。这期间，美国相继成立了全国市场营销学和广告学教师协会（1926年）、美国市场营销学学会（1936年）。1932年，克拉克和韦尔达出版了《美国农产品营销》一书，对美国农产品营销进行了全面的论述，指出市场营销目的是“使产品从种植者那儿顺利地转到使用者手中”。理论与实践的结合促进了企业营销活动的发展，同时，也促进了市场营销学的发展。但这一阶段的市场营销仍局限于产品的推销、广告宣传、推销策略等。

3. 变革阶段

这是从传统的市场营销学转变为现代市场营销学的阶段。20世纪50年代后，随着第三次科技革命的发展，劳动生产率空前提高，社会产品数量剧增，花色品种不断翻新，市场供过于求的矛盾进一步激化，原有的只研究在产品生产出来后如何推销的市场营销学，显然不能适应新形势的需求。霍华德在出版的《市场营销管理：分析和决策》一书中，率先提出从营销管理角度论述市场营销理论和应用，从企业环境与营销策略二者关系来研究营销管理问题，强调企业必须适应外部环境。麦卡锡在1960年出版的《基础市场营销学》一书中，对市场营销管理提出了新的见解。他把消费者视为一个特定的群体，即目标市场，企业制定市场营销组合策略，适应外部环境，满足目标顾客的需求，实现企业经营目标。企业的经营观点从“以生产为中心”转为“以消费者为中心”，市场也就成了生产过程的起点而不仅仅是终点，营销也就突破了流通领域，延伸到生产过程及售后过程；市场营销活动不仅是推销已经生产出来的产品，而是通过消费者的需要与欲望的调查、分析和判断，通过企业整体协调活动来满足消费者的需求。

4. 发展阶段

进入20世纪70年代后，市场营销学更紧密地结合经济学、哲学、心理学、社会学、数学及统计学学科，成为一门综合性的边缘应用科学，并且出现了许多分支，例如，消费心理学，工业企业市场营销学，商业企业市场营销学等。进入90年代以后，关于市场营销网络、政治市场营销、市场营销决策支持系统、市场营销专家系统等新的理论与实践问题开始引起学术界和企业界的关注。进入21世纪后，互联网的发展和应用，推动着网络营销得到迅猛发展。我们有理由相信，这些新观念、新方法必将把现代市场营销学推向一个新的阶段。

二、市场营销学在我国的传播与应用

新中国成立之前，我国虽曾对市场营销学有过一些研究，但也仅限于几所设有商科或管理专业的高等院校。可以想见，在半封建半殖民地的旧中国，市场经济十分落后的情况下，市场营销学的传播与应用必然受到严重阻碍。新中国成立后，由于强调计划经济，在1949—1978年间，除了台湾和港澳地区的学术界、企业界对这门学科有广泛的研究和应用外，中国内地对市场营销学的研究中断。

从1978年党的十一届三中全会到1992年十四大十几年间，党中央提出了“对外开放、对内搞活”的总方针，从而为我国重新引进和研究市场营销学创造了有利的环境。但是由于社会主义经济能不能运用市场机制，在多大程度上可以应用市场机制的问题，始终没有从根本上解决，政策在计划和市场之间徘徊。直到20世纪90年代以后，国家才明确提出把企业推向市场，市场营销学才开始真正走向全面应用的阶段。

如今，市场营销学已成为各高校经管类专业的一门必修课，市场营销学原理与方法也已广泛地应用于各类企业。由于各地区、各部门之间生产力发展不平衡，产品市场趋势有别，加之各部门经济体制改革进度不一，各企业经营机制改革深度不同等，使市场营销学在各地区、各部门、各类企业的应用程度不尽相同。

任务二

了解市场营销学研究的对象和内容

市场营销学是研究市场营销活动及其规律的科学。它的研究对象包括：企业在动态市场上如何有效地管理其市场营销活动；如何提高企业的经济效益；如何求得生存和发展；如何实现企业的目标。因此，市场营销学的全部研究都是以产品适销对路、扩大市场销售为中心而展开的，并为此提供理论、思路和方法。

市场营销学的主要内容大体可以归纳成三个部分：环境与市场分析、营销活动与营销策略研究、营销战略实施和控制。（图1–1）

第一部分内容是环境与市场分析，着重分析企业与市场的关系，分析影响和制约企业营销活动的各种环境因素，从而判断企业的优势/劣势，明确企业的战略能力，并导

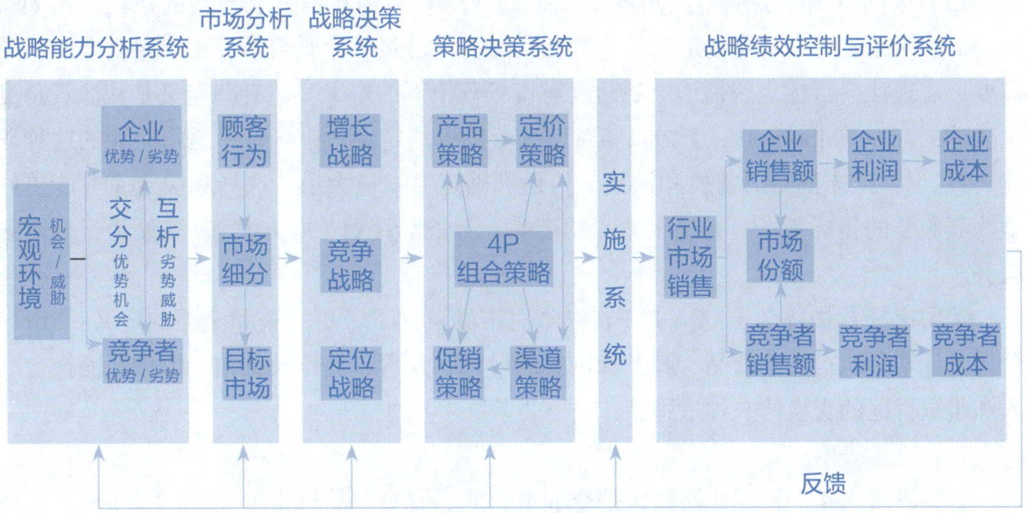

图 1–1　市场营销管理的主要内容与逻辑框架

向可以利用的机会。分析各类购买者的行为，进而提出企业进行市场细分和选择目标市场的理论和方法，并就市场调研和市场需求预测做了介绍。这部分内容具有市场营销基础的意义，阐述了市场营销的若干基本原理和基本思路。

第二部分内容是企业营销活动与营销策略研究，是市场营销学的核心内容。主要包括战略目标和途径决策，策略和方法决策。

第三部分内容是关于营销战略实施和控制，主要阐述了企业为保证营销活动的成功而应在计划、组织、控制等方面采取的措施与方法。

任务三 掌握市场营销学的核心概念

任何一门学科，都有其特定的概念系统，其中，最为基本或核心的部分称之为核心概念系统。认真理解和掌握这些核心概念，对于学好市场营销学，进而搞好市场营销具有重要意义。

一、市场营销

西方市场营销学者从不同角度及发展的观点对市场营销下了不同的定义。例如，E. J. Mccarthy 把市场营销定义为一种社会经济活动过程，其目的在于满足社会或人类需要，实现社会目标。这是从宏观角度对市场营销下的定义。还有些定义是从微观角度来表述的，如 Philip Kotler 于1984年对市场营销下的定义：市场营销是指企业的这种职能，“认识目前未满足的需要和欲望，估量和确定需求量大小，选择和决定企业能更好地为其服务的目标市场，并决定适当的产品、劳务和计划（或方案），以便为目标市场服务。”

美国市场营销协会（AMA）于1985年对市场营销下了更完整和全面的定义：“市场营销是计划和执行关于商品、服务和创意的设计、定价、促销及分销，以创造能符合个人和组织目标的交换的一种过程。”

这一概念表明：

①市场营销是一种企业活动，是企业有目的、有意识的行为。

②产品概念扩大了，它不仅包括商品，还包括服务和创意。

③它建立在交换的基础上，其目的是产生对有关各方的满意。

资料补充

推销等同于营销吗?

推销也叫人员推销，是一种最古老的促销方式，是指销售人员与一个或一个以上可能成为顾客的人交谈，做口头陈述，以介绍宣传产品，并且促使对方购买的营销行为。市场营销不同于推销或促销，现代企业市场营销活动包括市场研究、产品开发、包装、定价、广告、推销、销售促进、售后服务等，而推销仅仅是市场营销活动中的一部分。

二、营销者与潜在顾客

在现代市场营销学中，我们将寻求交换较为积极的一方视为市场营销者，而将另一方称之为潜在顾客或目标顾客。

市场营销者可以是卖方，也可以是买方。假设有几个人同时想买一幅名画，这些购买者（买方）就在进行营销活动，这时，买方是营销者。而我们常常看到的商场搞促销活动，这时，卖方（商场）是营销者。当买卖双方都表现积极时，可称双方均为市场营销者，这种情况称作相互市场营销。

三、需要、欲望和需求

1. 需要

指人们因为某种欠缺没有得到满足时的心理感觉状态。如人们为了生存，需要食物、衣服、房屋等生理需要及安全、归属感、尊重和自我实现等心理需要。需要是抽象的概念，它们存在于人类自身和所处的社会环境，不表现为某一具体满足物。因此，市场营销者不能创造这种需要，而只能适应它。

2. 欲望

指对具体满足物的愿望。不同背景下的消费者欲望有所不同，比如中国人饿了想吃大米饭，美国人饿了则想要一个汉堡包。人的欲望受社会因素及机构因素，诸如职业、团体、家庭、商业公司等影响。因而，欲望会随着社会条件的变化而变化。市场营销者能够影响消费者的欲望，如建议消费者购买某种产品。

3. 需求

指有支付能力和愿意购买某种物品的欲望。可见，消费者的欲望在有购买力做后盾时就变成为需求。许多人想要一辆宝马轿车，但只有极少数人能够并愿意买一辆。因此，市场营销者不仅要了解有多少消费者欲求其产品，还要了解他们是否有能力购买。

资料补充

作为市场营销者，我们还应注意的是，现在没有需求，并不等于将来没有需求。在市场营销中，我们把暂时没有购买力或购买欲望不强的情况称之为潜在需求。随着购买力或购买欲望的提高，潜在需求可以转变为有效需求。如我国不少人随着收入的增高引起的购车热，就是一个典型的例子。对市场营销者而言，不但要学会预测当前的需求，还应放眼未来，发现潜在需求，并能采用有效的方法把它开发出来，使之成为有效需求。

四、产品

是指具有交换价值并能满足交换双方需要与欲望的所有东西。产品包括有形与无形的、可触摸与不可触摸的。如传统意义上的冰箱、彩电、汽车等属于有形产品。与有形产品一同出售的服务也是产品。人们购买洗衣机不是为了观赏，而是因为它可以提供一种被称为“方便”的服务。

服务的传送还可以通过其他载体，诸如人、地、活动、组织和观念等来提供。当我们感到烦闷时，可以到音乐厅欣赏歌星唱歌（人），可以到不同城市去游玩（地），可以到健身房跳操（活动），可以参加俱乐部活动（组织），或者接受一种新的意识（观念）。

此外，知识、智慧、创意也是产品。在我国春秋战国时期，以苏秦、张仪为代表的纵横家们已经把智力当作商品一样出售，他们“待价而沽”“争名者于朝，争利者于市”。

五、顾客让渡价值

顾客让渡价值，是指总顾客价值与总顾客成本之差。

总顾客价值，就是顾客期望从某一特定产品或服务中获得的一组利益。包括产品价值、服务价值、人员价值、形象价值。

总顾客成本，是在评估、获得和使用该产品或服务时而引起的顾客的预计费用。包括货币成本、买者预期的时间、体力和精神成本。

我们假定小张想买一辆小轿车，他购买轿车主要用作上下班的交通工具，因此他希望这辆车能提供一定程度的可靠性、耐用性和良好的性能、优质的服务。假设他比较了A、B两种汽车。结果发现A的产品价值较高，所提供的服务如礼品、保养等也令人满意，而且A的销售人员、公司形象均优于B。综合来看，他认为A所提供的总的顾客价值较高。那么，小张会买A车吗？不一定。因为他还要对与A和B交易所产生的总顾客成本进行比较。小张最后会选择哪辆车呢？我们相信，顾客是价值最大化的追求者，他将从那些他认为能提供最高顾客让渡价值的公司购买产品。

顾客让渡价值概念的提出为企业经营方向提供了一种全面的分析思路。企业要让自己的产品为顾客接受，必须全方位、全过程地改善生产管理和经营，通过改进产品、服务、人员与形象提高顾客总价值，与此同时，还应设法降低顾客购买的总成本。

资料补充

总顾客价值的构成

产品价值：是由产品的质量、功能、规格、式样等因素所产生的价值。产品价值的高低是顾客选择产品时所要考虑的首要因素。

服务价值：是指企业向顾客提供满意服务所产生的价值。

人员价值：是指企业员工的经营思想、知识水平、业务能力、工作效率与质量、应变能力等所产生的价值。

形象价值：是指企业及其产品在社会公众中形成的总体形象所产生的价值。

总顾客成本的构成

货币成本：即以货币表示的产品价格。

时间成本：即顾客为获得某种产品所要付出的时间。如超市设在居民区，就是为了减少顾客的时间成本。又如某机械产品出现故障，维修停工1天，造成10万元损失。因此，质量的好坏，对顾客的时间成本影响很大。

体力成本：是指顾客为获得某种产品所要付出的体力。如网上购物，送货上门，均可节省顾客的体力成本。

精神成本：是指顾客在购买和使用商品时，在精神方面的耗费与支出。如某些产品的使用说明书太复杂，顾客看了半天也不得其解，增加了顾客的精神成本。

六、顾客满意和顾客忠诚

顾客满意是一种心理感受状况，满足程度是顾客对某一产品在满足他需要与欲望方面，实际效果与期望效果之间的差异函数。

很满意　　实际效果>期望

满意　　实际效果＝期望

不满意　　实际效果<期望

公司可能流失80%极不满意的顾客，40%有些不满意的顾客，20%无意见的顾客和10%一般满意的顾客。但是，公司只会流失1%～2%高度满意的顾客。高度满意和愉悦创造了一种对品牌情绪上的共鸣，而不仅仅是一种理性偏好，正是这种共鸣创造了高度的顾客忠诚。

据美国消费者事务办公室的调查，一个高度满意的顾客会告诉另外的5个人。美国汽车的调查显示，一个高度满意的顾客会引起8笔潜在生意，其中至少有一笔成交。所以，公司应努力超越顾客期望，而非仅仅满足顾客。

七、市场

市场是由一切有特定需要或欲望并且愿意和能够通过交换来使需要或欲望得到满足的全部潜在顾客组成。

市场这个词，传统的观念是指买卖双方进行交换的场所。但从市场营销学的角度看，卖方组成行业，买方组成市场。行业和市场构成了简单的市场营销系统。

市场包含三个主要因素，即人口、购买力、购买欲望。这三个因素是相互制约、缺一不可的，只有三者结合起来才能构成现实的市场，决定市场的规模和容量。例如一个国家或地区人口众多，但收入低、购买力差，则不能构成容量很大的市场。反之，该地区经济发达，但人口稀少，也同样不能构成大的市场。或者人口多、购买力强的条件都具备，但人们对该产品购买欲望不高，也不能形成大的市场。

八、关系营销

随着社会经济的发展、科学技术参与经营活动程度的加深，以及市场竞争的日益激烈，人们逐渐发现，应用传统的市场营销理论已难达到企业的预期目标。市场营销要素组合的某些职能（如广告）的使用并不重要，而关键是参与市场交换的各方之间的相互关系和作用。

所谓关系营销，就是把营销活动看成是一个企业与消费者、供应商、分销商、竞争者、政府机构及其他公众发生互动作用的过程，其核心是建立和发展与这些公众的良好关系。

关系营销相比于传统的市场营销组合有较大区别，主要表现在：①传统营销的核心是交易，企业通过诱使对方发生交易并从中获利；而关系营销的核心是关系，企业通过建立双方良好的互惠合作关系从中获利；②传统营销的视野局限于目标市场上；而关系营销所涉及的范围则包括顾客、供应商、分销商、竞争对手、银行、政府及内部员工等；③传统营销关心如何生产，如何获得顾客；而关系营销强调充分利用现有资源，强调保持现有顾客。

众所周知，中国人是比较重交往、重感情的，因此中国人在进行市场营销活动时很注重“拉关系”，但是，这种“关系”之中不应含有消极成分，如“权钱交易、灰色交易”等。关系营销应致力于发展健康、持久的关系，它具有关注、信任、承诺和服务等特征。

资料补充

菲利普·科特勒把公司与顾客关系建设划分为5种不同的水平，并根据产品的利润高低和顾客/分销商数量的多少来确定企业的关系营销层次。

	高利润	中利润	低利润
顾客/分销商数量很多	可靠型	反应型	基本型或反应型
顾客/分销商数量一般	主动型	可靠型	反应型
顾客/分销商数量较少	合伙型	主动型	可靠型

基本型：推销员只是简单地出售产品。

反应型：出售，鼓励顾客，如有问题或不满意就打电话给公司。

可靠型：售后不久就打电话给顾客，了解顾客是否满意，征得改进建议。

主动型：经常与顾客联系。

合伙型：公司与顾客一直相处在一起，帮助顾客更好地行动。

任务四 理解营销观念对营销管理活动的影响

企业经营观念（哲学）是企业经营活动的指导思想，是企业如何看待顾客和社会的利益，即如何处理企业、顾客和社会三者利益之间的比重关系。近百年来，西方工商企业营销管理的指导思想经历了一个漫长的演变过程。在这个演变过程中，先后出现过以下几种观念：生产观念、产品观念、推销观念、市场营销观念、社会营销观念。随着社会的发展以及科学技术的进步，现代企业的市场营销管理观念呈现新的发展趋势：绿色营销观念，创造需求的营销观念，大市场营销观念，文化营销观念，权变营销观念等。了解市场营销哲学的演变，对于企业更新观念，加强市场营销管理，具有十分重要的意义。

一、企业营销观念及其演变

（一）传统营销观念

传统营销观念是19世纪末20世纪初至20世纪50年代这一历史阶段中占主导地位的市场营销观念，它包括生产观念、产品观念、推销观念。

1. 生产观念

生产观念是一种指导销售者行为的较为古老的观念。这种观念产生于20世纪20年代前。其主要表现是“我生产什么，就卖什么”。企业经营哲学不是从消费者需求出发，而是从企业生产出发。这种观念立足于两个重要前提：第一，消费者的注意力只集中在是否买得起和价格便宜与否上；第二，消费者并不关注同类产品还有非价格差异（如质量、花色品种、造型、外观等差异）。

美国汽车大王亨利·福特是生产观念的首倡者。他曾傲慢地宣称：“不管顾客需要什么颜色的汽车，我只有一种黑色的。”

生产观念是在卖方市场条件下产生的。在资本主义工业化初期以及第二次世界大战末期和战后一段时期内，由于物资短缺，市场产品供不应求，生产观念在企业经营管理中颇为流行。各企业将工作重点放在如何有效利用生产资源及提高劳动生产率，以获得最大产量及降低生产成本上。在这种观念的指导下，生产和销售的关系必然是“以产定销”。

除了物资短缺、产品供不应求的情况之外，有些企业在产品成本高的条件下，其市场营销管理也受生产观念支配。例如，格兰仕微波炉曾倾全力于微波炉的大规模生产，努力降低成本，使消费者购买得起，借以提高格兰仕微波炉的市场占有率。这是一个当代生产观念的例子。

2. 产品观念

产品观念也是一种较早的企业经营观念。随着西方资本主义迅速成长，市场规模急剧扩大，科学技术的进步使得大规模生产成为可能，市场已开始由卖方市场向买方市场转变。人们生活水平已有较大提高，消费者已不再仅仅满足于产品的基本功能，而开始追求产品在功能、质量和特点等方面的差异性。因此，产品观念主张公司应不断致力于产品的改进，设法使包装、价格更具吸引力，改善分销渠道，以便引起消费者的注意。其典型语言是“酒香不怕巷子深”。

但也应当注意，产品观念有其片面性，产品的质量与功能不应当是营销者头脑中的质量与功能，而应当是顾客头脑中的质量与功能，忽视后者就会陷入“营销近视症”的误区。

案 例

美国一家制造捕鼠器的公司，组织力量花了若干年时间研究了老鼠的吃、活动和休息等各方面的特性，终于制造出了受老鼠“欢迎”的一种新型捕鼠器。新产品完成后，屡经试验，捕鼠效果确实不错，捕鼠率百分之百。同时与老式捕鼠器相比，新型捕鼠器还有外观大方、造型优美、安全、可重复使用等优点。但这么好的东西却没有达到预计的销售业绩，是什么原因呢？经过调查，并非在销售策略上有什么失误，而是在研制产品时没有考虑到消费者的需求。由于购买、安装该新型捕鼠器的一般是家庭中的男性，而清理捕鼠器的任务却是见死鼠就害怕、恶心的家庭主妇。主妇们担心捕鼠器不安全，会伤到人，另外留有捕鼠器的存在，又容易引起有关老鼠的可怕回忆。结果许多家庭主妇只好将死鼠连同捕鼠器一块丢弃。所以该产品宣传的“可重复使用的优点”对消费者而言实则是缺点。总之，该捕鼠器公司以产品观念为指导，不考虑消费者的需求，闭门造车是导致其失败的根本原因。

3. 推销观念

推销观念（或称销售观念）产生于20世纪20年代末至50年代前，是为许多企业所采用的另一种观念，表现为“我卖什么，顾客就买什么”。它认为，除非公司极力推销和促销，否则消费者将不会踊跃购买公司的产品。

自从产品供过于求，“卖方市场”转为“买方市场”以后，推销观念就被企业普遍采用。许多企业家感到：即使有物美价廉的产品，也未必能卖得出去；从过去的“酒香不怕巷子深”发展到“王婆卖瓜，自卖自夸”。在我国前些年，“全员推销”几乎被奉为成功之路。

推销观念在现代市场经济条件下被大量用于推销那些冷门产品，即购买者一般不会想到要去购买的产品或服务，如保险、坟地等。许多企业在产品过剩时，也常常奉行推销观念，如百货公司的“清仓大减价”“买一赠一”活动。

这种观念虽然比前两种观念前进了一步，开始重视广告术及推销术，但其实质仍然是以生产为中心。推销的目的是将产品销售出去，至于售后是否满意则一概不予考虑。

（二）市场营销观念

市场营销观念是作为对上述诸观念的挑战而出现的一种新型的企业经营哲学。这种观念是以满足顾客需求为出发点，即“市场需要什么，就生产和推销什么”“能卖什么，就生产什么”。导致企业的一切行为都要以市场的需要作为出发点，而又以满足市场的需要为归宿。

尽管这种思想由来已久，但其核心原则直到20世纪50年代中期才基本定型。第二次世界大战后，科技革命进一步兴起，军工转民用，生产效率大大提高，生产规模不断扩大，社会产品供应量剧增。高工资、高福利、高消费政策导致消费者购买力大幅度提高，需求和欲望不断发生变化，企业间的竞争进一步加剧。

许多企业开始认识到，必须转变经营观念，才能求得生存和发展。市场营销观念认为，实现企业各项目标的关键，在于正确确定目标市场的需要和欲望，并且比竞争者更有效地传送目标市场所期望的物品或服务，进而比竞争者更有效地满足目标市场的需要和欲望。

市场营销观念的出现，使企业经营观念发生了根本性变化，它使企业从“以产定销”的模式中转变为“以销定产”或“以需定产”，即生产和经营顾客需要的产品，在此基础上实现利润。

（三）社会市场营销观念

社会市场营销观念是对市场营销观念的修改和补充。它产生于20世纪70年代西方资本主义出现能源短缺、通货膨胀、失业增加、环境污染严重、消费者保护运动盛行的新形势下。

有些企业的产品在广受消费者欢迎并赚了大钱的同时，往往会造成较大的社会成本，而企业在这方面往往没有承担相应的社会责任。如某些保健品，外包装越做越漂亮，一包50克的西洋参片被包装成500页的杂志那样的大小，里面塞满了泡沫塑料。其目的仅仅是让消费者购买时的一刹那产生“数量多，作为礼品显得大方、气派”等幻觉，但是这样做造成的环境污染不知有多少，白白增加的运输成本、运输的油耗污染、仓储与货架陈列空间的占用成本又有多少。

鉴于市场营销观念回避了消费者需要、消费者利益和长期社会福利之间隐含着冲突的现实，社会市场营销观念认为，企业的任务是确定各个目标市场的需要、欲望和利益，并以保护或提高消费者和社会福利的方式，比竞争者更有效、更有利地向目标市场提供能够满足其需要、欲望和利益的物品或服务。社会市场营销观念要求市场营销者在制定市场营销政策时，要统筹兼顾三方面的利益，即企业利润、消费者需要的满足和社会利益。

上述几种企业经营观，其产生和存在都有其历史背景和必然性，都是与一定的条件相联系、相适应的。每一种观念的产生都适应了当时生产力的发展。对于正处在社会主义市场经济初级阶段的我国企业，由于社会生产力发展程度及市场发展趋势，经济体制改革的状况及广大居民收入状况等因素的制约，许多企业的经营观念仍处于以推销观念为主、多种观念并存的阶段。但是随着我国加入WTO，越来越多的具有先进经营理念的国际大公司进入我国，在这种严峻的形势下，我国企业要想求得生存和发展，必须树立具有现代意识的营销观念。

二、现代营销观念的新发展

营销观念在经历了生产观念、产品观念、推销观念、市场营销观念和社会市场营销观念之后，继续随着实践的发展而不断深化、丰富，产生了许多新的观念，这些新的观念相互交融，共同构成了现代营销观念的新特色。

（一）创造需求的营销观念

现代市场营销观念的核心是以消费者为中心，认为市场需求引起供给，每个企业必须依照消费者的需要与愿望组织商品的生产与销售。几十年来，这种观念已被公认，在实际的营销活动中也倍受企业家的青睐。

然而，在很多领域，如生物制品、电子产品、通信产品等，顾客对自身需求不可能充分认识，如果一味强调以顾客信息为中心，企业就始终居于被动受支配地位，无法创造新的市场。中国移动通信集团公司副总经理鲁向东说过一句话：满足需求是本能，创造需求才是本事。不过，“创造需求”四个字也蕴含着巨大的风险。主导运营商在网络上和业务上虽然具有很多优势，走在其他运营商的前面，但是任何一项新业务的开发不但要耗费大量的人力物力，还面临着巨大的市场风险。

（二）绿色营销观念

20世纪中叶后，世界各国经济大都进入高速增长时期，整个人类经济活动方式演化成高消费、高生产、高耗竭（自然资源），哪里有需求，哪里就有供给。这种以市场为导向的经济活动模式创造了巨大的物质财富的同时，也把人类与自然关系的矛盾推向了顶峰，为人类埋下了巨大的生存危机：人口爆炸、生态环境恶化、资源耗竭。

广东湛江是著名的产虾区，全国5条虾当中就有2条产自湛江。湛江虾“游”遍了全国，打出了品牌。2003年，湛江虾塘面积已发展到30万亩，新开发虾塘5000多亩。对虾养殖业成为沿海农村经济的支柱产业。但由于对虾养殖发展过快，高位池养虾过于集中，放养密度过高，加上养殖污水未经处理便直排入河海，目前，已造成局部海域水质恶化，虾塘发病面积上升，甚至出现虾塘绝收现象。

面对新的挑战，人类意识到要改变原有的生产与消费方式，走可持续发展之路，于是提出了可持续发展观。越来越多的人萌生了绿色理念，对环境保护日益关注，绿色消费日益兴起，20世纪80年代以来，伴随着各国消费者环保意识的日益增强，世界范围内掀起了一股“绿色”浪潮，“绿色工程”“绿色工厂”“绿色商店”“绿色商品”“绿色消费”等概念应运而生，许多绿色环保组织也相继成立。在这股浪潮冲击下，绿色营销观念也就自然而然地相应产生。

所谓“绿色消费”，是指消费者为了满足生态需要而消费符合环境保护标准的商品和劳务的方式。

所谓“绿色营销”，是指企业以环境保护观念作为其经营哲学思想，从充分利用资源的角度出发，通过研制开发产品、保护自然、变废为宝等措施，来满足消费者消费需求，从而实现营销目标。企业开展“绿色营销”必须在产品价格、分销、促销的各个环节贯彻“绿色原则”，做到安全、卫生、无公害等，其目标是实现人类的共同愿望和需要——资源的可持续利用与保护和改善生态环境。

案　例

美国安利公司早在创建之初就意识到环保问题的重要性，并确立了对保护环境的承诺。1959年安利公司生产的第一款产品——乐新多用途浓缩清洁剂，采用的就是浓缩配方和可生物降解的表面活性剂。多年来，环保已经成为安利的一大优良传统，成为安利经营和发展战略的重要组成部分。除了安利绿色环保的产品，安利对环保的承诺还体现在努力减少生产过程对环境造成的污染，而这一种污染正是制造业造成全球范围环境恶化的主要原因。事实上，正是由于安利在爱护环境方面的不懈努力，为安利赢得了社会的尊重和认可。

绿色营销观念与以前的营销观念相比，其产生背景有很大区别，它的产生既不根源于市场竞争，也不是源于消费者，而是源于人与自然关系冲突的条件。与社会营销观念相比，虽然社会营销观念强调要处理企业利益、消费者利益和社会利益三者的关系，也涉及环境问题，但没有把生态环境问题、自然资源问题上升到人与自然关系的高度。

（三）大市场营销观念

1984年，菲利普·科特勒在美国西北大学凯洛格管理研究生院校友会上提出了“大市场营销”概念。他指出，在新的形势下，企业管理当局不仅必须服从和适应外部宏观环境，而且应当采取适当市场营销措施，影响外部宏观环境；企业为了成功地进入特定市场或者在特定市场经营，在战略上兼施并行经济、心理、政治和公共关系方面的技巧，以赢得若干参与者的合作；企业的市场营销战略，除了“目标市场”和“4 Ps组合”之外，还必须加上“政治力量（Power）”和“公共关系（Public Relations）”，形成“6 Ps组合”。

（四）权变市场营销观念

20世纪90年代以来，西方市场营销学界出现了一股对于以往营销理论和实践进行再思考的潮流。权变市场营销观念的提出代表了这股潮流的方向。权变市场营销观念的基本思想是，企业要赢利要发展，必须综合考虑影响企业营销效果的环境变数，并把它作为指导企业营销活动的基本依据，有效地确定不同企业或同一企业在不同阶段的营销导向。

（五）文化营销观念

文化营销观念是指企业成员共同默认并在行动上付诸实施，从而使企业营销活动形成文化氛围的一种营销观念，它反映的是现代企业营销活动中，经济与文化的不可分割性，企业应善于运用文化因素来实现市场制胜。

案 例

茅台生肖纪念酒是茅台“文化酒”的典型之作，自2014年开始限量推出，截至2018年已经推出5款：甲午马年生肖纪念酒、乙未羊年生肖纪念酒、丙申猴年生肖纪念酒、丁酉鸡年生肖纪念酒、戊戌狗年生肖纪念酒。

茅台生肖纪念酒在原有瓶身的基础上导入了众多中国文化因素——生肖文化、国画艺术、五行文化，比如甲午马年生肖酒的主体元素是徐悲鸿关门弟子刘勃舒先生亲绘的国画《春风得意马蹄疾》，颜色也根据甲午马年的五行采用红色；而丁酉鸡年生肖酒则采用了国画大家陈永锵亲绘的《司晨》图，并由书法家胡秋萍题字……

正是这些文化元素的导入，把这些普通的产品卖出了高价，而且继续被市场推高。

这些产品，除了满足普通酒水的“饮用需求”之外，还撬动了更高层次的“收藏需求、投资需求、馈赠需求”，从而引发了大量的社会关注和社会资本的注入，带动了茅台所有产品价格体系、销量和营业收入的上扬。

某种程度上来说，消费升级就是由基础物质消费向文化消费、精神消费升级。而茅台生肖纪念酒系列正是典型的“以文化物、文化赋值、文化消费”的案例。

（摘自《销售与市场》杂志管理版2018年08期，作者：陈诗江）

（六）整体营销观念

整体营销观念是由市场营销学界的权威菲利普·科特勒于1992年提出的。他认为，从长远利益出发，企业的营销活动，应包括构成其内外部环境的所有重要行为者，它们是供应商、分销商、最终顾客、职员、财务公司、政府、同盟者、竞争者、传媒及一般大众。整体营销由以上几个方面的营销活动组成。

总结

1 美国市场营销学自20世纪初诞生以来，其发展大体经历了四个阶段：萌芽阶段、应用阶段、变革阶段、发展阶段，我国直到20世纪90年代以后，国家才明确提出把企业推向市场，市场营销学才开始真正走向全国。

2 市场营销学的研究对象是：企业在动态市场上如何有效地管理其市场营销活动，提高企业的经济效益，求得生存和发展，实现企业的目标。主要内容大体可以归纳成三个部分：环境与市场分析、营销活动与营销策略研究、营销战略实施和控制。

3 市场营销是计划和执行关于商品、服务和创意的设计、定价、促销及分销，以创造能符合个人和组织目标的交换的一种过程。它涉及的核心概念有：需要，欲望，需求，市场，产品，营销者，潜在顾客，顾客让渡价值，关系营销等。

4 市场营销观念是企业在一定时期、一定生产经营技术和市场环境下，进行全部市场营销活动，正确处理企业、顾客和社会三者利益关系的指导思想和行为的根本准则。近百年来，市场营销观念经历了生产观念、产品观念、推销观念、市场营销观念、社会营销观念，并随着实践的发展而不断深化、丰富，产生了许多新的营销观念，如创造需求营销观念、绿色营销观念、权变市场营销观念、文化营销观念、大市场营销观念、整体营销观念等。每一种营销观念的产生和存在都有其历史背景和必然性，都是与一定的条件相联系、相适应的。

练习与思考

一、名词解释

市场营销　市场　产品　顾客让渡价值　关系营销　绿色营销
大市场营销　营销近视症

二、选择题

1. 从营销的角度看待市场，市场是由（　）有机组成的总和。

A. 人口　　B. 购买力
C. 购买欲望　　D. 场所

2. 下列说法正确的有（ ）。

A. 在现代市场营销学中，我们将寻求交换较为积极的一方视为市场营销者，而将另一方称之为潜在顾客或目标顾客

B. 市场营销者可以是卖方，也可以是买方

C. 当供大于求，买方是营销者

D. 当供小于求，买方是营销者

3. 下列哪些属于产品？（ ）

A. 彩电　B. 服务　C. 创意　D. 货币

4. 当产品的利润很高、顾客很多时，厂家可以采用什么类型的关系营销？（ ）

A. 基本型　B. 反应型　C. 可靠型

D. 主动型　E. 合伙型

5. 社会营销观念强调（ ）利益的协调一致。

A. 社会　B. 银行　C. 公众

D. 消费者　E. 企业

6. 大市场营销观念强调的“6 Ps 组合”包括（ ）。

A. 4Ps　B. Power　C. Public Relations　D. Package

7. 关于市场营销观念下面说法正确的是（ ）。

A. 主要表现是“我生产什么，就卖什么”

B. 主张公司应不断致力于产品的改进，设法使包装、价格更具吸引力，改善分销渠道，以便引起消费者的注意

C. 市场需要什么，就生产和推销什么

D. 生产和经营顾客需要的产品，在此基础上实现利润

8. 企业开展“绿色营销”必须在哪些环节贯彻“绿色原则”？（ ）

A. 产品　B. 价格　C. 分销　D. 促销

三、问答题

1. 有人说市场营销就是推销，这种理解对吗？为什么？
2. 需要与欲望有什么不同？营销者可以创造需要与欲望吗？

3．不同营销观念的核心内容是什么？

4．市场营销观念与推销观念有何区别？

实训与实践

通过对某个企业市场营销历史的调查，分析这个企业在不同时期、不同经济环境下，所奉行的市场营销观念的差异，以及该企业在不同历史时期不同市场营销观念的合理性。

模块二

发现营销机会

学习目标

1．掌握市场营销宏观、微观环境分析
2．理解消费者的购买行为
3．熟悉竞争者分析的主要内容
4．熟悉市场调研的步骤与方法

导入案例

可口可乐的中国化

1886年5月8日，药剂师彭伯顿（Pemberton）在美国乔治亚州亚特兰大市家中后院调制出新口味糖浆，并拿到当时规模最大的雅各（Jacob）药房出售，每杯五角。百忙之中，助手误把苏打水与糖浆混合，却令顾客赞不绝口。至此，彭伯顿的新产品终于诞生了。彭伯顿的合伙人之一——弗兰克·鲁滨逊为该产品想出了“可口可乐”这个名字，产品也于1887年6月16日的广告中第一次使用了今天大众熟悉的斜体字形。1892年，艾萨·坎德勒用2300美元取得可口可乐的配方和所有权，并成立了可口可乐公司。1919年，可口可乐公司被一个亚特兰大的财团收购。1923年，亚特兰大的伍德瑞夫担任总裁，展开可口可乐公司的另一个重要新纪元。

至今，可口可乐公司已有130多年的历史，是全球最大的饮料生产及销售商，拥有全世界最畅销的五种饮料中的四种：可口可乐、健怡可口可乐、雪碧和芬达，公司旗下的产品超过100种。有数据显示，目前全世界近200个国家的消费者每日享用超过10亿杯可口可乐公司的产品，可口可乐的品牌已深入人心。正如可口可乐公司创始人艾萨·坎德勒所言，“假如可口可乐的所有公司所有财产在今天突然化为灰烬，只要我还拥有‘可口可乐’这块商标，我就可以肯定地向大家宣布：半年后，市场上将拥有一个与现在规模完全一样的新的可口可乐公司。”

可口可乐的品牌成功秘诀何在？重要原因之一就是其国际化经营中的本土化战略。如今的可口可乐已经成为一种全球性的文化标志，但是在风靡全球的同时，可口可乐仍然保持着清醒的头脑，没有固执己见地一味传播、销售美国观念，而是在不同的地区、文化背景、宗教团体和种族中实施分而治之的策略，比如可口可乐公司“Can’t beat that feeling”的广告口号，在日本改为“我感受可乐”（I feel cola），在意大利改为“独一无二的感受”（Unique sensation），在智利又改成了“生活的感觉”（The feeling of life），广告信息始终反映着当地的文化，在不同时期有不同的依托对象、显示途径和生成方式，无一不是随着具体的时空情境来及时调整自身在文化形态中的位置。换言之，可口可乐的本土化随处可见。

剖析可口可乐公司在中国的迅速发展，也能再一次印证本土化经营为跨国公司的发展“插上翅膀”的作用。作为可口可乐在中国成立的第一家合资企业——北京可口可乐饮料有限公司，其几十年的发展历程就是可口可乐在中国本土化策略的一个缩影。

对可口可乐而言，1979年1月24日是一个载入史册的日子，这一年中美建交，也正是在这一年，3万箱可口可乐从香港辗转运往北京、上海及广州的大商场和宾馆，可口可乐在中国的战役开始打响。1981年，由可口可乐公司提供设备的第一个灌装车间在北京丰台建成。此后12年间，可口可乐一直在特许灌装和直接投资等领域寻求与国内的业务合作机会。1993年，可口可乐公司与原轻工业部签署合作备忘录，提出了一个基于“真诚合作，共同发展”原则的长期发展规划。20世纪90年代初，曾风靡全国的天津“津美乐”和上海“雪菲力”汽水就是最早打下可口可乐系列饮料本地化烙印的品牌。1996年，面对非碳酸饮料年销售额增长将近20%的诱人前景，可口可乐首次推出为中国市场研制的“天与地”果汁和矿物质水品牌。1997年8月，果碳酸饮料品牌“醒目”问世。在可口可乐公司全球的产品中，有四分之一只在亚洲销售，而“天与地”系列产品和“醒目”等饮料则专为中国市场研制。

可以说，可口可乐的本土化包括各个方面，从工厂、原料、人员到产品、包装、营销，99%都是中国的：无论是玻璃瓶还是易拉罐，从浓缩液到二氧化碳、糖，甚至含量极小的柠檬酸，都打上了中国造的烙印；在老对手百事可乐大行国际化路线时，可口可乐却将自己的产品打扮得越来越“国粹”，从1999年开始，可口可乐公司利用中国传统节日——春节大做文章，从喜气洋洋的“大阿福”、12生肖卡通罐到奥运金罐和茶系列饮料的面世，该公司努力地拉近与中国人的距离。同时，其广告设计采取红底白字，书写流畅的白色字母在红色的衬托下有一种悠然的跳动之感，既充分体现了液体的特性，又流露出中国传统红色的喜庆气氛。此外，可口可乐请本土明星做广告宣传，如聘请港台当红明星林心如等，不但贯彻了本土化的思想，而且还从明星的年轻活力中抓住了主要消费群——年轻人。总体而言，可口可乐公司在中国展开了一系列的公关活动，从体育、教育、文娱、环保到树立自己良好积极纳税人形象，通过为北京申奥制作“申奥金罐”以及签约“中国队”、押宝“冲击世界杯”等与中国人融在一起，通过捐款捐书、兴建希望小学、资助大学特困生、创立大学生奖学金、援手教育项目等活动争取社会好评……

在国内诸多企业轰轰烈烈地开展“洋务运动”时，众多国际品牌却在中国市场“放下身价”，使用各种方法拉近自己与中国消费者之间的距离，塑造自己富有亲和力的品牌形象。零点远景投资授权零点指标数据网在2003年底发布的一项国际品牌亲和力的主题调查结果显示：虽然企业中高层管理人员认为对中国最友好的国际品牌数目众多且分布广泛，但在中国土壤上耕耘时间长且本土化程度高的国际品牌最能够获得国人好感，其中可口可乐位居第三名。可口可乐公司将自己打扮得越来越国粹，为了符合中国消费者审美观，甚至对已经用了20年的商标进行更改，采用了全新设计的中文商标。

一位美国的经济专家指出：美国公司海外业务的成败取决于是否认识和理解不同文化存在着的根本区别，取决于负责国际业务的高层经理们是否愿意摆脱美国文化过强的影响。事实证明：任何成功的营销经验都是地域性的，营销越是国际化，就越是本土化。

本土化思维，本土化营销，促使可口可乐越来越成为中国的可口可乐。

任务一

宏观市场营销环境分析

宏观营销环境是间接影响和制约企业营销活动的社会性力量和因素。企业必须对社会的政治法律环境、经济环境、人口环境、社会文化环境、自然环境、科技环境进行分析。宏观营销环境分析的目的在于更好地认识环境，通过企业营销努力来适应社会环境。

资料补充

PEST模型

PEST分析模型又称大环境分析，是分析宏观环境的有效工具，不仅能够分析外部环境，而且能够识别一切对组织有冲击作用的力量。

它是调查组织外部影响因素的方法，其每一个字母代表一个因素，可以分为四大因素：政治因素（Political）、经济因素（Economic）、社会因素（Social）、技术因素（Technological）。

有时，也会用到PEST分析的扩展变形形式，如SLEPT分析、STEEPLE分析，STEEPLE是以下因素英文单词的缩写，社会/人口（Social）、技术（Technological）、经济（Economic）、环境/自然（Environmental）、政治（Political）、法律（Legal）、道德（Ethical）。此外，地理因素（Geographical Factor）有时也可能会有显著影响。

一、政治法律环境

政治法律环境是影响企业营销的重要宏观因素，包括政治环境与法律环境。

（一）政治环境

政治环境是指企业市场营销活动的外部政治形势和状况，以及国家方针政策的变化对市场营销活动带来或可能带来的影响。

1. 政治局势

政治局势是一国或地区的政治稳定程度，而政局稳定是企业营销活动必须考虑的关键因素。

政局稳定主要体现在两个方面：一个是政治冲突，另一个是政策的稳定性。

政治冲突包括社会不稳定（骚乱、示威游行、罢工）、政局动荡（政变、政府更迭频繁）、战争、暴力阴谋（政治暗杀、绑架、恐怖活动）等国内外重大事件和突发性事件。政治冲突不仅有可能直接影响企业的经营活动，而且还会影响该国政府政策的稳定性。

政策的稳定性是指政府政策的相对长期性、连续性和可预见性。政体的变更或政府的更迭会改变前政府许下的承诺，直接影响政府政策的稳定性。

2. 政府的方针政策

随着全球经济的相互渗透和国际经济一体化，各国在不断调整本国的经济政策，其目的就是保护、扶持本国经济，有限度地干预外国经济的渗透。

在国内开展营销活动需要分析、掌握诸如产业政策、人口政策、能源政策、价格政策、财政金融政策等各项方针政策带给企业的机遇和威胁。

另外，国际营销人员还必须研究目标市场国政府对国际营销活动的干预程度，包括进口限制、外汇控制、市场控制、国有化、劳工限制等。

3. 国际关系

国家之间在政治、经济、文化、军事等方面的关系直接影响着一国政府实行限制或开放的程度。

（二）法律环境

法律环境是指国家或地方政府颁布的各种法规、法令和条例等，它是企业营销活动的准则，企业只有依法进行各种营销活动，才能受到国家法律的有效保护。同时，企业也应善于运用法律维护自身的正当权益。

二、经济环境

经济环境是企业营销活动的外部社会经济条件，它会直接或间接影响市场的规模、市场的吸引力及企业的营销活动。

市场规模的大小，不仅取决于人口数量，而且更主要的是取决于有效的购买力。而购买力又受到消费者收入、消费者支出、消费结构、储蓄和信贷水平的制约。

（一）消费者收入

市场规模不仅取决于人口数量，还取决于购买力。而购买力的大小又受制于收入水平，即人均GDP（国内生产总值）、个人可支配收入、个人可自由支配收入和家庭收入等。

1. GDP

GDP是衡量一个国家经济实力与购买力的重要指标。从GDP增长幅度，可以了解一个国家的经济发展状况和速度。

2. 人均GDP

人均GDP，指一个国家或地区在一定时期内，按人口平均所生产的全部货物和服务的价值。一个国家的GDP总额反映了该国的市场总容量、总规模，人均GDP则从总体上影响和决定了消费结构与消费水平。

需要指出的是，用人均GDP衡量一个国家消费者的平均购买力时，需要补充收入分布指标来做动态的分析。这样能更准确地考察国民收入，有利于企业搞好产品的市场定位。

3. 个人总收入

个人总收入，指个人从多种来源中获得的所有货币收入，包括工资、奖金、津贴、利息、股息、红利、租金等。

4. 个人可支配收入

个人可支配收入，指个人总收入中扣除各种个人税及非税性负担后的余额，即个人纳税后收入。它作为个人可以用于消费支出或储蓄的部分，是影响消费者的购买力和支出的决定性因素。

5. 个人可自由支配收入

个人可自由支配收入，是指个人可支配收入中减去生活必需开支后的余额。这部分收入可作自由支配，是消费需求变化中最活跃的因素，需求弹性大。因此，它是影响高档耐用消费品、奢侈品、休闲旅游等商品销售的主要因素。

6. 家庭收入

家庭收入的高低会影响很多产品的市场需求。一般来讲，家庭收入越高，消费品需求越大，购买力越强；反之，需求越小，购买力越弱。此外，在分析消费者收入时，还要区分货币收入和实际收入。货币收入是消费者在某一时期以货币表示的收入；实际收入是扣除物价变动因素后实际购买力的反映。只有实际收入才会影响实际购买力。

（二）消费者支出

随着消费收入的变化，消费者支出也会发生相应变化，继而使一个国家或地区的消费结构发生变化。消费结构，是指消费者在各种消费支出中的比例关系。家庭收入的高低是决定消费结构的主要因素之一。

资料补充

恩格尔系数

德国统计学家恩斯特·恩格尔提出了关于家庭收入变化与各方面支出变化的比例关系的规律，即恩格尔定律。

恩格尔定律表明：家庭收入越少，在食品上的支出占收入的比重就越大；反之，则越小。

随着家庭收入的增加，用于食品的支出占收入的比重下降，用于医疗保健、教育、娱乐、交通等方面的支出比重增加。

通常把食品支出与家庭收入之比称为恩格尔系数。

恩格尔系数：食物支出金额÷总支出金额x100%=恩格尔系数

除食物支出外，衣着、住房、日用必需品等的支出，也同样在不断增长到家庭收入或总支出中，所占比重上升一段时期后，呈递减趋势。

恩格尔系数的高低表明生活水平的高低。

联合国根据恩格尔系数的大小，对世界各国的生活水平有一个划分标准，即一个国家平均家庭恩格尔系数大于60%为贫穷；50%~60%为温饱；40%~50%为小康；30%~40%属于相对富裕；20%~30%为富裕；20%以下为极其富裕。按此标准划分，20世纪90年代，恩格尔系数在20%以下的只有美国，达到16%，极其富裕；欧洲、日本、加拿大，一般在20%~30%之间，是富裕状态；东欧国家，一般在30%~40%之间，相对富裕；剩下的发展中国家，基本上是在小康水平。

中国关键年份的恩格尔系数数据变化：

1978年，平均值为60%（农村68%，城镇59%），属于贫穷级别；

2003年，平均值为40%（农村46%，城镇37%），属于小康级别；

2015年，平均值为30.6%，属于相对富裕级别；

2016年，平均值为30.1%，属于相对富裕级别，距离上升到富裕级别只相差0.1个百分点。

在我国，随着社会经济的发展，恩格尔系数逐年下降，消费结构发生了很大的变化，人们在食品消费上蛋白质、维生素的摄入量增加，“吃讲营养”已成一个大趋势。消费也趋中高档商品，讲究“穿要漂亮、时尚”。高档商品、娱乐、教育等消费也出现产销两旺的势头。这些市场消费变化的特点，企业应该特别关注，从而正确制定自己的营销策略。

（三）储蓄和信贷水平

随着收入的增加，消费会相应增加，但是消费的增加不及收入增加得多，而收入中没有用于消费的部分用来储蓄。

储蓄包括银行存款、购买债券和手持现金。

储蓄取决于收入水平，同时又是消费的剩余部分，受消费的制约。反过来，在货币供应量一定的条件下，储蓄的增加或减少会使消费者的现实需求量减少或增加，从而影响现实购买力，加大潜在购买力。

储蓄不仅受收入和消费的影响，还受通货膨胀、商品供给状况和对未来消费及当前消费的偏好程度的影响。

消费者信贷对购买力的影响也很大。信贷会增加当期的购买力，也是影响消费者的购买力和支出的重要因素。

消费者信贷，也称信用消费，是指消费者凭信用先取得商品的使用权，然后按期归还贷款，完成商品购买的一种方式。信用消费允许人们购买超过自己现实购买力的商品，创造了更多的消费需求。随着我国商品经济的日益发达，人们的消费观念大为改变，信贷消费方式在我国逐步流行起来。如各大商业银行推出的购买住宅分期付款的商品房按揭贷款业务，大大推动了中国房地产市场的发展。当然，我国现阶段的信用消费还停留在初级阶段，信贷商品基本上局限于住房、汽车等，还有待于完善和发展。总之，信用消费的这些新动向、新趋势对企业的营销活动将产生重大的影响，值得企业去研究。

三、人口环境

市场是由那些想购买商品同时又具有购买力的人构成，因此，人越多，市场规模越大。“人口动力可以创造新机会、新市场。”人口的增长或负增长意味着市场潜量的扩大或萎缩。而人口的年龄和性别结构、地理分布状况、婚姻状况、流动态势等，又会对市场需求格局产生深刻影响。

1. 人口规模及其增长率

庞大的人口基数虽然意味着庞大的市场需求，但也会带来能源危机、粮食短缺、环境污染等问题。这些对企业来说既是福音，也是压力。

2. 人口的年龄结构

年龄是细分市场的一个重要依据，因为处于不同年龄阶段的消费者的收入水平、消费需要、兴趣爱好和消费模式有很大区别。

3. 人口的性别结构

人口性别结构的差异意味着他们在购买偏好、购买习惯上会有明显的不同，反映到市场上就会出现男性用品市场和女性用品市场。女性往往在日常生活用品、服饰、家具等方面有决策权；而男性对家电、交通工具等商品较感兴趣，甄选意识较强。

4. 家庭结构

随着人类文明的进步，家庭形式发生着巨大变化，家庭规模呈现缩小的趋势。在家庭规模小型化的同时，家庭的特征也有一些变化。由丈夫、妻子和孩子（有时包括祖父母）构成的“传统家庭”仍然保持主流的同时，“非传统家庭”比例逐步增加，包括独身家庭、单亲家庭、“丁克”家庭、空巢等。家庭结构小型化、特殊化的趋势，势必会影响如房子、家具和家用电器等以家庭为基本消费单位的商品的销售。

5. 社会结构

社会结构包括阶层结构、城乡结构、区域结构、就业结构、社会组织结构等情况的变化和发展趋势。处于不同阶层的人所掌握的各种资源不同，消费能力、消费结构和消费特点也不同。

6. 人口的地理分布

人口有地理分布上的区别，人口在不同地区密集程度是不同的。从地理分布来看，我国人口主要集中在东南沿海一带，约占总人口的94%。另外，城市人口比较集中，尤其是大城市人口密度很大，而农村人口相对分散。

人口的地理分布是人口流动的必然结果。在我国，人口的流动主要表现在农村人口向城市或工矿地区流动；内地人口向沿海经济开放区流动。另外，经商、观光旅游、学习等使人口流动加速。

对于人口流入较多的地方而言，一方面由于劳动力增多，就业问题突出，从而加剧了行业竞争；另一方面，人口增多也使当前基本需求量增加，消费结构也会随之发生一定的变化，继而给当地企业带来较多的市场份额和营销机会。

四、文化环境

文化是人们生活的方式，是人类继承的行为模式、态度和实物的总和。人们的基本信仰、价值观念和生活准则受到社会文化的强烈影响。不同的文化环境决定了不同的消费习惯、不同的消费模式以及获取需求满足的不同方式。

文化所具有的学习性、继承性、互感性等特征，使生活在同一国度、同一社会阶层、同一亚文化群体中的人的思考方法、表达方式和行为举止有一定的共同特点。

因此，研究和分析文化环境对企业做出正确的营销决策具有重要意义，尤其值得国际市场营销人员认真对待。

1. 物质文化

物质文化是指人们所创造的物质产品以及用来生产产品的方式、技术和工艺。物质文化体现一个社会的生活水平和经济发展程度，通常用技术和经济状态来表述。物质文化的差异直接反映需求水平和需求模式的差异。

进入一个新市场之前，一定要对当地的运输、通信、动力系统、金融保险系统、市场保障系统做出调查评估。

2. 社会组织

社会组织，是指一个社会中人和人之间的联系方式，可以按血缘关系、年龄、性别、目标和利益等标志划分社会组织的类型。

社会组织使社会群体有一个能被普遍接受的行为规范，从而影响在不同群体中的市场营销活动。

3. 教育

一个国家的教育水平的高低受社会生产力、经济状况的影响，同时也反映生产力发展程度和经济状况的改变，影响着人们的文化素质、消费结构、消费偏好和审美观。

因此，教育状况影响企业选择目标市场，影响营销研究，影响产品的分销和促销渠道。

4. 宗教信仰

宗教作为文化的重要组成部分，影响和支配着人们的生活态度、价值观念、风俗习惯和消费行为。

企业的营销人员需要了解目标市场中各种宗教的节目、仪式和禁忌，努力获得宗教组织的支持，以便利用有利的营销机会，创造或扩大市场。

5. 价值观念

价值观念是人们对社会生活中各种事物的评判标准。价值观念随人们所处的社会文化环境不同而不同，从而深刻地影响着人们的购买偏好。人们在价值观上的差异主要表现在对时间、风险和金钱的态度。

营销人员应针对不同的价值观念采取不同的营销策略，以迎合不同价值观念影响下的人们的购买偏好。

6. 风俗习惯

风俗习惯是人们在长期的生活中形成的习惯性的行为模式和行为规范，是人们世代沿袭下来的社会文化的一部分，在饮食、婚丧、服饰、节日、居住、人际关系、商业等方面都表现出独特的心理特征、生活习惯和消费习惯。虽然风俗习惯具有高度的持续性和强烈的区域性，但随着频繁的文化交流，某些风俗习惯会发生改变。

因此，营销人员不仅要研究不同的风俗习惯，还要研究不同的风俗习惯之间的相融程度，以更好地适应千变万化的市场。

7. 审美观

审美观是人们对美丑、雅俗、好坏、善恶的评判，包括对艺术、音乐、颜色、形状等的鉴赏力。通常随着国家、民族、地域、宗教、社会阶层、教育等的差异在审美观念上也存在着不同。人们的审美观受传统文化的影响，同时也反映一个时代、一个社会变迁的美学追求。

文化形成后并非一成不变，会随着时间的推移而发生变化。它的变动既可以创造新市场，也可以毁掉千辛万苦建立起来的市场。

因此，研究文化环境要用发展的眼光，以适应变化着的文化环境和变化着的市场。

五、技术环境

科学技术是社会向前发展的根本推动力，是一种“创造性的毁灭力量”，它不仅使社会的经济发展程度和社会文化发生深刻变化，而且还影响到企业的生产和营销行为。

营销人员应善于运用职业的敏感性来预测科技的发展趋势，密切注意科技环境变化对营销的影响。

（一）科技发展新趋向

（1）技术革新的步伐加快，产品更新换代的周期大大缩短；

（2）新技术和发明的范围不断扩大，在不同程度地摧毁旧市场和创造新市场；

（3）研究和开发费用越来越大；

（4）对科技的各种规定日益增多。

（二）科技环境对营销的影响

1. 科技发展促进社会经济结构的调整

每种新技术的发现、推广都会给有些企业带来新的市场机会，导致新行业的出现。同时，也会给某些行业、企业造成威胁，使这些行业、企业受到冲击甚至被淘汰。例如，电脑的运用代替了传统的打字机，复印机的发明排挤了复写纸，数码相机的出现夺走了胶卷的大部分市场，等等。

2．科技发展促使消费者购买行为的改变

随着多媒体和网络技术的发展，出现了“电视购物”“网上购物”等新型购买方式。人们还可以在家中通过“网络系统”订购车票、飞机票、戏票和球票。工商企业也可以利用这种系统进行广告宣传、营销调研和推销商品。随着新技术革命的进展，“在家便捷购买、享受服务”的方式还会继续发展。

3．科技发展影响企业营销组合策略的创新

科技发展使新产品不断涌现，产品寿命周期明显缩短，要求企业必须关注新产品的开发，加速产品的更新换代。科技的发展运用降低了产品成本，使产品价格下降，并能快速掌握价格信息，要求企业及时做好价格调整工作。科技发展促进流通方式的现代化，要求企业采用顾客自我服务和各种直销方式。科技发展促使广告媒体多样化、信息传播快速化，增加了市场范围的广阔性和促销方式的灵活性。为此，要求企业不断分析科技新发展，创新营销组合策略，以适应市场营销的新变化。

六、自然环境

自然环境是指自然界提供给人类的各种物质资源，包括水、空气、土地、矿产、森林等。

自然资源的紧缺和日益加剧的环境污染，促使各国纷纷在“可持续发展”的战略指导下，采取必要的措施，更有效、有节制地使用资源，加强了对污染的控制和治理。

从20世纪60年代起，世界各国开始关注经济发展对自然环境的影响，许多环境保护组织纷纷成立，促使各国政府加强环境保护的立法。这意味着企业不得不采取措施节约能源、控制污染。对营销管理者来说，应该关注自然环境变化的趋势，并从中分析企业营销的机会和威胁，制定相应的对策。

（一）自然资源日益短缺

自然资源可分为两类，一类为可再生资源，如森林、农作物等，这类资源可以被再次生产出来，但必须防止过度采伐森林和侵占耕地。另一类资源是不可再生资源，如石油、煤炭、银、锡、铀等，这种资源蕴藏量有限，随着人类的大量开采，有的矿产已近处于枯竭的边缘。自然资源短缺，使许多企业将面临原材料价格大涨、生产成本大幅度上升的威胁；但另一方面也迫使企业研究更合理地利用资源的方法，开发新的资源和代用品，这些又为企业提供了新的资源和营销机会。

（二）环境污染日趋严重

工业化、城镇化的发展对自然环境造成了很大的影响，尤其是环境污染问题日趋严重，许多地区的污染已经严重影响到人们的身体健康和自然生态平衡。环境污染问题已引起各国政府和公众的密切关注，这对企业的发展是一种压力和约束，要求企业为治理环境污染付出一定的代价，但同时也为企业提供了新的营销机会，促使企业研究控制污染技术，兴建绿色工程，生产绿色产品，开发环保包装。

（三）政府干预不断加强

自然资源短缺和环境污染加重的问题，使各国政府加强了对环境保护的干预，颁布了一系列有关环保的政策法规，这将制约一些企业的营销活动。有些企业由于治理污染需要投资，影响扩大再生产，但企业必须以大局为重，要对社会负责，对子孙后代负责，加强环保意识，在营销过程中自觉遵守环保法令，担负起环境保护的社会责任。同时，企业也要制定有效的营销策略，既要消化环境保护所支付的必要成本，还要在营销活动中挖掘潜力，保证营销目标的实现。

任务二 微观市场营销环境分析

企业的微观市场营销环境直接影响和制约着企业为目标市场服务的能力。它包括供应商、营销中介、顾客、竞争者、公众以及企业本身。

（一）供应商

供应商是指向企业及其竞争者提供生产经营所需原材料、零部件、能源、劳动力和资金等资源和服务的企业或个人。供应商为企业提供的资源与服务是企业市场营销活动的前提，其供货稳定性与及时性、供货的价格与质量水平直接影响企业产品生产的数量和质量，左右产品的成本、价格和利润空间。供应商对企业的市场营销活动有着不可忽视的影响，从某种意义上形成一种制约力量。

因此，企业一方面要保持与供应商长期的信用关系，另一方面要开拓更多的供货渠道，寻找质量和信誉都信得过的供应商，摆脱对某一个供应商的依赖。

（二）营销中介

营销中介机构是指为企业融通资金、推销产品、提供各种便利营销服务的企业和个人。企业产品通过营销中介机构才能顺利、及时地到达目标顾客手中。随着社会分工越来越细，营销中介机构的影响和作用也就越来越大。企业应与营销中介机构建立稳定、有效的协作关系。营销中介机构主要分为以下几类。

1. 中间商

中间商是指协助企业寻找顾客或直接与顾客交易的经济组织或个人。中间商有经销商和代理商之分，经销商拥有商品的所有权，其业务主要以商品的批发和零售为主；代理商没有商品的所有权，其业务主要以介绍客户或与客户商洽合作为主，以促成交易、赚取佣金作为报酬。

2. 物流公司

物流公司的主要职能是协助厂商储存货物并把货物运送到目的地。它解决了生产与消费之间时空分离的矛盾，为消费者提供适时、适地的商品供给服务。物流公司的储运效率高、服务质量好，产品就能及时到达消费者手中，及时满足消费者需求，从而实现企业的营销目标。

3. 营销服务机构

营销服务机构主要是指为厂商提供营销服务的各种机构，主要包括营销调查公司、广告公司、传媒公司和营销咨询公司等。企业选择营销服务机构时，应该对它们所提供的服务进行审核，并定期进行绩效评估，以促进其提高服务水平。

4. 财务中介机构

财务中介机构主要是指协助企业融资或分担销售风险的机构。在现代市场经济条件下，企业与金融机构的关系密不可分，例如，企业间的财务往来通过银行进行结算，企业通过银行、股市、风投机构获取资金，通过保险公司对货物购销、储运提供风险担保。

（三）顾客

顾客是指使用进入消费领域的最终产品或劳务的消费者和生产者，也是企业营销活动的最终目标市场。对企业来说，最重要的微观营销环境要素是顾客，即目标市场。顾客对企业营销的影响程度远远超过前述的环境因素。顾客是市场的主体，任何企业的产品和服务，只有得到顾客的认可，才能赢得这个市场，现代营销活动强调把满足顾客需要作为企业营销管理的核心。一般说来，顾客来自于以下五种不同的市场。

（1）消费者市场。指为满足个人或家庭消费需求购买产品或服务的个人和家庭。

（2）生产者市场。指为生产其他产品或服务，以赚取利润而购买产品或服务的组织。

（3）中间商市场。指购买产品或服务以转售，从中盈利的组织。

（4）政府市场。指购买产品或服务，以提供公共服务或把这些产品及服务转让给其他需要的人的政府机构。

（5）国际市场。指国外购买产品或服务的个人及组织，包括外国消费者、生产商、中间商及政府。

上述五类市场的顾客需求各不相同，要求企业以不同的方式提供产品或服务，它们的需求、欲望和偏好直接影响企业营销目标的实现。为此，企业要注重对顾客进行研究，分析顾客的需求规模、需求结构、需求心理以及购买特点，这是企业营销活动的起点和前提。

（四）竞争者

竞争是商品经济的必然现象。企业竞争对手的状况将直接影响企业营销活动。如竞争对手的营销策略及营销活动的变化就会直接影响本企业营销，最为明显的是竞争对手的产品价格、广告宣传、促销手段的变化，以及产品的开发、销售服务的加强都将直接对本企业造成威胁。为此，本企业在制定营销策略前必须先弄清同行业竞争对手的生产经营状况，做到知己知彼，然后再有效地开展营销活动。

一般来说，企业在营销活动中需要对竞争对手进行了解、分析的情况包括：

（1）竞争企业的数量有多少；

（2）竞争企业的规模的大小和能力强弱；

（3）竞争企业对竞争性产品的依赖程度；

（4）竞争企业所采取的营销策略及其对其他企业策略的反映程度；

（5）竞争企业能够获取优势的特殊材料来源及供应渠道。

（五）公众

公众是企业营销活动中与企业营销活动发生关系的各种群体的总称。公众对企业的态度，会对其营销活动产生巨大的影响，它既可以有助于企业树立良好的形象，也可能妨碍企业的形象。所以企业必须处理好与主要公众的关系，争取公众的支持和偏爱，为自己营造和谐、宽松的社会环境。有许多企业建立了“公众关系”部门，专门负责处理与各类公众的关系。

企业所面临的公众主要有以下六类：

（1）金融公众。主要包括银行、投资公司、证券公司、股东等，他们对企业的融资能力有重要的影响。

（2）媒介公众。主要包括报纸、杂志、电台、电视台等传播媒介，他们掌握传媒工具，有着广泛的社会联系，能直接影响社会舆论对企业的认识和评价。

（3）政府公众。主要指与企业营销活动有关的各级政府机构部门，他们所制定的方针政策，对企业营销活动或是限制，或是机遇。

（4）社团公众。主要指与企业营销活动有关的非政府机构，如消费者组织、环境保护组织，以及其他群众团体。企业营销活动涉及社会各方面的利益，来自这些社团公众的意见、建议，往往对企业营销决策有着十分重要的影响作用。

（5）社区公众。主要指企业所在地附近的居民和社区团体。社区是企业的邻里，企业保持与社区的良好关系，为社区的发展做一定的贡献，会受到社区居民的好评，他们的口碑能帮助企业在社会上树立形象。

（6）内部公众。是指企业内部的管理人员及一般员工，企业的营销活动离不开内部公众的支持。应该处理好与广大员工的关系，调动他们开展市场营销活动的积极性和创造性。

（六）企业内部

企业开展营销活动要充分考虑到企业内部的环境力量和因素。企业是组织生产和经营的经济单位，是一个系统组织。内部一般设立计划、技术、采购、生产、营销、质检、财务、后勤等部门。企业内部各职能部门的工作及其相互之间的协调关系，直接影响企业的整个营销活动。

营销部门与生产技术、财务等企业其他部门之间既有多方面的合作，也经常发生矛盾。由于各部门各自的工作重点不同，有些矛盾往往难以协调。如生产部门关注的是长期生产的定型产品，要求品种规格少、批量大、标准订单、较稳定的质量管理，而营销部门重的是能适应市场变化、满足目标消费者需求的“短、平、快”产品，则要求多品种规格：小批量、个性化订单、特殊的质量管理。所以，企业在制订营销计划，开展营销活动时，必须协调和处理好各部门之间的矛盾和关系。这就要求有效沟通、协调、处理好各部门的关系，营造良好的企业环境，更好地实现营销目标。

资料补充

SWOT分析法

SWOT分析法（也称TOWS分析法、道斯矩阵）即态势分析法，20世纪80年代初由美国旧金山大学的管理学教授韦里克提出，经常被用于企业战略制定、竞争对手分析等场合。

在现在的战略规划报告里，SWOT分析应该算是一个众所周知的工具。来自于麦肯锡咨询公司的SWOT分析，包括分析企业的优势（Strengths）、劣势（Weaknesses）、机会（Opportunities）和威胁（Threats）。因此，SWOT分析实际上是将对企业内外部条件各方面内容进行综合和概括，进而分析组织的优劣势、面临的机会和威胁的一种方法。通过SWOT分析，可以帮助企业把资源和行动聚集在自己的强项和有最多机会的地方，并让企业的战略变得明朗。

优劣势分析主要是着眼于企业自身的实力及其与竞争对手的比较，而机会和威胁分析将注意力放在外部环境的变化及对企业的可能影响上。在分析时，应把所有的内部因素（即优劣势）集中在一起，然后用外部的力量对这些因素进行评估。

1．机会与威胁分析

随着经济、科技等诸多方面的迅速发展，特别是世界经济全球化、一体化过程的加快，全球信息网络的建立和消费需求的多样化，企业所处的环境更为开放和动荡。这种变化几乎对所有企业都产生了深刻的影响。正因为如此，环境分析成为一种日益重要的企业职能。

环境发展趋势分为两大类：一类表示环境威胁，另一类表示环境机会。环境威胁指的是环境中一种不利的发展趋势所形成的挑战，如果不采取果断的战略行为，这种不利趋势将导致公司的竞争地位受到削弱。环境机会就是对公司行为富有吸引力的领域，在这一领域中，该公司将拥有竞争优势。

对环境的分析也可以有不同的角度。比如，一种简明扼要的方法就是PEST分析，另外一种比较常见的方法就是波特的五力分析。

2．优势与劣势分析

识别环境中有吸引力的机会是一回事，拥有在机会中成功所必需的竞争能力是另一回事。每个企业都要定期检查自己的优势与劣势，这可通过“企业经营管理检核表”的方式进行。企业或企业外的咨询机构都可利用这一格式检查企业的营销、财务、制造和组织能力。每一要素都要按照特强、稍强、中等、稍弱或特弱划分等级。

当两个企业处在同一市场或者说它们都有能力向同一顾客群体提供产品和服务时，如果其中一个企业有更高的赢利率或赢利潜力，那么，我们就认为这个企业比另外一个企业更具有竞争优势。换句话说，所谓竞争优势是指一个企业超越其竞争对手的能力，这种能力有助于实现企业的主要目标——赢利。但值得注意的是：竞争优势并不一定完全体现在较高的赢利率上，因为有时企业更希望增加市场份额，或者多奖励管理人员或雇员。

竞争优势可以指消费者眼中一个企业或它的产品有别于其竞争对手的任何优越的东西，它可以是产品线的宽度、产品的大小、质量、可靠性、适用性、风格和形象以及服务的及时、态度的热情等。虽然竞争优势实际上指的是一个企业比其竞争对手有较强的综合优势，但是明确企业究竟在哪一个方面具有优势更有意义，因为只有这样，才可以扬长避短，或者以实击虚。

由于企业是一个整体，而且竞争性优势来源十分广泛，所以，在做优劣势分析时必须从整个价值链的每个环节上，将企业与竞争对手做详细的对比。如产品是否新颖，制造工艺是否复杂，销售渠道是否畅通，以及价格是否具有竞争性等。如果一个企业在某一方面或几个方面的优势正是该行业企业应具备的关键成功要素，那么，该企业的综合竞争优势也许就强一些。需要指出的是，衡量一个企业及其产品是否具有竞争优势，只能站在现有潜在用户角度上，而不是站在企业的角度上。

企业在维持竞争优势过程中，必须深刻认识自身的资源和能力，采取适当的措施。因为一个企业一旦在某一方面具有了竞争优势，势必会吸引到竞争对手的注意。一般来说，企业经过一段时期的努力，建立起某种竞争优势；然后就处于维持这种竞争优势的态势，竞争对手开始逐渐做出反应；而后，如果竞争对手直接进攻企业的优势所在，或采取其他更为有力的策略，就会使这种优势受到削弱。

任务三
消费者行为分析

案例分析

某公司创业之初，为了选拔真正有效能的人才，要求每位应聘者必须经过一道测试：以比赛的方式推销100把“奇妙聪明梳”，并且把它们卖给一个特别指定的人群：和尚。

几乎所有的人都表示怀疑：把梳子卖给和尚？这怎么可能呢？搞错没有？许多人都打了退堂鼓，但还是有甲、乙、丙三个人勇敢地接受了挑战……一个星期的期限到了，三人回公司汇报各自的销售实践成果，甲先生只卖出一把，乙先生卖出10把，丙先生居然卖出了1000把。同样的条件，为什么结果会有这么大的差异呢？公司请他们谈谈各自的销售经过。

甲先生说，他跑了三座寺院，受到了无数次和尚的臭骂和追打，但仍然不屈不挠，终于感动了一个小和尚，买了一把梳子。

乙先生去了一座名山古寺，由于山高风大，把前来进香的善男信女的头发都吹乱了。乙先生找到住持，说：“蓬头垢面对佛是不敬的，应在每座香案前放把木梳，供善男信女梳头。”住持认为有理。那座庙共有10座香案，于是买下10把梳子。

丙先生来到一座颇负盛名、香火极旺的深山宝刹，对方丈说：“凡来进香者，多有一颗虔诚之心，宝刹应有回赠，保佑平安吉祥，鼓励多行善事。我有一批梳子，您的书法超群，可刻上‘积善梳’三字，然后作为赠品。”方丈听罢大喜，立刻买下1000把梳子。

公司认为，三个应考者代表着营销工作中三种类型的人员，各有特点。甲先生是一位执着型推销人员，有吃苦耐劳、锲而不舍、真诚感人的优点；乙先生具有善于观察事物和推理判断的能力，能够大胆设想、因势利导地实现销售；丙先生呢，他通过对目标人群的分析研究，大胆创意，有效策划，开发了一种新的市场需求。由于丙先生过人的智慧，公司决定聘请他为市场部主管。

更令人振奋的是，丙先生的“积善梳”一出，一传十,十传百，朝拜者更多，香火更旺。于是，方丈再次向丙先生订货。这样，丙先生不但一次卖出1000把梳子，而且获得长期订货。

一、消费者购买行为的特点

1. 广泛性

在现代社会，几乎每个人和家庭都要购买商品或服务，所以消费者的购买行为广泛存在。

2. 分散性

由于个人和家庭在短期内商品需求量不多，同时受到购买力、储存能力、商品保质期等因素的限制，加之现代市场商品供应充足、购买便利，消费者往往每次购买少量商品，频繁购买。

3. 多样性

消费者受年龄、职业、收入、文化程度等因素的影响，需求有差异很大，导致购买行为呈现多样性。例如，同是购买手机，有的人喜欢经济实用，有的人则追求时尚炫酷。

4. 层次性

消费者购买行为的层次性主要表现在两个方面：一是每个消费者对各类商品的需求有先后、缓急之分，一般会在满足吃穿等基本生理需求的基础上再去追求享受和自我发展：二是就整个消费者市场来看，消费者购买行为呈现出低、中、高不同档次的需求和购买行为特点。

5. 非专业性

绝大多数消费者缺乏商品相应的专业知识，需要在购买时收集商品信息，此时就很容易受商品包装、装潢以及商家促销广告的影响，产生购买冲动。

6. 弹性

消费需求易受购买欲望强烈程度、支付能力以及商品的价格、促销等因素的影响，这就导致消费者的购买具有很大的弹性。例如，消费者收入增加，消费者就可能购买更多的某种商品，反之则可能减少甚至放弃购买。

7. 周期性

有些商品消费者需要按季节或节日购买，如时令服装、节日商品；有些商品消费者需要等商品的使用价值基本消费完毕后才重新购买，如电视机、洗衣机等。

8. 时代性和地域性

消费者的需求和购买行为会受到时代精神和时尚潮流的影响，由于某部电影或电视剧的热播，社会上会迅速掀起文化热潮或追星热潮，以剧中主角扮演者为代言人的产品就会大受欢迎。

此外，消费者的购买行为还表现出一定的地域性。同一地区的消费者受相同生活环境的影响，购买行为比较相似，不同地区的消费者购买行为往往具有不同特征。

二、消费者分类

1. 根据消费者的性格分类

根据消费者性格的不同，消费者购买行为可分为以下几种类型。

（1）理智型购买行为。理智型购买行为是指消费者在每次购买前，都要对商品进行较为仔细的分析比较，再做决定。这类购买者一般头脑冷静，善于观察思考，选择产品能力强，不轻易相信广告宣传，主要凭借自己的判断做出购买决策。

（2）经济型购买行为。经济型购买行为是指消费者购买时特别重视价格，对于价格的反应非常灵敏。这类购买者一般计划性较强，选择商品的能力较强，对“大甩卖”“清仓”等低价促销活动比较感兴趣。

（3）冲动型购买行为。冲动型购买行为是指消费者容易受商品的外观、包装或促销的刺激而进行购买。这类消费者以年轻人居多，购买一般都是以直观感觉为主，从个人的兴趣或情绪出发，喜欢新奇、时尚的产品，购买时不愿反复比较，购买过程比较轻率，容易动摇和反悔。

（4）疑虑型购买行为。疑虑型购买行为是指消费者购买时小心谨慎，疑虑重重。这类消费者的购买行为一般比较缓慢费时。要么犹豫不决而中断购买，要么购买后还会疑心是否上当受骗。

（5）想象型购买行为。想象型购买行为是指消费者比较感性，善于联想，情感体验深刻，对美的要求和欣赏能力也比较高。针对这种类型的购买者，企业应该在商品的包装、造型与品牌设计等方面多下功夫。

（6）不定型购买行为。不定型购买行为是指消费者购买商品的心理尺度尚未稳定，没有固定偏好，在购买时缺乏主见。这类消费者大多不经常购买商品，缺乏商品知识和购买经验，消费习惯和消费心理尚不稳定。

2．根据消费者的介入程度与品牌差异程度分类

所谓消费者介入是指消费者在搜索、处理商品相关信息所花时间和消费者有意识地处理商品相关信息和广告所花精力，它决定消费者对信息类别的遴选和做出购买决策的过程。所谓品牌差异是指不同品牌产品在质量、性能、款式、服务等方面存在的差异。一般来说，不同品牌产品之间存在着广泛的差异。

（1）复杂型购买行为。复杂型购买行为是指品牌间差异很大，消费者介入程度较高的购买行为。当消费者选购贵重商品、大型耐用消费品、风险较大的商品以及高度自我表现的商品时，往往需要广泛收集相关信息，慎重地做出购买决策。

对于这种类型的购买行为，企业应帮助消费者了解产品相关知识，通过宣传努力将本企业产品优势传递给消费者，使他们树立对本企业产品的信任感。

（2）和谐型购买行为。和谐型购买行为是指品牌差异小，消费者介入程度高的购买行为。消费者主要关心该品牌产品价格是否优惠，购买时间、地点是否便利，而不愿花很多精力去收集不同品牌间的信息并进行比较。对于这种类型的购买行为，企业应通过调整价格和增加销售网点吸引消费者。

这种购买行为容易产生购买后的不协调，即消费者购买某一产品后，或因产品自身的某些方面不称心，或得到了其他更好的产品信息，从而产生不该购买这一产品的后悔心理或心理不平衡。为此，企业要向消费者提供有利的信息，帮助消费者消除不平衡心理，坚定其对所购买产品的信心。

（3）多变型购买行为。多变型购买，又叫寻求多样化购买，是指品牌差异大，消费者介入程度低的购买行为，如果消费者购买的商品品牌间差异大，可供选择的品牌很多时，他们不愿花太多的时间选择品牌，而是经常变换品种。比如购买饮料，上次买的是可口可乐，这次可能是统一冰红茶。这种更换并非是对可口可乐的不满意，而只是想换换口味。

面对多变型的购买行为，企业应采取多品牌策略，尽可能增加产品种类，以增加产品的营销机会，还可以采取折扣、赠券、试用等方式吸引消费者挑选，增加产品销量。

（4）习惯型购买行为。习惯型购买行为是指品牌差异小，消费者介入程度低的购买行为。消费者有时购买某品牌商品，并不是因为特别偏爱该品牌，而是出于习惯，比如酱油、食盐、醋等商品，不同品牌间差异不大。消费者在购买时，大多不会关心品牌，而是靠名次购买和多次使用而形成的习惯去选定某一品牌。

针对这种购买行为，企业要特别注意给消费者留下深刻印象。企业的广告要强调本

产品的主要特点，要以鲜明的视觉标志、巧妙的形象构思赢得消费者对本企业产品的青睐。还要反复投放广告，以加深消费者对产品的熟悉程度。此外，企业还可以通过采取价格优惠、营销推广、鼓励试用、增加销售网络等措施来建立消费者对本企业产品的购买习惯。

3. 根据消费者的购买目标分类

（1）全确定型购买行为。全确定型购买行为是指消费者在购买产品以前，已经有明确的购买目标，对商品的名称、型号、规格、颜色、式样、商标以至价格的幅度都有明确的要求。这类消费者进入商店以后，一般都是有目的地选择，主动地提出所要购买的商品，并对所要购买的商品提出具体要求。当商品能满足其需要时，则会毫不犹豫地买下商品。

（2）半确定型购买行为。半确定型购买行为是指消费者在购买产品以前，已有大致的购买目标，但具体要求还不明确，最后购买需经过比较选择才能完成。比如购买笔记本电脑，事先已经确定大体的价位、配置要求，但具体购买什么品牌、型号、式样等还不确定。这类消费者进入商店以后，一般经过较长时间的分析、比较才能完成其购买行为。

（3）不确定型购买行为。不确定型购买行为是指消费者在购买商品以前，没有明确的购买目标。这类消费者进入商店，主要是漫无目标地观看商品或随便了解一些商品的销售情况。有时看到感兴趣或合适的商品就会购买，有时则选择离开。

三、消费者购买行为研究模式

1. 消费者购买行为研究的主要内容

（1）由谁购买（Who）。“由谁购买”是对消费者自身进行研究。消费者包括在购买行为中起不同作用的五种角色：发起者（首先提议去购买某产品的人）、影响者（对最终购买商品有直接或间接影响的人）、决策者（最后决定整个购买意向的人）、购买者（实际购买商品的人）和使用者（实际使用商品的人）。

一般情况下，购买决策者的地位是最重要的，企业要针对决策者开展产品促销活动；实际购买者对所购买的商品往往有临场处置的权利，因此企业在促销时也必须予以高度重视。

（2）为何购买（Why）。“为何购买”是针对消费者的购买动机进行研究。购买动机是直接驱使消费者实行某种购买活动的一种内部动力。没有动机的购买行为是不存在的。因此，企业通过对消费者的调研，准确把握消费者的购买动机，这是企业制定营销策略的重要依据。

（3）何时购买（When）。“何时购买”是对消费者购买时间的研究。消费者的购买行为在时间上往往表现出一定的规律，例如，节假日往往是日常消费品的购买高峰期。

企业准确把握消费者购买的时间规律，有利于在合适的时间，集中力量开展促销工作，以达到最佳的效果。例如，商家可以选择节假日进行打折促销。

（4）何处购买（Where）。“何处购买”是对消费者的购买地点的研究。通常对于生活便利品，消费者会选择就近购买；对于价值较高的商品，消费者一般会选择到大型商店购买。企业应该根据消费者的购买特征，合理布置销售网点，方便消费者购买。

（5）如何购买（How）。“如何购买”是对消费者的购买方式和付款形式的研究。购买方式包括现场购买、网上购买等；支付方式包括全款支付、分期付款，还可分为现金支付、刷卡等。企业应该根据消费者的特点，提供灵活多样的支付手段。

（6）购买什么（What）。“购买什么”是对消费者购买对象的研究。企业可以通过市场调查，研究消费者的需求，尽可能提供在质量、性能、款式、价格等方面满足消费者需要的产品。

2. 消费者购买行为研究模式

消费者购买行为研究模式中比较具有代表性的是“刺激-反应”模式，这也是消费者购买行为的基本模式。该模式反映了产品、价格、渠道、促销等市场营销刺激和经济、政治、文化等其他外界环境因素刺激进入消费者的意识后，消费者根据自身的个性、心理、生理、经济特点处理这些信息，做出购买决策，最后产生了人们看到的是消费者是买还是不买的反应。

消费者“黑箱”是指消费者在受到外部刺激后所进入的心理活动过程。由于它对企业来说是一种看不见、摸不着、不透明的东西，所以称之为消费者“黑箱”。

四、影响消费者购买行为的个体因素

（一）心理因素

消费者心理支配着消费者的购买行为。影响消费者购买行为的心理因素主要包括消费者的知觉、消费者的需求、消费者的购买动机、消费者的个性、消费者的学习以及消费者的态度等。

1. 消费者的知觉

知觉是人脑对直接作用于感觉器官的客观事物各个部分和属性的整体反映。相同动机的人采取不同的行动，原因就是他们对外界环境的知觉不同。知觉过程是一个有选择的心理过程，这个过程包括：选择性注意、选择性曲解和选择性记忆。

（1）选择性注意。人们每天都面临大量外界信息的刺激，不可能对所有信息都保持关注，只能选择对部分信息保持关注。这部分信息主要包括三种类型：一是与目前需要相关的；二是预期将出现的；三是变化幅度大于一般的、较为特殊的。选择性注意意味着企业必须千方百计吸引消费者对其产品的注意。

（2）选择性曲解。选择性曲解就是人们按已有的想法来解释信息的倾向。在营销过程中，即使消费者感知到信息，但感知到的结果并不一定是营销设计者所期望的。选择性曲解意味着企业必须理解消费者的思路，以及这些思路对广告和销售信息的解释会产生怎样的影响。

（3）选择性记忆。人们会遗忘大部分所获得的信息，较容易记住那些支持他们观念和态度的信息。因此，企业可经常使用大量戏剧性手段，以及反复向目标市场重复传送信息，以加强目标消费者的记忆。

2. 消费者的需求

需求是人们对某种事物的要求或欲望。就消费者而言，需求表现为获取各种物质需求和精神需求。马斯洛的需求层次理论认为，人的需求根据重要性可分为生理需求、安全需求、社交需求、受尊重需求与自我实现的需求。

资料补充

马斯洛需求层次理论

马斯洛需求层次理论，也称为“基本需求层次理论”，是行为科学的理论之一，由美国科学家亚伯拉罕·马斯洛提出。马斯洛认为，在特定点时刻，人的一切需要如果都未能得到满足，那么满足最主要的需要就比满足其他需要更迫切，从而将需要划分为五个层次：生理的需要、安全的需要、社交的需要、尊重的需要、自我实现的需要。

1. 马斯洛需求理论——基本假设

马斯洛提出的著名的需求层次理论是基于以下的基本假设。

①已经满足的需求，不再是激励因素。人们总是在力图满足某种需求，一旦一种需求得到满足，就会有另一种需要取而代之。

②大多数人的需要结构很复杂，无论何时都有许多需求影响行为。

③一般来说，只有在较低层次的需求得到满足之后，较高层次的需求才会有足够的活力驱动行为。

④满足较高层次需求的途径多于满足较低层次需求的途径。

2. 马斯洛需求理论——主要内容

需求层次理论把需求分成生理需求、安全需求、社交需求、尊重需求和自我实现需求五类，依次由较低层次到较高层次。各层次需要的基本含义如下。

①生理上的需要。这是人类维持自身生存的最基本要求，包括饥、渴、衣、住、性的方面的要求。如果这些需要得不到满足，人类的生存就成了问题。在这个意义上说，

生理需要是推动人们行动的最强大的动力。马斯洛认为，只有这些最基本的需要满足到维持生存所必需的程度后，其他的需要才能成为新的激励因素，而到了那时，这些已相对满足的需要也就不再成为激励因素了。

②安全上的需要。这是人类要求保障自身安全、摆脱事业和丧失财产威胁、避免职业病的侵袭、接触严酷的监督等方面的需要。马斯洛认为，整个有机体是一个追求安全的机制，人的感受器官、效应器官、智能和其他能量主要是寻求安全的工具，甚至可以把科学和人生观都看成是满足安全需要的一部分。当然，当这种需要一旦相对满足后，也就不再成为激励因素了。

③社交上的需要。这一层次的需要包括两个方面的内容。一是友爱的需要，即人人都需要伙伴之间、同事之间的关系融洽或保持友谊和忠诚；人人都希望得到爱情，希望爱别人，也渴望接受别人的爱。二是归属的需要，即人都有一种归属于一个群体的感情，希望成为群体中的一员，并相互关心和照顾。社交上的需要比生理上的需要来的细致，它和一个人的生理特性、经历、教育、宗教信仰都有关系。

④尊重的需要。人人都希望自己有稳定的社会地位，要求个人的能力和成就得到社会的承认。尊重的需要又可分为内部尊重和外部尊重。内部尊重是指一个人希望在各种不同情境中有实力、能胜任、充满信心、能独立自主。总之，内部尊重就是人的自尊。外部尊重是指一个人希望有地位、有威信，受到别人的尊重、信赖和高度评价。马斯洛认为，尊重需要得到满足，能使人对自己充满信心，对社会满腔热情，体验到自己活着的用处和价值。

⑤自我实现的需要。这是最高层次的需要，它是指实现个人理想、抱负，发挥个人的能力到最大程度，达到自我实现境界的人，接受自己也接受他人，解决问题能力增强，自觉性提高，善于独立处事，要求不受打扰的独处，完成与自己的能力相称的一切事情的需要。也就是说，人必须干称职的工作，这样才会使他们感到最大的快乐。马斯洛提出，为满足自我实现需要所采取的途径是因人而异的。自我实现的需要是在努力实现自己的潜力，使自己越来越成为自己所期望的人物。

3. 马斯洛需求理论——基本观点

①五种需要像阶梯一样从低到高，按层次逐级递升，但这样的次序不是完全固定的，可以变化，也有种种例外情况。

②一般来说，某一层次的需要相对满足了，就会向更高一层次发展，追求更高一层次的需要就成为驱使行为的动力。相应的，获得基本满足的需要就不再是一股激励力量。

③五种需要可以分为两级，其中生理上的需要、安全上的需要和社交上的需要都属于低一级的需要，这些需要通过外部条件就可以满足；而尊重的需要和自我实现的需要是高级需要，他们是通过内部因素才能满足的，而且一个人对尊重和自我实现的需要是无止境的。同一时期，一个人可能有几种需要，但每一时期总有一种需要占支配地位，对行为起决定作用。任何一种需要都不会因为更高层次需要的发展而消失。各层次的需

要相互依赖和重叠，高层次的需要发展后，低层次的需要仍然存在，只是对行为影响的程度大大减小。

④马斯洛和其他的行为科学家都认为，一个国家多数人的需要层次结构，是同这个国家的经济发展水平、科技发展水平、文化和人民受教育的程度直接相关的。在不发达国家，生理需要和安全需要占主导的人数比例较大，而高级需要占主导的人数比例较小；在发达国家，则刚好相反。

3．消费者的购买动机

消费者的购买动机是指消费者为了满足自己一定的需要而引起购买行为的愿望或意念，它是能引起消费者购买某一商品和服务的内在动力。消费者购买动机的产生包括两个条件：一是未满足的需求，消费者的需求越强烈，购买动机越强烈；二是驱使产生购买动机的外在刺激。当内在条件与外在刺激同时具备，即消费者的需要达到一定程度且有外在刺激的时候，就会产生购买动机。例如，当消费者非常口渴，又正好看到商店里有饮料出售时，消费者就会产生购买饮料的动机。

消费者的购买动机非常复杂，有求安全、求廉价、求新潮、求美观、求名牌、从众心理等各式各样的动机，同一购买行为可能包含多种购买动机，有时连消费者自己都搞不清自己为何去购买。但是，企业必须充分重视分析和研究消费者的购买动机。

4．消费者的个性

个性是指人的整个心理面貌，是个人心理活动稳定的心理倾向和心理特征的总和。消费者的个性千差万别，随和或专横，依赖或独立，孤立或合群，保守或激进。这要求促销人员针对不同性格的消费者采取不同的促销技巧，例如，对于依赖型个性的消费者，促销人员应该详细了解消费者的需求，帮助其做出购买决策；对于独立型个性的消费者，则要谨慎使用推销技巧，主要介绍产品信息，辅助消费者做好产品决策。

值得注意的是，消费者的自我印象对消费者的购买行为影响很大。自我印象是指消费者想把自己塑造成什么样的人，或企图使别人把自己看作什么样的人。可能消费者实际上并不符合自我印象，但是，消费者在现实购买中往往购买与自我印象一致的产品。

5．消费者的学习

消费者学习是指消费者在购买和使用商品的过程中，通过获取知识、积累经验，不断地提高自身能力，完善自身的购买行为的过程。消费者学习可以增加消费者的商品知识，丰富消费者的购物经验，帮助消费者更好地做出购物决策。因此，企业应该通过营销宣传，加强企业和产品在消费者心中的形象和地位，影响消费者的学习，进而影响消费者的购买决策过程。

6. 消费者的态度

态度是指人们对事物全面而稳定的看法，是由认知、情感和行为构成的综合体。消费者对产品的态度表现为三个方面：品牌信念、品牌评估和购买意向。品牌信念是指消费者对某品牌产品的属性和利益所形成的认识；品牌评估是指消费者对品牌的情绪或情感的反应；购买意向是指消费者对态度标的物做出特定反应的倾向。

例如，对于某品牌的饮料，消费者了解它是苹果味，碳酸型，每100克含糖15克，含有维生素B、C、E等属性，这属于品牌信念；消费者不喜欢该饮料，认为该饮料含糖量过高，容易导致肥胖，这属于品牌评估；消费者决定放弃购买，这属于购买意向。

消费者态度一旦形成，将会对消费者的购买行为产生直接影响，而且很难改变。因此，企业应尽量使其产品适应已有的态度而不是试图去改变态度；如果不得不改变消费者的态度，则要对比成本和收益之间的差距。

（二）经济因素

经济因素包括消费者的可支配收入、储蓄与资产、举债能力以及对消费的态度等。消费者的经济状况决定其是否购买、购买多少、购买什么档次产品等购买行为。因此企业应该密切关注消费者的经济状况，当消费者的经济收入出现波动时，企业要做好调整营销策略的准备。

例如，美国次贷危机席卷全球过后，人们收入普遍缩水，很多曾经比较高档的品牌纷纷推出了低价产品，如Gucci的太阳镜、Prada的手袋、LV的箱包等。

（三）生理因素

生理因素是指年龄、性别、体征、健康状况和嗜好等生理特征。生理因素决定了消费者对产品的款式、构造和功能等需求不同。比如说男士的脚比较大，鞋子一般是42码以上，而女士的脚比较小，鞋子则普遍在37码左右。

（四）行为因素

这里主要是指消费者的生活方式。不同的生活方式会有不同的消费需求，比如着装，每天要到写字楼上班的白领们需要着装得体大方；户外活动多的人喜欢休闲打扮；需要出席宴会等正式场合的人需添置晚礼服。企业应该根据目标顾客的生活方式差异，为顾客提供满足不同生活方式的产品。

五、影响消费者购买行为的外在因素

消费者的购买行为受外在因素的影响，这一因素包括相关群体、社会阶层、家庭情况、社会文化等内容。

（一）相关群体

相关群体是指那些影响人们看法、意见、兴趣和观念的个人或集体。研究消费者行为可以把相关群体分为两类：参与群体与非所属群体。

1. 参与群体

是指消费者置身于其中的群体，按其作用又可分为主要群体和次要群体。

①主要群体是指个人经常性受其影响的非正式群体，如家庭、亲密朋友、同事、邻居等，这样的群体影响着个人的情趣和爱好，培养其消费习惯，这种影响往往是潜移默化的。

②次要群体是指个人并不经常受到其影响的正式群体，如工会、职业协会等，这样的群体尽管其影响不如主要群体，但同样在情趣、爱好方面相互影响，从而影响消费者的购买行为。

2. 非所属群体

是指消费者置身之外，但对购买行为有影响作用的群体。非所属群体有两种情况，一种是期望群体，另一种是游离群体。期望群体是个人希望成为其中一员或与其交往的群体，如一些球迷以某崇拜球队为期望群体。反之，则属游离群体，即群体的价值观行为遭到个人拒绝或抵制，极力划清界限的这种群体。

相关群体对消费者购买行为的影响主要有以下方面：

①向消费者展示新的生活方式和消费模式；

②影响人们的态度，帮助消费者在社会群体中认识消费方面的“自我”；

③相关群体的“模仿”作用，使某群体内的人员消费行为趋于一致化；

④相关群体的“意见领袖”，有时其消费示范作用是难以估计的。

在企业营销活动中，应该重视相关群体对消费者购买行为的影响作用。首先关注本企业目标市场的消费者受不同相关群体的影响程度，运用不同的策略满足不同的需求。如经营化妆用品的企业总是请著名的影星、歌星做产品形象代言人，做广告宣传，这就是利用期望群体的影响提供产品。企业在利用相关群体的影响开展营销活动时，还要注意不同的商品受相关群体影响的程度不同。商品能见度越强，受相关群体影响越大。一辆自行车与一双袜子相比，购买自行车受相关群体的影响要大得多。商品越特殊，购买频率越低，受相关群体影响越大。消费者对某商品越缺乏知识，受相关群体影响越大。

（二）社会阶层

社会阶层是指一个社会按照其社会准则将其成员划分为相对稳定的不同层次，这也是影响消费者购买行为的重要因素。一般来说，划分阶层的标准有职业、经济收入、居住区域、住房条件等。而其中的职业是划分的重要因素。不同社会阶层的人，他们的经济状况、价值观念、兴趣爱好、生活方式、消费特点、闲暇活动、接受大众传播媒体等各不相同。这些都会直接影响他们对商品、品牌、商店的购买习惯和购买方式。

企业营销要关注本国的社会阶层划分情况，针对不同的社会阶层爱好要求，通过适当的信息传播方式，在适当的地点，运用适当的销售方式，提供适当的产品和服务。

（三）家庭情况

家庭对消费者购买行为的影响是很大的，研究家庭因素对购买行为的影响很有意义。在企业营销中应关注以下三个方面的研究。

1. 家庭对购买行为的重要影响

要重视家庭作为一个相关群体对购买行为的影响。家庭中的每个成员都受到这个家庭的熏陶和影响，也可以说，家庭从小就影响着一个人的生活情趣、方式、个人爱好和习惯，这常常体现在对商品需要的要求、评价和购买习惯上。尽管这种影响多数情况下是下意识的，但其影响作用是长久的，一个人孩提时代对商品的爱好往往要维持几十年。

2. 家庭中不同购买角色的作用

在购买行为中，不同的家庭成员可能充当不同的角色，会对购买发表不同的意见，起着不同的影响作用。通常在购买行为中，家庭有五种不同的角色，即购买发起者、重大影响者、商品使用者、实际购买者和购买决策者。不同商品，家庭成员充当的购买角色是不同的，购买家用电器，男主人往往充当购买决策者；而购置新家具，充当购买决策者的则是女主人居多。

企业营销在分析消费者行为时，要注意购买商品过程中不同家庭成员所起的作用，利用营销策略来使企业的促销措施引起购买发起者的注意，诱发主要决策者的兴趣，使他们了解商品，解除顾虑，建立购买信心，使购买者购置方便。

3. 家庭生命周期的影响

一个家庭从产生到子女独立的发展过程称作家庭生命周期。根据购买的年龄、婚姻和子女等状况购买者的家庭生命周期大体分为七个阶段：

①“未婚”——年轻，单身；②“新婚”——年轻夫妇，没有子女；③“满巢I”——年轻夫妇，有6岁以下的孩子；④“满巢Ⅱ”年轻夫妇，有6岁或6岁以上的孩子；⑤“满巢Ⅲ”——年纪较大的夫妇，有未独立的孩子；⑥“空巢”——年纪较大的夫妇，与子女已分居；⑦“独居”——年老、单身，即失去配偶后，只剩下一位老人的家庭。

消费者处在不同的家庭生命周期阶段，会有不同的爱好与需要。如新婚夫妇可能需要家具、家电等耐用消费品；“满巢I”可能需要婴儿食品、玩具等；“满巢Ⅱ”可能需要购买青少年需要的杂志、体育用品、服装、自行车等商品。由此可见，购买者的家庭生命周期会影响消费者的购买行为。

家庭生命周期的研究目的在于要看到不同家庭生命阶段，有着不同的购买重点，应根据不同的家庭类别、不同的家庭生命周期阶段的实际需要，开发产品和提供服务。

（四）社会文化

每个消费者都是社会的一员，其购买行为必然受到社会文化因素的影响，文化因素有时对消费者购买行为起着决定性的作用。企业营销必须予以充分的关注。

六、消费者购买决策过程

消费者的购买并非就是简单的实地购买，而是较复杂的决策过程。消费者的购买决策在实地购买前就已经开始，而且还延伸到实地购买以后。因此，企业不要仅仅着眼于“决定购买”阶段，而要研究和了解消费者购买过程的各个阶段。消费者的购买决策过程一般可分为以下五个阶段。

（一）确认需要

确认需要是消费者购买活动的起点。当消费者意识到对某种商品有需要时，购买过程就开始了。消费者的需要可以由内在因素引起，如口渴驱使人寻找饮料；也可以是由外在因素引起，如一种色香味美的食品引起人们的食欲，看了电视、杂志上的家具广告而产生购买欲望等。在这一阶段，企业必须通过市场调研，认定促使消费者认识到需要的具体因素，营销活动应致力于做好以下两项工作。

（1）发掘消费驱策力。如青年人绝大多数爱美，爱美的需要就是一种驱策力。企业在开发年轻人使用的产品系列中就应考虑“爱美”驱策力。

（2）规划刺激、强化需要。驱策力只有与某些刺激相联系时，才能使人形成强烈的购买欲望。企业不但需要生产适销对路的产品，还要善于规划刺激，尤其是运用数量众多、形式各异的各类提示物，强化刺激，引发和深化消费者对需要的认识。

（二）寻求信息

有时消费者的消费需要很强烈，甚至可能马上去购买商品，但在多数情况下，消费者还要考虑买什么牌号的商品，花多少钱，到哪里去买等问题，这就是消费者购买过程的第三阶段：即寻求信息的阶段。消费者寻求所需求的信息一般有产品质量、功能、价格、牌号、已经购买者的评价等。消费者的信息来源通常有以下四个方面。

（1）商业来源。即消费者从广告经销商、商店售货员、商品陈列、商品包装等途径得来的信息。一般来说，消费者的信息大多数来自商业来源。

（2）个人来源。即消费者从家庭，朋友，邻居熟人那里得来的信息。

（3）大众来源。即消费者从报刊、电视、广播等大众传播媒介获得的信息。

（4）经验来源。即消费者通过自身操作、实验、使用产品而得到的信息。

消费者通过寻找信息，逐渐了解市场上出售的某种品牌的产品及其特征。市场营销者的任务就是设计适当的市场营销组合，尤其是产品品牌广告策略，宣传产品的质量、功能、价格等，以便使消费者最终选择本企业的产品。

（三）比较评价

比较评价是消费者购买过程的第三个阶段。消费者进行比较评价的目的是识别哪一种牌号、类型的商品最适合自己的需要。消费者进行比较评价是识别收集的材料，对商品属性做出的价值判断。消费者对商品属性的评价因人、因时、因地而异，有的评价注重价格，有的注重质量，有的注重牌号或式样等。

对企业来说，首先要注意了解并努力提高本企业产品的知名度，使其列入消费者比较评价的范围之内，进而才可能被选为购买目标。同时，还要调查研究人们比较评价某类商品时所考虑的主要方面，并突出这方面的宣传，以对消费者的购买选择产生最大影响。

（四）决定购买

消费者通过对可供选择的商品进行评价并作出选择后，就会形成购买意图。在正常情况下，消费者通常会购买他们最喜欢的品牌。但有时也会受以下两个因素的影响而改变购买决定。

（1）他人态度。任何一个消费者都生活在一个特定的环境中，他的购买决策往往受其家庭成员、朋友、同事或权威人士等的影响，和他关系越密切，影响程度就越大。

（2）意外事件。消费者原本做出的购买决策，可能会受到如涨价、失业、收支状况的变化而发生改变。消费者修改、推迟或取消某个购买决定，往往是受已察觉风险的影响。“察觉风险”的大小，由购买金额大小、产品性能优劣程度，以及购买者自信心强弱决定。企业应尽可能设法减少这种风险，以推动消费者购买。

（五）购后评价

这是购买决策的最后一个阶段。消费者购买商品后，购买的决策过程还在继续，他要评价已购买的商品。企业对这一步骤仍须给予充分的重视，因为它关系到产品今后的市场和企业的信誉。判断消费者购后行为有以下两种理论。

1．预期满意理论

该理论认为，消费者对所购商品的满意程度，取决于购买前期望的实现程度。如果购买满意程度达到或超过他的预期，他就会比较满意，反之，就会不满意。希望与现实差距越大，消费者的不满意感也就会越大。因此，企业在营销过程中，应对商品的宣传尽量实事求是，不要夸大其词，以免造成消费者在购买前的希望过高，使用后对商品产生强烈不满。

2. 认识差距理论

该理论认为，消费者购买商品后，都会产生不同程度的不满意感。这是因为任何商品都有其优点和缺点，而消费者在购买时往往看重商品的优点，而购买后，又较多注意商品的缺点，当别的同类商品更有吸引力时，消费者对所购商品的不满意感就会越大。企业在营销过程中，应密切注意消费者的购后感受，并采取适当措施，消除不满，提高满意度。如经常征求顾客意见，加强售后服务和保证，改进市场营销工作，力求使消费者的不满降到最低。

从以上分析可见，消费者购买决策的每一个阶段，都会对其购买决策产生影响。企业通过调查分析，可以针对消费者在决策过程各个阶段的思想、行为采取适当措施，来影响消费者的购买决策，使消费者做出对企业有利的购买决策。

任务四 竞争者分析

企业参与市场竞争，不仅要了解谁是自己的顾客，还要弄清谁是自己的竞争对手。从表面上看，识别竞争者是一项非常简单的工作，但是，由于需求的复杂性、层次性、易变性，技术的快速发展和演进、产业的发展使得市场竞争中的企业面临复杂的竞争形势，一个企业可能会被新出现的竞争对手打败，或者由于新技术的出现和需求的变化而被淘汰。企业必须密切关注竞争环境的变化，了解自己的竞争地位及彼此的优劣势，只有知己知彼，方能百战不殆。

资料补充

竞争者分析框架——波特五力分析模型

波特五力模型是由迈克尔·波特（Michael Porter）于20世纪80年代初提出。他认为行业中存在着决定竞争规模和程度的五种力量，这五种力量综合起来影响着产业的吸引力以及现有企业的竞争战略决策。五种力量分别为同行业内现有竞争者的竞争能力、潜在竞争者进入的能力、替代品的替代能力、供应商的讨价还价能力、购买者的讨价还价能力。如图2-1所示。

1. 供应商的议价能力

供方主要通过其提高投入要素价格与降低单位价值质量的能力，来影响行业中现有企业的盈利能力与产品竞争力。供方力量的强弱主要取决于他们所提供给买主的是什么投入要素，当供方所提供的投入要素其价值构成了买主产品总成本的较大比例，对买主产品生产过程非常重要，或者严重影响买主产品的质量时，供方对于买主的潜在讨价还价力量就大大增强。一般来说，满足如下条件的供方集团会具有比较强大的讨价还价力量。

①供方行业为一些具有比较稳固市场地位而不受市场激烈竞争困扰的企业所控制，其产品的买主很多，以至于每一单个买主都不可能成为供方的重要客户。

②供方各企业的产品各具有一定特色，以至于买主难以转换或转换成本太高，或者很难找到可与供方企业产品相竞争的替代品。

③供方能够方便地实行前向联合或一体化，而买主难以进行后向联合或一体化。

2. 购买者的议价能力

购买者主要通过其压价与要求提供较高的产品或服务质量的能力，来影响行业中现有企业的盈利能力。一般来说，满足如下条件的购买者可能具有较强的讨价还价力量。

①购买者的总数较少，而每个购买者的购买量较大，占了卖方销售量的很大比例。

②卖方行业由大量相对来说规模较小的企业组成。

③购买者所购买的基本上是一种标准化产品，同时向多个卖主购买产品在经济上也完全可行。

④购买者有能力实现后向一体化，而卖主不可能前向一体化。

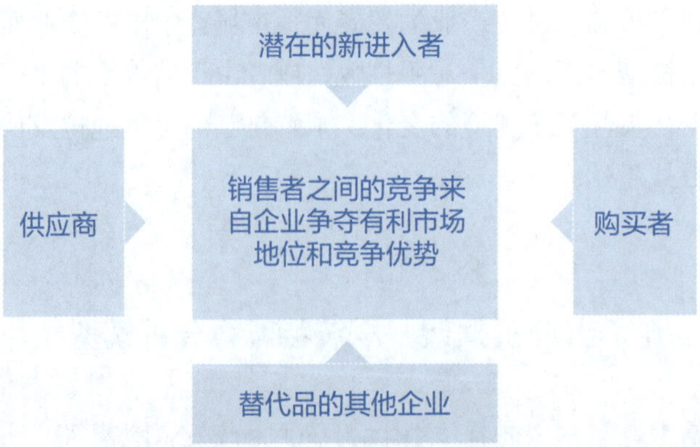

图2-1　五力分析模型

3．新进入者的威胁

新进入者在给行业带来新生产能力、新资源的同时，将希望在已被现有企业瓜分完毕的市场中赢得一席之地，这就有可能会与现有企业发生原材料与市场份额的竞争，最终导致行业中现有企业盈利水平降低，严重的话还有可能危及这些企业的生存。竞争性进入威胁的严重程度取决于两方面的因素，这就是进入新领域的障碍大小与预期现有企业对于进入者的反应情况。

进入障碍主要包括规模经济、产品差异、资本需要、转换成本、销售渠道开拓、政府行为与政策（如国家综合平衡统一建设的石化企业）、不受规模支配的成本劣势（如商业秘密、产供销关系、学习与经验曲线效应等）、自然资源（如冶金业对矿产的拥有）、地理环境（如造船厂只能建在海滨城市）等方面，这其中有些障碍是很难借助复制或仿造的方式来突破的。预期现有企业对进入者的反映情况，主要是采取报复行动的可能性大小，则取决于有关厂商的财力情况、报复记录、固定资产规模、行业增长速度等。总之，新企业进入一个行业的可能性大小，取决于进入者主观估计进入所能带来的潜在利益、所需花费的代价与所要承担的风险这三者的相对大小情况。

4．替代品的威胁

两个处于同行业或不同行业中的企业，可能会由于所生产的产品是互为替代品，从而在它们之间产生相互竞争行为，这种源自于替代品的竞争会以各种形式影响行业中现有企业的竞争战略。首先，现有企业产品售价以及获利潜力的提高，将由于存在着能被用户方便接受的替代品而受到限制；第二，由于替代品生产者的侵入，使得现有企业必须提高产品质量、或者通过降低成本来降低售价、或者使其产品具有特色，否则其销量与利润增长的目标就有可能受挫；第三，源自替代品生产者的竞争强度，受产品买主转换成本高低的影响。总之，替代品价格越低、质量越好、用户转换成本越低，其所能产生的竞争压力就强；而这种来自替代品生产者的竞争压力的强度，可以具体通过考察替代品销售增长率、替代品厂家生产能力与盈利扩张情况来加以描述。

5．同业竞争者的竞争程度

大部分行业中的企业，相互之间的利益都是紧密联系在一起的，作为企业整体战略一部分的各企业竞争战略，其目标都在于使得自己的企业获得相对于竞争对手的优势，所以，在实施中就必然会产生冲突与对抗现象，这些冲突与对抗就构成了现有企业之间的竞争。现有企业之间的竞争常常表现在价格、广告、产品介绍、售后服务等方面，其竞争强度与许多因素有关。

一般来说，出现这几种情况将意味着行业中现有企业之间竞争的加剧：行业进入障碍较低，势均力敌竞争对手较多，竞争参与者范围广泛；市场趋于成熟，产品需求增长缓慢；竞争者企图采用降价等手段促销；竞争者提供几乎相同的产品或服务，用户转换成本很低；一个战略行动如果取得成功，其收入相当可观；行业外部实力强大的公司在接收了行业中实力薄弱企业后，发起进攻性行动，结果使得刚被接收的企业成为市场的主要竞争者；退出障碍较高，即退出竞争要比继续参与竞争代价更高。在这里，退出障碍主要受经济、战略、感情以及社会政治关系等方面考虑的影响，具体包括：资产的专用性、退出的固定费用、战略上的相互牵制、情绪上的难以接受、政府和社会的各种限制等。

行业中的每一个企业或多或少都必须应付以上各种力量构成的威胁，而且客户必面对行业中的每一个竞争者的举动。除非认为正面交锋有必要而且有益处，例如要求得到很大的市场份额，否则客户可以通过设置进入壁垒，包括差异化和转换成本来保护自己。当一个客户确定了其优势和劣势时（参见SWOT分析），客户必须进行定位，以便因势利导，而不是被预料到的环境因素变化所损害，如产品生命周期、行业增长速度等，然后保护自己并做好准备，以有效地对其他企业的举动做出反应。

根据上面对于五种竞争力量的讨论，企业可以采取尽可能地将自身的经营与竞争力量隔绝开来、努力从自身利益需要出发影响行业竞争规则、先占领有利的市场地位再发起进攻性竞争行动等手段来对付这五种竞争力量，以增强自己的市场地位与竞争实力。

6．波特五力分析模型与一般战略的关系（表2-1）

表2-1　波特五力分析模型与一般战略的关系

行业内的五种力量	一般战略		
	成本领先战略	产品差异化战略	集中战略
进入障碍	具备杀价能力以阻止潜在对手的进入	培育顾客忠诚度以挫伤潜在进入者的信心	通过集中战略建立核心能力以阻止潜在对手的进入
买方砍价能力	具备向大买家出更低价格的能力	因为选择范围小而削弱大买家的谈判能力	因为没有选择范围使大买家丧失谈判能力
供方砍价能力	更好地抑制大卖家的砍价能力	更好地将供方的涨价部分转嫁给顾客方	进货量低，供方的砍价能力就高，但集中差异化的公司能更好地将供方的涨价部分转嫁出去
替代品的威胁	能够利用低价抵御替代品	顾客习惯于一种独特的产品或服务因而降低了替代品的威胁	特殊的产品和核心能力能够防止替代品的威胁
行业内对手的竞争	能更好地进行价格竞争	品牌忠诚度能使顾客不理睬你的竞争对手	竞争对手无法满足集中差异化顾客的需求

7. 波特五力分析模型的缺陷

实际上，关于五力分析模型的实践运用一直存在许多争论。目前较为一致的看法是：该模型更多是一种理论思考工具，而非可以实际操作的战略工具。

该模型的理论是建立在以下三个假定基础之上的：

①制定战略者可以了解整个行业的信息，显然现实中是难于做到的；

②同行业之间只有竞争关系，没有合作关系。但现实中企业之间存在多种合作关系，不一定是你死我活的竞争关系；

③行业的规模是固定的，因此，只有通过夺取对手的份额来占有更大的资源和市场。但现实中企业之间往往不是通过吃掉对手而是与对手共同做大行业的蛋糕来获取更大的资源和市场。同时，市场可以通过不断的开发和创新来增大容量。

因此，要将波特的竞争力模型有效地用于实践操作，以上在现实中并不存在的三项假设会使操作者要么束手无策，要么头绪万千。

波特的竞争力模型的意义在于，五种竞争力量的抗争中蕴含着三类成功的战略思想，那就是大家熟知的：成本领先战略、差异化战略、集中战略。

附：竞争分析以“舒肤佳”为例（表2-2）

表2-2　主要竞争分析

产品	母公司	主要受众人群	产品功效及产品特点	产品劣势
LUX	联合利华公司	•中高收入女性群体，有较强的经济基础 •追求肤质，追求炫丽时尚	•精炼SPA护理理念，倡导天然配方成分 •滋润肌肤，丝滑柔嫩，香味持久	•净肤功能不足 •消费群体针对性太强 •男性市场认知度较低 •不易冲洗
Dove	联合利华公司	•18～40岁，中高收入女性 •追求个人品味 •注重生活享受	•滋润，保养肌肤 •品牌信誉高	•秋冬时对皮肤滋润效果较弱 •香味甜腻且留香时间不长 •不易冲洗
强生婴儿 Johnson's baby	美国强生公司	•婴幼儿 •少数年轻女性	•特有“无泪配方”，产品温和柔润 •滋养肌肤如婴儿般嫩白	•品牌知名度不够 •香味单一，泡沫较少 •价位偏高 •产品针对性较强
OLAY BODY	宝洁公司	•25～45岁，商务白领阶层女性 •追求生活品质 •注重皮肤滋养	•“深层滋养”，具备保湿功效，使干燥肤质滋润柔滑 •自然美白 •品牌信誉度高	•清洁功能占劣势 •价位偏高 •目标客户以中年女性为主，发展潜力较小

续表

产品	母公司	主要受众人群	产品功效及产品特点	产品劣势
adidas	阿迪达斯公司	•运动员或从事运动的工作者，以男性居多 •年轻消费群体	•专业运动员参与研发，适用于运动后清爽皮肤 •特有“洗发沐浴二合一”功能	•主要针对男性运动群体，女性市场较小 •现有产品较单一 •销售及宣传渠道不完善
六神	上海家化公司	•中低端收入阶层	•祛痱止痒，含名贵中草药，强调配方功能 •针对夏季，清爽肌肤	•卖点单一 •产品低端 •市场份额不大

一、竞争者的类型

我们可以从不同的角度来划分竞争者的类型。

（1）从行业的角度来看，企业的竞争者有：

①现有厂商：指本行业内现有的与企业生产同样产品的其他厂家，这些厂家是企业的直接竞争者。

②潜在加入者：当某一行业前景乐观、有利可图时，会引来新的竞争企业，使该行业增加新的生产能力，并要求重新瓜分市场份额和主要资源。另外，某些多元化经营的大型企业还经常利用其资源优势从一个行业侵入另一个行业。新企业的加入，将可能导致产品价格下降，利润减少。

③替代品厂商：与某一产品具有相同功能、能满足同一需求的不同性质的其他产品，属于替代品。随着科学技术的发展，替代品将越来越多，某一行业的所有企业都将面临与生产替代品的其他行业的企业进行竞争。

（2）从市场方面看，企业的竞争者有：

①品牌竞争者：企业把同一行业中以相似的价格向相同的顾客提供类似产品或服务的其他企业称为品牌竞争者。如家用空调市场中，生产格力空调、海尔空调、三菱空调等厂家之间的关系。

品牌竞争者之间的产品相互替代性较高，因而竞争非常激烈，各企业均以培养顾客品牌忠诚度作为争夺顾客的重要手段。

②行业竞争者：企业把提供同种或同类产品，但规格、型号、款式不同的企业称为行业竞争者。所有同行业的企业之间存在彼此争夺市场的竞争关系。如家用空调与中央空调的厂家、生产高档汽车与生产中档汽车的厂家之间的关系。

③需要竞争者：提供不同种类的产品，但满足和实现消费者同种需要的企业称为需要竞争者。如航空公司、铁路客运、长途客运汽车公司都可以满足消费者外出旅行的需

要，当火车票价上涨时，乘飞机、坐汽车的旅客就可能增加，相互之间争夺满足消费者的同一需要。

④消费竞争者：提供不同产品，满足消费者的不同愿望，但目标消费者相同的企业称为消费竞争者。如很多消费者收入水平提高后，可以把钱用于旅游，也可用于购买汽车，或购置房产，因而这些企业间存在相互争夺消费者购买力的竞争关系，消费支出结构的变化，对企业的竞争有很大影响。

（3）从企业所处的竞争地位来看，竞争者的类型有：

①市场领导者：指在某一行业的产品市场上占有最大市场份额的企业。一般来说，大多数行业都存在一家或几家市场领导者，他们处于全行业的领先地位，其一举一动都直接影响到同行业其他厂家的市场份额，他们的营销战略成为其他企业挑战、仿效或回避的对象。如苹果公司是手机市场的领导者，宝洁公司是日化用品市场的领导者，可口可乐公司是软饮料市场的领导者等。市场领导者通常在产品开发、价格变动、分销渠道、促销力量等方面处于主宰地位。市场领导者的地位是在竞争中形成的，但不是固定不变的。

②市场挑战者：指在行业中处于次要地位（第二、第三甚至更低地位）但又具备向市场领导者发动全面或局部攻击的企业。如小米公司是手机市场的挑战者，高露洁是日化用品市场的挑战者，百事可乐是软饮料市场的挑战者等。市场挑战者往往试图通过主动竞争扩大市场份额，提高市场地位。

③市场追随者：指在行业中居于次要地位，并安于次要地位，在战略上追随市场领导者的企业。在现实市场中存在大量的追随者。市场追随者的最主要特点是跟随。在技术方面，它不做新技术的开拓者和率先使用者，而是做学习者和改进者。在营销方面，不做市场培育的开路者，而是搭便车，以减少风险和降低成本。市场追随者通过观察、学习、借鉴、模仿市场领导者的行为，不断提高自身技能，不断发展壮大。

④市场补缺者：多是行业中相对较弱小的一些中、小企业，它们专注于市场上被大企业忽略的某些细小部分，在这些小市场上通过专业化经营来获取最大限度的收益，在大企业的夹缝中求得生存和发展，对满足顾客需求起到拾遗补阙、填补空白的作用。市场补缺者通过生产和提供某种具有特色的产品和服务，赢得发展的空间，甚至可能发展成为“小市场中的巨人”。

综上所述，企业应从不同的角度，识别自己的竞争对手，关注竞争形势的变化，以更好地适应和赢得竞争。

二、识别竞争对手

竞争者是市场经济的客观存在但企业通常不能轻易地发现自己所有的竞争者。一般来说，企业能够直接感受到现实的竞争者的存在，却往往不能够准确地把握哪些企业是自己潜在的竞争者。在市场竞争中，潜在的竞争对手也许要比现实的竞争对手更可怕。许多企业不是被现实的竞争者所打败，而是在市场竞争中被潜在的竞争对手所淘汰。因此，企业需要全方位发现自己的竞争对手，特别是那些潜在的竞争者。

（一）从本行业角度来发现竞争者

由于竞争者首先存在于本行业之中，企业先要从本行业出发来发现竞争者。提供同一类产品或服务的企业，或者提供可相互替代产品的企业，共同构成一个行业。如家电行业、食品行业、运输行业等。由于同行业企业产品的相似性和可替代性，彼此间形成了竞争的关系。在同行业内部，一种商品的价格变化，就会引起相关商品的需求量的变化。例如，如果滚筒式洗衣机的价格上涨，就可能使消费者转向购买其竞争产品——波轮式洗衣机，这样，波轮式洗衣机的需求量就可能增加。反之，如果滚筒式洗衣机的价格下降，消费者就会转向购买滚筒式洗衣机，使得波轮式的需求量减少。因此，企业需要全面了解本行业的竞争状况，制定企业针对行业竞争者的战略。

（二）从市场消费需求角度来发现竞争者

企业还可以从市场、消费者需要的角度出发来发现竞争者。这样，凡是满足相同的市场需要或者服务于同一目标市场的企业，无论是否属于同一行业，都可能是企业的潜在的竞争者。例如，从行业来看，电影可能是以同属于影视业的电视为主要的竞争对手。但是从市场的观点来看，特别是从满足消费者需要来看，消费者感兴趣的是满足其对欣赏影视作品的需要。因此，能够直接播放VCD和DVD的电子计算机构成了对电影业的竞争威胁。从满足消费者需求出发发现竞争者，可以从更广泛的角度认识现实竞争者和潜在竞争者，有助于企业在更宽的领域中制定相应的竞争战略。

（三）从市场细分角度来发现竞争者

为了更好地发现竞争者，企业可以同时从行业和市场两个方面，结合产品细分和市场细分来进行分析。假设市场上同时销售5个品牌的某产品，而且整个市场可以分为10个细分市场。如果某品牌打算进入其他细分市场，就需要估计各个细分市场的容量、现有竞争者的市场占有率，以及各个竞争者当前的实力及其在各个细分市场的营销目标与战略。从细分市场出发发现竞争者，可以更具体、明确地制定相应的竞争战略。

案例分析

柯达破产

1975年发明世界第一台数码相机的伊士曼柯达公司，自2011年起就多次传出破产消息。2011年，柯达股价跌幅超80%。2012年1月3日，因平均收盘价连续30个交易日位于

1美元以下，纽交所向柯达发出退市警告。2012年1月19日，柯达提交了破产保护申请，此前该公司筹集新资金进行业务转型的努力宣告失败。2013年5月，伊士曼柯达公司正式提交退出破产保护的计划，如果计划获批，该公司无担保债权人可获得重组后公司总值22亿美元的股份。当地时间2013年8月20日，美国联邦破产法院批准美国柯达公司脱离破产保护、重组为一家小型数码影像公司的计划。

柯达作为感光行业的王牌品牌，曾经创造出一系列的辉煌成绩，但是瞬息万变的市场和飞速发展的科技使每个企业都面临着挑战，柯达也不例外。

首先是来自市场领域的激烈的价格竞争。一些零售商品牌将柯达产品的价格压低了40%。在东欧和发展中国家市场上，价格便宜的胶卷也给柯达造成极大的威胁，因为低收入水平的人更注意价格而非品牌和质量。柯达实施了一系列价格反击策略，曾经在一定程度上起了作用，但仍无法彻底清除价格战带来的恶劣影响。

柯达面临的另一个更为严峻的挑战来自数字成像技术对传统成像技术造成的冲击。高昂的成本、笨重的设备、严重的污染是底片与相纸生产和冲印过程中难以解决的问题，体积大、不能永久保存、查找困难是使用底片和相纸给人们带来的不便。

随着数字成像技术的出现，照相技术逐渐告别底片和相纸。一张巴掌大的光盘可存贮成千上万张照片；然后，通过电脑打印机可以直接打印出照片……总之，数字成像已经成为市场主流，底片和相纸除了部分专业人士外，基本已经无人问津。这场技术革命宣告胶卷行业进入濒死状态。

作为感光技术的龙头老大，柯达在数码照相这一新技术领域并不具备先天的优势，而数字成像技术的普及意味着柯达公司丧失胶卷、相纸所带来的丰厚利润。现在，柯达公司似乎要随着胶卷一起退出人们的生活了。

三、评估竞争者

1. 竞争者的市场目标分析

在识别了主要竞争者之后，企业经营者接着应回答的问题是：每个竞争者在市场上寻求什么？什么是竞争者行动的动力？最初经营者推测，所有的竞争者都追求利润最大化，并以此为出发点采取各种行动。但是，这种假设过于简单。不同的企业对长期利益与短期利益各有侧重。有些竞争者更趋向于获得“满意”的利润而不是“最大利润”。尽管有时通过一些其他的战略可能使他们取得更多利润，但它们有自己的利润目标，只要达到既定目标就满足了。

也就是说，竞争者虽然无一例外地关心其企业的利润，但它们往往并不把利润作为唯一的或首要的目标。在利润目标的背后，竞争者的目标是一系列目标的组合，对这些目标竞争者各有侧重。所以，我们应该了解竞争者对盈利的可能性、市场占有率的增长、资金流动、技术领先、服务领先和其他目标所给予的重要性权数。了解了竞争者的这种加权目标组合，我们就可以了解竞争者对他的财力状况是否感到满意，他对各种类型的竞争性攻击会做出什么样的反应等。如一个追求低成本领先的竞争者对于他的竞争对手因技术性突破而使成本降低所做出的反应，比对同一位竞争对手增加广告宣传所做出的反应强烈得多。

企业必须跟踪了解竞争者进入新的产品细分市场的目标。若发现竞争者开拓了一个新的细分市场，这对企业来说可能是一个发展机遇；若企业发现竞争者开始进入本公司经营的细分市场，这意味着企业将面临新的竞争与挑战。对于这些市场竞争动态，企业若了如指掌，就可以争取主动，有备无患。

（1）不同竞争者的目标组合的侧重点不同。企业必须了解每个竞争者的目标重点，才能对其竞争行为的反应做出正确的估价。例如，一个以“技术领先”为主要目标的竞争者，将对其他企业在研究与开发方面的进展做出强烈的反应，而对价格方面的变化相对不那么敏感。

（2）竞争者的市场目标及其行为变化。通过密切观察和分析竞争者目标及其行为变化，可以为企业的竞争决策提供方向。例如，当发现竞争者开辟了一个新的细分市场时，也就意味着可以产生一个新的市场机会；当发现竞争者试图打入自己的市场时，需要加以认真对待。

（3）竞争者的市场目标存在的差异。竞争企业的市场目标可能存在着差异，从而影响到企业的经营模式。例如竞争者是寻求长期业绩还是寻求短期业绩，将影响到竞争者在利润与收入增长之间的权衡。竞争者的目标差异对企业制定营销战略会有影响。

2．评估竞争者的优势和劣势

（1）产品。竞争企业产品在市场上的地位；产品的适销性；以及产品系列的宽度与深度。

（2）销售渠道。竞争企业销售渠道的广度与深度；销售渠道的效率与实力；销售渠道的服务能力。

（3）市场营销。竞争企业市场营销组合的水平；市场调研与新产品开发的能力；销售队伍的培训与技能。

（4）生产与经营。竞争企业的生产规模与生产成本水平；设施与设备的技术先进性与灵活性；专利与专有技术；生产能力的扩展；质量控制与成本控制；区位优势；员工状况；原材料的来源与成本；纵向整合程度。

（5）研发能力。竞争企业内部在产品、工艺、基础研究、仿制等方面所具有的研究与开发能力；研究与开发人员的创造性、可靠性、简化能力等方面的素质与技能。

（6）资金实力。竞争企业的资金结构；筹资能力；现金流量；资信度；财务比率；财务管理能力。

（7）组织。竞争企业组织成员价值观的一致性与目标的明确性；组织结构与企业策略的一致性；组织结构与信息传递的有效性；组织对环境因素变化的适应性与反应程度；组织成员的素质。

（8）管理能力。竞争企业管理者的领导素质与激励能力；协调能力；管理者的专业知识；管理决策的灵活性、适应性、前瞻性。

3．确定竞争者的战略

各企业采取的战略越相似，他们之间的竞争就越激烈。在多数行业中，根据所采取的主要战略不同，可将竞争者划分为不同的战略群体。例如，在美国的主要电气行业中，通用电气公司，惠普公司和施乐公司都提供中等价格的各种电器，因此可将它们划分为统一战略群体。

根据战略群体的划分，可以归纳出两点：一是进入各个战略群体的难易程度不同。一般小型企业适于进入投资和声誉都较低的群体，因为这类群体较易打入；而实力雄厚的大型企业则可考虑进入竞争性强的群体。二是当企业决定进入某一战略群体时，首先要明确谁是主要的竞争对手，然后决定自己的竞争战略。

除了在统一战略群体内存在激烈竞争外，在不同战略群体之间也存在竞争。因为：①某些战略群体可能具有相同的目标客户；②顾客可能分不清不同战略群体的产品的区别，如分不清高档货和中档货的区别；③属于某个战略群体的企业可能改变战略，进入另一个战略群体，如提供高档住宅的企业可能转而开发普通住宅。

4．判断竞争者的反应模式

（1）迟钝型竞争者。某些竞争企业对市场竞争措施的反应不强烈，行动迟缓。这可能是因为竞争者受到自身在资金、规模、技术等方面的能力的限制，无法做出适当的反应；也可能是因为竞争者对自己的竞争力过于自信，不屑于采取反应行为；还可能是因为竞争者对市场竞争措施重视不够，未能及时捕捉到市场竞争变化的信息。

（2）选择型竞争者。某些竞争企业对不同的市场竞争措施的反应是有区别的。例如，大多数竞争企业对降价这样的价格竞争措施总是反应敏锐，倾向于做出强烈的反应，力求在第一时间采取报复措施进行反击，而对改善服务、增加广告、改进产品、强化促销等非价格竞争措施则不大在意，认为不构成对自己的直接威胁。

（3）强烈反应型竞争者。竞争企业对市场竞争因素的变化十分敏感，一旦受到来自竞争挑战就会迅速地做出强烈的市场反应，进行激烈的报复和反击，势必将挑战自己的竞争者置于死地而后快。这种报复措施往往是全面的、致命的、甚至是不计后果的，不达目的决不罢休。这些强烈反应型竞争者通常都是市场上的领先者，具有某些竞争优势。一般企业轻易不敢或不愿挑战其在市场上的权威，尽量避免与其做直接的正面交锋。

（4）不规则型竞争者。这类竞争企业对市场竞争所做出的反应通常是随机的，往往不按规则出牌，使人感到不可捉摸。例如，不规则型竞争者在某些时候可能会对市场竞争的变化做出反应，也可能不做出反应；他们既可能迅速做出反应，也可能反应迟缓；其反应既可能是剧烈的，也可能是柔和的。

四、竞争对策选择

企业在对市场竞争状况做出正确分析评价后，在明确谁是市场的主要竞争者，竞争者拥有何种优势与劣势、竞争者的市场策略有何特点、竞争者的市场反应行为属于什么模式的基础上，就可以制定和选择自己的市场竞争战略：是进攻，还是防御或者回避；谁是合适的进攻对象，谁是主要的威胁者；应当采用哪些具体的竞争手段；如何选择合适的竞争市场和出击时机，等等。

企业竞争对策的确定是建立在对竞争者全面、准确的分析基础上的。为了掌握及时准确的竞争者情报，企业需要建立自己的市场信息系统。首先，根据市场竞争战略决策的情报信息需要，确定主要的市场竞争对手及其相关信息的主要来源。其次，通过企业自己的营销人员、经销商、代理商以及其他市场调研手段，掌握主要竞争对手的情报信息。在广泛收集信息的基础上，对竞争者的策略做出准确的分析和判断，从而制定本企业的竞争战略。

任务五 熟悉市场调研的步骤与方法

在企业的市场营销活动中，市场调研是一项重要的必不可少的基础性工作。在市场营销分析、计划、实施和控制的每一阶段，营销人员和决策者都需要消费者和用户、竞争对手、中间商以及其他与市场有关的信息，市场调研是获取这些信息的重要途径。市场调查自1919年美国柯蒂斯出版公司首次运用成功以来，在世界范围内迅速扩展，成为企业开展营销活动、研究市场、掌握市场动态、科学决策的一种必要营销手段和竞争武器。发展到今天，市场调查由最初的收集、记录、整理、分析有关资料和数据等简单工作，发展成为一门调查内容广泛、调查形式多样、研究方法科学、支持决策的专门学科。

案例分析

“研究垃圾”。一般人听起来，此乃荒唐之举，对经营决策不会有什么影响，但事实恰恰相反。著名的雪佛隆公司重金聘请亚利桑那大学教授威廉·雷兹对垃圾进行研究。教授每天尽可能多地收集垃圾，然后按垃圾的内容标明其原产品的名称、重量、数量、包装形式等予以分类，获得了有关当地食品消费情况的准确信息。用雷兹教授的话说：“垃圾绝不会说谎和弄虚作假，什么样的人就丢什么样的垃圾。”雪佛隆公司借此做出相应决策，大获全胜，而其竞争对手却始终也没搞清雪佛隆公司的市场情报来源。

“皱眉信息”。秘鲁一家百货公司的经理库克提出要捕捉“皱眉信息”。即当看到顾客挑选商品时，若皱眉便说明顾客不满意，售货员要主动承认商品不足之处并得到顾客证实。于是商场便在营销方法上加以改进，库克这一方法使百货公司效益魔术般上升。

“顾客的影子”。找人充当顾客影子是美国一些市场调查公司的杰作，这些公司专门为各商场提供市场调查人员。当这些人接受商场聘请之后，便时刻不离顾客左右，设法了解顾客购买哪些商品，停留多久，多少次会回到同一件商品面前以及为什么在挑选很长时间后还是失望地离开，等等。美国许多企业得益于这类调查，并因而使经营更具针对性，更贴近消费者。

“住进客户家里”。一次，一个美国家庭住进了一位“不幸”的日本人。奇怪的是，这位“落难者”每天都在做笔记，记录美国人居家生活的各种细节，包括吃什么食物、看什么电视节目等。一个月后，日本人走了。不久，丰田公司推出了针对当今美国家庭需求而设计的价廉物美的旅行车，大受欢迎。举一个例子就能说明，美国男士（特别是年轻人）喜爱喝玻璃瓶装饮料而非纸盒装的饮料，日本设计师就专门在车内设计了能冷藏并能安全放置玻璃瓶的柜子。

一、市场调研的含义

一般来说，市场调研还可以称为市场研究、营销调研、营销研究，指运用科学的方法，有目的、有计划、系统地收集、整理、分析有关市场资料，为企业管理者提供市场信息和决策依据的系列过程。市场调查内容广泛，即包括对影响企业市场营销活动的直接环境因素的调查，如消费者市场需求调查、产品调查、广告效果调查等，也包括对影响企业市场经营的间接环境因素的调查，如市场环境调查、竞争调查、政策法律信息收集等。

二、市场调研方法

市场调研是一项技术性很强的工作。这些技术掌握得如何，直接关系到调查的效果。在市场调研的设计和执行阶段，要根据调研的目的和具体的研究目标，选择合适的调查对象，采用适当的调查方法和技术，获取完整可靠的信息。这些在实践中发展起来的方法和技术，既包含一些基本的操作程序，又涉及研究者的运用技巧，各自都有其适用的范围和优缺点。

市场调研方法一般分为三类，即访问法、观察法和实验法。

1. 访问法

访问法是市场调研中适用最普遍的一种调查方法，也是收集描述性信息的最佳方式。访问法即按预先准备好的提纲或调查表，通过口头电话或书面方式向被调查者了解情况收集资料。如果想要了解人们的知识、态度、偏好和购买行为，它把研究人员事先拟定的调查项目或问题以某种方式向被调查者提出，要求给予回复，由此获取被调查者或消费者的动机、意向、态度等方面的信息。它最大的好处是灵活性很强，可以用来收集许多不同场合下的不同信息。设计优秀的调查问卷获取的信息要比观察和实验更快、更有效。

访问调研可以通过街头拦截访问的形式，上门拜访，也可以通过电话问询的方式进行，灵活多样，访问者可以通过语言语调的变化、神情等多方面的信息了解被调查者潜在意愿。当然，调查者在访问的过程中，正确地询问问题，语言语调也有相当大的讲究，如果方法正确，往往能够得到较为积极和乐观的结果。

然而，访问法也存在一些问题。有时人们不能回答一些调查的问题，或遗忘，或根本没有此类问题的经验。有时人们不愿意回答陌生人的问题，或认为这是个人隐私。有时被调查者会随便乱答一气，或他们想帮助调查者完成任务，也有可能违背意愿故意填写让人愉快的答案。还有很多人不愿抽出时间来回答问题，或讨厌有人打扰他们的生活。

2. 观察法

观察法是由调查员直接或通过仪器在现场观察调查对象的行为动态并加以记录而获取信息的一种方法。观察法分为人工观察和非人工观察，在市场调研中的用途很广，比如研究人员可以通过观察消费者的行为来测定品牌偏好和促销的效果。随着现代科学技术的发展，人们设计了一些专门的仪器来观察消费者的行为。通过这种方法可以观察到消费者的真实行为特征，但是只能观察到外部现象，无法观察到调查对象的一些动机、意向及态度等内在因素。但有些情况下，观察可能是获得所需信息的唯一途径。

观察的方法可以是多样的：可以派人观察顾客的言行举止、选择商品时的态度；也可以通过在店铺中安装摄像机进行观察，等等。

从另一方面说，有些是观察不到的，如人的感情、思想、态度和动机等，如果完全借助观察可能会发生误判或错判，因此还要借助于其他调研方法。

3. 实验法

实验法是指在控制的条件下对研究的现象的一个或多个因素进行操纵，以测定这些因素之间的关系，它是因果关系调研中经常使用的一种行之有效的方法。实验方法来源于自然科学的实验求证，现在广泛应用于营销调研，是市场营销学走向科学化的标志。现场实验法的优点是方法科学，能够获得较真实的资料。但是，大规模的现场实验往往很难控制市场变量，影响实验结果的内部有效性。此外，实验法实验周期较长，研究费用昂贵，严重影响了实验方法的广泛使用。

实验法也可以采取观察和其他的调查方法相结合。例如：麦当劳在其菜单中加入一种新的三明治之前，调研人员会用实验来解决下列问题：

①新的三明治将使麦当劳的销售额上升多少？

②新的三明治对菜单上其他食品的影响如何？

③用哪种广告方式来推销这种三明治最有效？

④不同的价格对产品的销量有何影响？

⑤新产品的目标顾客应该是成年人、儿童还是两者兼顾？

为体验两个不同价格的影响，麦当劳可以进行下述简单的实验。可以在某个城市中的麦当劳餐厅里以某一价格推出新三明治，而在另一个城市的餐厅以另外一个价格推出新产品。如果两个地方的情况相似，而且两地所做的营销活动相似，那么两个城市中的销售量差别就与价格有关。当然，有些更为复杂的实验需要设计更多的变量。

三、抽样调查设计

在市场调查过程中，由于市场范围大，调查对象复杂，使得采用全面调查这种方式难以实施。因此在通常情况下采用非全面调查抽样调查的方式进行营销调查。抽样调查是指从局部的调查中得出有关整体的结论。局部调查的对象称为样本，从中抽取样本的那个整体叫作总体。通过对样本的调查，可以用样本的特性来推断总体的特性。例如，如果一家化妆品生产企业打算对商店进行一次调查，以测定经销商对其产品的潜在兴趣，那么，它调查的总体就是所有化妆品商店，样本则是能代表这一目标市场所有销售化妆品的商店（总体）的典型代表。抽样调查设计是采用抽样调查必须解决的一个重要技能。由于抽样调查是根据样本的特征推算总体的特征，因此抽样设计是否科学合理，直接关系调查结果的准确性。抽样调查设计包括以下三项内容。

1．抽样对象设计

一个适当的抽样对象并不总是很明显的。例如，要想了解家庭购买家具的决策过程，究竟调查丈夫、妻子，还是全体家庭人员？对此，调研人员要认真做出选择。

2．样本大小设计

大样本当然比小样本提供的结果更可靠，但大样本的调查成本高，而且往往没有必要。只要抽样方法正确，即使样本不足总体的1%，也同样能提供可靠的调查结果。因此，确定样本大小时，既要考虑样本的足够代表性，又要考虑费用和时间的节约。样本大小一般与以下两类因素有关：

（1）调查总体的特性。当总体特性差异不大时，样本数目可少一些；相反，当总体特性差异很大时，样本数量就要多一些，否则，误差会过大。例如，调查零售商店的销售量，如果所调查的商店其销售量差异不大，选取少数样本即可，如销售量差别很大，就需要选取较多的样本。

（2）调查结果的准确度。一般而言，调查所要求的准确度越高，所需选择的样本数量就越多，反之，就可少一些。

3．抽样方法设计

抽样方法设计可以对随机抽样和非随机抽样这两类方法进行考虑和运用。

（1）随机抽样。随机抽样是指总体中每一个个体都有机会被选作样本。随机抽样完全排除人们的主观选择，因而代表性强。其优点是可以通过设计分析，估计出样本的代表性程度，从而可确定由样本调查结果推算总体特征时产生的误差大小。这种抽样误差在抽样调查中是难以避免的。随机抽样虽然可以判断抽样误差，但费时费钱，不太方便，因而仅在定期市场调查中使用。随机抽样的常用方法有以下两种。

第一种，简单随机抽样。即总体中每一个个体都有均等的机会被选作样本。简单抽样一般要先给总体中的每一个个体都分别编号，然后采用抽签（包括用机器摇出号码或掷骰子）或查乱数表的方法，随机抽取编号，编号所代表的个体即为样本，直到从总体中抽取的样本达到事先规定好的数量。

第二种，分层随机抽样。即对总体按一定特征分组，然后从各组中随机抽取一定数量的样本。分层抽样并无一定的标准，这要根据调查的目的和要求而定。如调查企业或商店时，可按销售额分层，也可按职工人数分层。调查消费者时，则可按收入、家庭人口数、年龄、教育程度等分层。

（2）非随机抽样。非随机抽样是指在总体中不是每一个个体都有机会被选作样本。非随机抽样是根据一定的标准来选取样本的，总体中每一个体抽取的机会是不相等的。其不足是无法估计抽样误差，所以应用范围是受限制的。一般在对调查总体没有足够了解的情况下，或当总体太大时，可采用非随机抽样。非随机抽样虽不能判断抽样误差，但它省钱省时，应用方便，因而在市场调查中经常被应用。非随机抽样的常用方法有以下三种。

第一种，任意抽样。调查人员为便于调查，任意选择样本。例如，在街上任意找几个行人询问其对某产品的看法和印象。此方法调查结果的误差很大，但由于简便、省钱，因而在非正式调查中常被采用。

第二种，判断抽样。即调研人员根据自己或专家的经验来判断有哪些个体作为样本。此方法运用时要求判断者必须对总体的特征有充分的了解。选择样本如果发生判断偏差，则极易产生抽样误差。一般而言，判断抽样法通常适用于总体的构成单位极不相同而样本数很小的情况。

第三种，配额抽样。即先将总体分组，并规定各组的样本配额，然后由调查人员按照每一组的配额，用判断抽样的原则确定具体样本。配额抽样实质上就是分层判断抽样法。

四、调查问卷设计

调查问卷是市场调查最基本、最有效的调查工具，它可以作为调研人员与被调查者之间信息沟通的桥梁。调查问卷主要用于第一手资料的收集。

调查问卷或称调查表，是由向被调查者提问并征求意见的一组问题所组成。调查问卷设计就是根据调研目的，将所需调研的问题具体化，使调研者能顺利地获取必要的信息资料，并便于统计分析。问卷设计质量的高低，将直接影响问卷的回收率，影响资料的真实性和实用性。为此，要求调研人员仔细地研究问卷，掌握问卷设计的技能。

1．调查问卷的内容

调查问卷通常由三个部分构成，即被调查者项目、调查项目和调查者项目。

（1）被调查者项目。主要包括被调查人的姓名、性别、年龄、文化程度、职业、家庭住址、联系电话等。这些项目的设置目的主要是便于日后查询，有些项目对分析研究也很有用处。如不同的年龄、性别、职业等对不同的商品有不同的需求，对研究不同消费者构成有一定的参考价值。应根据调查目的，有针对性地选择被调查者项目。

（2）调查项目。将所要调查了解的内容具体化为一些问题和备选答案，这些问题和备选答案就是调查项目。通常，在所列项目中，要给出若干个答案供被调查者选择填写。

（3）调查者项目。主要包括调查人员的姓名、工作单位及调查日期等。这些项目主要为明确责任和方便查询而设。

2．调查问卷的结构

调查问卷的结构可分为三个部分：①表头作为问卷的开头语，说明调查的目的和意义，以及感谢被调查者的合作；②表体是调查问卷的正文；③表尾包括填表说明和必要的注释等。

3．调查问卷的类型

调查问卷可以分为开放式问卷和封闭型问卷。

开放式问卷是指问卷所提的问题没有事先确定答案，由被调查者自由回答。这类问卷可以真实地了解被调查者的态度与情况，但调查不易控制，五花八门的答案很难归纳统计。封闭型问卷是指问卷内的题目调查者事先给定了可供选择的答案或范围。这些问卷虽然呆板，但便于归纳统计。在问卷调查中用的较多的是封闭型问卷，尤其在拦截式调查中只能运用这种类型的问卷。

4. 问卷设计的原则

（1）必要性原则。调查问卷的设计是为了取得满意的结果，因此，除属于引导启发答复的问题以外，所列项目都应是调查课题所必需的。

（2）准确性原则。所提问题的界限要明确，提问用词要准确，要避免使用含糊不清、过于专业化的语句。同时，一个项目只能包含一个层次的内容，否则会影响被调查者对问题的正确理解以及答案选择的准确性。

（3）客观性原则。所提问题要客观，不要提出一些带有引导性和倾向性的问题。即不要提出带有向被调查者提示答案方向或暗示调查者观点的问题。

（4）可行性原则。对所提出的问题，被调查者能够根据常识或经验选择答案，而不是依靠其记忆或计算作答。提问的设计可适当安排少量趣味性问题，以融洽一下调查气氛。

对令人困窘且调查又必要的问题，应设计“间接引问句”。提问的设计注意逻辑性与顺序性。所有项目应按其内容的逻辑联系顺势排列；提问可按先易后难顺序排列。

总之，若能设计出一份简短、明了、可行的市场调查问卷，就能收到事半功倍的调研效果。反之，调查问卷设计疏忽或不妥，即使调研人员历尽千辛万苦，也难以获取必要的可靠信息。

案　例

IVT学生自主创业调查问卷

亲爱的同学：

您好！我们是IVT工商管理系市场营销专业的学生。我们正在进行一项关于IVT学生创业态度和创业现状的调查。您的回答有助于学校了解在校学生对创业的态度，帮助学生创业。您提供的宝贵资料仅用于我们的研究，决不公开，请您放心！感谢您的配合。

填表注意：对选中的答案，在该答案后面方框内打“√”。在有“__”的地方必要时请填写相应的情况或意见。

1 您对创业概念的理解是？

□开办一个企业　□开创一份事业　□开发一项前沿的科技技术　□其他____

2 您觉得创业应具备哪些知识和技能？（可多选）

□专业的知识背景　□出色的沟通及交际能力　□经营管理能力

□商机判断力　□市场开拓能力　□创新能力

□应变能力 □良好的心理素质和适应能力

3 您认为大学生创业者应具备的心理素质：（可多选）

□强烈的挑战精神 □乐观精神 □吃苦精神 □执着精神

4 您对大学生创业的看法是？

□认同，是实现理想的一个途径 □可以解决自身就业问题

□大学生应以学业为主，毕业后再考虑创业 □风险太大，还是找个稳定的工作为首选

□其他____

5 您认为大学生创业的最大障碍是什么？

□没有好的创业方向 □经验不够，缺乏社会关系 □资金不足

□是否要继续深造 □亲人的反对 □其他____

6 您认为大学生创业最合适的时间为：

□在大学期间 □大学刚毕业 □工作几年以后再创业

7 如果创业您会选择哪个领域进行创业？

□软件、网络等高科技行业 □餐饮、书报等生活类行业 □其他，例如____

8 您会选择哪种形式创业？

□合伙创业 □家庭创业 □自主创业

9 您认为大学生创业是否会成为日后大学生发展的主流方向？

□是 □否 □不知道

10 您是否希望学校开设创业指导课程：

□是 □否

11 如果学校开设创业指导课程，您希望课程内容应注重：

□市场营销 □财务税收

□融资 □政策法规

□人际交流与沟通技巧 □创业成功者讲座

□个案分析 □创业模拟训练

□个性化辅导 □其他，例如____

12 在创业道路上要找准自己的合适位置，您会根据什么来确定创业领域？

□自己的兴趣 □自己的专业

□市场需要 □对某一行业的熟悉程度

13 如果您的创业计划和学业冲突，您将如何处理？

□休学创业 □边学习边创业 □放弃创业，专心学习

□找人代理创业事务 □其他____

14 如果您想自己创办企业，您已经做好创办企业的准备了吗？（是：√）

□您是否了解经营企业要有承诺，要长期承担责任，并且很辛苦？

□您确实知道您为什么想办企业吗？

□您是否知道企业通常因为什么原因而倒闭?
□您认为自己确实是适合创办企业的那种人吗?
□您是否确切知道您需要改进哪些方面，才能成为成功的创业者?
□您是否知道您有多少资金可用于创办您的企业?
□您是否已有一个明确的企业构思?
□您是否已经对您将要创办的企业进行了详细的市场分析?
□您是否知道谁将成为您的顾客? 他们为什么要从您这里买东西?
□您是否做了完整的商业计划?

15 如果首次创业失败，您是否会继续?
□是　　□否

16 您需要学校和社会为您的创业提供哪些帮助?

____

____

17 您是否正在创业或创过业:
□是（继续）　　□否（终止）

18 您的创业想法来源于:
□家庭影响　　□朋友影响　　□传媒影响
□学校影响　　□其他____

19 您创业的最大动机是:
□实现个人理想和自我价值　　□提升自己的能力和素质　　□赚钱
□就业困难　　□想当老板　　□遇到创业机会

20 您认为大学生创业最需要的是什么?
□个人或团队研究成果或专利　　□个人强烈的价值观取向
□风险投资商的投资　　□学校或社会提供的各类创业培训和服务

21 您觉得国家有关学生创业的政策有哪些不足?
□优化培训机构　　□继续加大创业拨款
□建立创业风险保障机构　　□为大学生提供合作平台　　□其他____

22 调查对象基本信息:
姓名: ________　　性别: □男　□女
年级: ________　　专业: __________
联系方式: ________________________

调查员姓名: ________
调查时间: ________年____月____日

五、市场调研的基本程序

市场调研程序包括四步：①确定问题及调研目标；②制订调研计划；③实施调研计划；④解释和汇报调研结果（见图2–2）。

确定问题及调研目标 → 制订调研计划 → 实施调研计划 → 解释和汇报调研结果

图 2–2 营销调研程序

1．确定问题及调研目标

营销经理需要和调查人员紧密配合，共同确定问题，商定市场调研目标。市场营销经理相对比较了解制定决策所需要的信息，而市场调研人员则比较了解市场调研和如何获取信息。

营销经理需要对营销调研有足够的了解，这样才能更好地筹划调研活动和解释调研结果。否则的话就可能获取错误的信息而且接受错误的结论，或付出巨大的成本代价。有经验的市场调研人员能够了解营销经理的意图，则有必要也加入决策行列中来。营销调研人员能够帮助营销经理确定调查应该如何进行才能更好地帮助营销经理制定决策。

确定问题及调研目标往往是整个调研过程中最为困难的一步。营销经理可能知道问题，但是却不了解问题确切出在哪里。仔细确定要调查的问题可以节省调查的时间及费用。

在仔细确定了调查的问题之后，营销人员与调研人员就必须设定调研目标。一个调研计划无非属于以下几种目标类型：①探索性调研。探索性调研的目标是收集初步信息以帮助确定要调研的问题和提出假设。②描述性调研。描述性调研的目标是对诸如某一产品的市场潜力或购买某产品的消费者的人口与态度等问题进行详细表述。③因果性调研。因果性调研的目标是检验假设的因果关系，营销者往往会以探索性调研为开端，而后会做描述性调研或因果性调研。

调研问题与目标的表述指导整个调研过程，营销经理和调研人员将这些描述做成书面材料，以确保他们对调研的目的和预期结果看法一致。

案例分析

1985年，可口可乐公司曾犯了一个不小的错误。在近百年的成功营销之后，可口可乐公司放弃了原始的配方，取而代之的是更有甜味的“新可乐”。

开始之初，由于强大的广告宣传，新可乐销路不错，但很快走下坡路。可口可乐公司每天都会收到来自消费者的成袋信件和1500多个电话，抱怨公司改变可乐的口味。一个叫作“旧可乐饮用者”的组织发起各种抗议活动，分发T恤衫，并威胁除非可口可乐公司使用旧配方，不然要进行集体起诉。许多营销专家曾预测“新可乐”将成为“80年代的Edsel”——福特公司的一种滞销汽车。三个月之后，可口可乐公司重新提供旧可乐，并将其命名为“经典可乐”，与新可乐同时上架销售。公司称“新可乐”仍旧是产品“旗舰”，但消费者却并不买账。截至1985年年底，新旧可乐的销量比为1：2。

可口可乐公司为了避免更大的麻烦，加强了对“经典可乐”的宣传力度，并将新可乐作为辅助产品加以宣传。“经典可乐”重新成为美国饮料的领先品牌；而新可乐则成为公司对付百事可乐的有力武器——广告中大量突出了新可乐和百事可乐的区别。即使如此，新可乐仍旧只占据了2%的市场份额。1990年，公司重新包装新可乐，以“可乐II”的名义出现，作为延伸品牌。现在，“经典可乐”占据美国饮料市场20%份额，而“可乐II”只占据了0.1%。

为什么会出现这种情况，许多分析家认为问题出在糟糕的市场营销调研上。

在20世纪80年代初期，虽然可口可乐是软饮料市场的领先者，但其份额正被百事可乐慢慢占领。1985年初，虽然在整体市场上可口可乐仍然占据领先地位，但在超市销售的份额中，百事领先了2%。可口可乐准备采取行动来阻止市场份额的流失，解决的方法看来就是改变可口可乐的味道。

可口可乐开始了其历史上最大的新产品调查计划，花费了两年多的时间和400万美元来进行调查，以确定它的配方。它进行了约20万次口感实验，仅最终配方就进行了3万次。在无商标检测中，60%的消费者认为新可乐比原来的好，52%的人认为新可乐比百事可乐好。调查结果是新可乐一定会赢，所以公司很自信地推出了这一产品。

重新回顾一下，可以发现可口可乐公司将其营销调研问题限定得太狭窄了。调查只限于口味问题，并没有考虑用新可乐代替旧可乐时消费者的感受如何。它并没有考虑无形的资产——可口可乐的名称、包装、文化遗产和产品形象。对于许多人来说，可口可乐与棒球、热狗和苹果派一起成为美国的习俗，它代表着美国社会中最根本的东西。对许多消费者来说，可口可乐的象征意义比它的口味更为重要。如果调查更为深入一点，就会发现这些强烈情感。

可口可乐公司的经理们在解释调研结果和制定决策时也出现了错误的判断。他们认为有60%的消费者喜欢新可乐的味道就意味着新产品将赢得市场，就像一个预选中获得60%选票的候选人一样。由于放弃旧可乐，公司伤害了一大批不愿改变旧可乐饮用习惯的追随者。公司明智的做法应该是保留旧可乐，同时将新可乐作为一个延伸品牌推出，正如它后来推出的“樱桃可乐”一样。

2. 制订调研计划

营销调研中，确定所需要的信息，制订有效收集信息的计划并向营销经理提出该计划是非常关键的一步。此计划需要简述现存信息的来源、指出调研人员收集新信息的特定的调查方法、接触方式以及取样和调查的工具。

（1）确定信息需求。调研目标必须被转换为特定的信息需求。比如，在洗发水改变配方的市场调研中，就需要下列特定信息：

①经常使用洗发水的人口的经济状况和生活方式；

②顾客使用洗发水的方式和一般使用量；

③销售商对新配方的反应；

④消费者对新配方的反应；

⑤对新配方产品销量的预测。

公司需要对以上信息及一些其他信息进行收集整理，以决定是否使用新配方。

（2）收集二手信息。为满足营销人员的信息需求，调查人员可以收集二手信息、原始信息等。二手信息是指已存在的为其他目的而收集的信息。原始信息是指为目前的目标而收集的信息。调查者通常首先收集二手信息，如表2–3所示。

表2–3　二手信息的来源描述

内部来源	公司收益表、销售数据、存货记录及其他
政府出版物	各类年鉴、统计报告
杂志和书籍	各类商业或专业杂志
商业数据库	各类商业调查、数据库公司
国际数据	各类联合国出版物等

一般来说，二手信息比原始信息要快，而且成本也低；如果去收集原始数据的话，一方面可能花费大量时间，也要花费大量费用。另外，二手信息有时可以提供依靠自己力量无法获得的信息。然而，二手信息也会带来不少问题。也许所需信息并不存在，或量极少；或者二手信息的内容与所需调查的问题相关性上有偏差，不能完全吻合。二手信息是进行调研的良好开端，而且对确定问题与调研目标极有帮助。然而在大多数情况下，公司仍必须大量收集原始信息。

（3）原始数据的收集计划。原始数据有时纷繁杂乱，调查者必须仔细甄别收集到的原始信息以使所使用的数据准确无误。原始数据的收集计划需要下列几方面的决策：调研方法、接触方式、取样计划和调研手段，如表2–4所示。

表2–4　原始数据的收集计划决策

调查方法	接触方式	取样计划	调研手段
观察	信函	取样计划	问卷
调查	电话	样本规模	机械装置
实验	个人电脑	抽样程序	

3. 实施调研计划

在实施调研计划之前一般还应该提出书面的调研计划。书面计划应该包括被提出的问题、调研目标、应获得的信息、二手信息的来源或收集原始信息的方法以及调研的结果对管理决策的制定有何帮助。建议中还应该包括调研成本。书面调研计划或建议可以确保营销经理和调研人员考虑到调研中的所有重要方面，确保达成较为一致的意见。

调研计划主要包括收集、整理和分析信息等工作。收集信息的过程，可以由企业内部的调研人员完成，也可以委托外部的调研公司完成。企业自己收集信息的好处是可以加强对过程和信息质量的控制，然而可能花费较长的时间。专业调研公司可以较快地完成调研过程，而且成本较低。

调研中的数据收集是花费最大而又容易失误的阶段。因此，调研人员在实施计划的过程中，要尽可能按照计划去做，以使得所得到的数据能够尽可能与实际接近。如在街头访问过程中，对那些拒绝合作、带有偏见或不讲真话的调查对象，有经验的调查人员不会给被调查者施加某种压力，而尽可能会制造一种宽松自如的氛围，而且避免无关问题的干扰。

对收集来的信息进行综合处理，也是一门很有讲究的艺术。营销人员有时采用分析系统提供的统计技术或模型来分析这些数据，以便于发现有助于营销管理决策的信息。

4. 解释和报告调研结果

营销调研的最后一步是对营销调研结果做出解释，向营销管理部门提交调研报告，当然调研报告不能只是一系列数据和统计公式，而应当是扼要的结论和说明，并且这些说明应当对营销决策具有直接指导意义。

编写调研报告应掌握的原则是：①内容真实客观；②重点突出而简要；③文字简洁；④用易于理解的图表说明问题；⑤计算分析步骤清晰，结论明确。

调研报告的内容包括：①调查过程概述，也称摘要；②调查目的，又称引言；③调查结果分析，它是调查报告的正文，包括调查方法、取样方法关键图表和数据；④结论与对策；⑤附录，包括附属图表、公式、附属资料及鸣谢等。

营销人员应该是分析和制定营销决策的专业人员，他们对企业面临的营销问题和要做出的决策最为清楚，而调研人员是调查设计和统计方面的专家，他们应该共同配合，共同研究调研结果。很多情况下，对同一调研资料可能做出不同的解释，因此调研人员应该与营销管理人员共同探讨可能的最恰当解释。此外，管理人员还要检查调研目标是否达到，分析是否完成，以及是否还有任何新问题，并且应当决定是否采纳调研人员的建议。总之，调研结果的解释和报告是调研过程中最后也是极为重要的一个环节。

总结

1 市场营销环境是指直接或间接影响企业营销活动的所有外部力量和相关因素的集合。宏观营销环境是间接影响和制约企业营销活动的社会性力量和因素。企业必须对社会的政治法律环境、经济环境、人口环境、社会文化环境、自然环境、科技环境进行分析。宏观营销环境的目的在于更好地认识环境，通过企业营销努力来适应社会环境。企业的微观营销环境直接影响和制约着企业为目标市场服务的能力。它包括供应商、营销中介、顾客、竞争者、公众以及企业本身。

2 消费者购买行为研究模式中比较具有代表性的是“刺激–反应”模式，这也是消费者购买行为的基本模式。该模式反映了产品、价格、渠道、促销等市场营销刺激和经济、政治、文化等其他外界环境因素刺激进入消费者的意识后，消费者根据自身的个性、心理、生理、经济特点处理这些信息，做出购买决策，最后产生了人们看到的是消费者是买还是不买的反应。

3 市场调研指运用科学的方法，有目的、有计划、系统地收集、整理、分析有关市场资料，为企业管理者提供市场信息和决策依据的系列过程。市场调研方法一般分为三类，即访问法、观察法和实验法。市场调研程序包括四步：确定问题及调研目标；制订调研计划；实施调研计划；解释和汇报调研结果。

练习与思考

一、名词解释

微观营销环境　宏观营销环境　消费者购买行为　购买动机　社会阶层　竞争者

二、选择

1. 根据恩格尔定律，恩格尔系数越低，说明这个国家人们的生活水平（　）。

A．越高　　B．越低

C．不一定　　D．不变

2. 下列哪些属于市场微观环境因素？（　）

A．消费者　　B．供应商　　C．中间

D．竞争者　　E．社会公众

3. 社会经济环境是影响企业营销活动的重要因素，它包括这些内容（　）。

A．社会经济发展水平　B．个人可支配收入

C．社会消费结构　D．市场供求状况

E．银行利率

4. 从消费者的心理角度看，消费者购买行为主要受下列几个因素的影响（　）。

A．需要和动机　B．年龄和性格　C．消费者的收入

D．知觉　E．信念和情感

5. 针对消费者购买行为复杂多变的特点，要求企业（　）。

A．通过促销影响和引导消费者

B．对市场进行细分　C．选择好目标市场

D．提高服务质量　E．不断开拓新市场

6. 询问法是调查者在现场观察被调查者行动的一种调查方法。此法一般采用客户动作观察、店铺观察，还有（　）。

A．痕迹测量　B．现场展销

C．现场试销　D．上门观察

7. 调查问卷是市场调查最基本有效的调查工具，调查问卷主要用于（　）的搜集。

A．第一手资料　B．第二手资料

C．内部资料　D．外部资料

8. 询问法是在市场调查中以询问的方式搜集市场信息，即通过向被调查者提出问题，以获得所需信息的调查方法。询问法可分为（　）。

A．走访调查　B．现场察看　C．信函调查

D．展销　E．电话调查

三、简答题

1. 宏观营销环境与微观营销环境具体有哪些方面？
2. 市场营销环境分析有哪几种具体的方法？
3. 简述影响消费者购买行为的内在因素的主要内容。
4. 市场竞争者主要有哪些类型？
5. 市场调研的基本程序是什么？

四、论述题

1. 经济环境是如何影响市场营销活动的？举例说明该如何应用。
2. 从消费者购买决策过程的各阶段购买行为的特点，分析企业该如何采取相应的营销对策？

实训与实践

通过对某个企业的调查，分析这个企业所在的市场营销环境以及竞争对手，然后通过SWOT分析进行总结。

模块三

目标市场战略

学习目标

1．了解市场细分，目标市场，市场定位的概念、作用

2．熟悉并掌握市场细分的原理、标准和方法，能够运用目标市场战略知识对市场进行有效细分

3．掌握目标市场选择及目标市场战略选择，能够运用适当的目标市场策略进入目标市场

导入案例

发掘营销机会的工具

日本某钟表公司根据调查结果，把美国手表市场上的消费者划分为三种不同的顾客群：即23%的顾客对手表的要求是能计时、价格低廉；46%的顾客要求计时基本准确、耐用、价格适中；31%的顾客追求象征性价值，要求名贵、计时准确，或者作为馈赠礼品。而美国和瑞士享有盛名的钟表商一向注重经营名贵手表，这就意味着有70%的消费者的需求没有得到充分满足，留下了市场空隙。日本的钟表公司抓住这一机会，迅速开发出中、低档的手表，占领了这一细分市场。尤其是精工电子表，款式新颖，价格便宜，并提供免费保修，较好地满足了顾客的需要，在美国市场夺得了很高的占有率。

（《现代市场营销揭秘》，中国商业出版社，作者：牟丰勋）

任务一

学会市场细分

任何企业，无论规模大小，都不可能以自己的产品或服务满足市场上所有消费者的需求，只能满足某一类或者某几类消费者群体的需求。因此，企业不应处处与别的企业竞争，必须善于选择适合自己并能充分发挥自身资源优势的目标顾客群，用自己的优势与别人的劣势竞争，也就是选择最有吸引力的、本企业可以提供最有效服务的细分市场，在细分市场上保证自己的经营优势，确立自己在市场上的位置。

一、了解市场细分的原理

市场细分，是指根据总体市场中不同消费者的需求特点、购买行为和购买习惯等不同特征，把市场分割为若干相类似的消费者群，其中每一个消费者就是一个子市场或称细分市场。例如，著名的“箭牌”口香糖有四种不同的口味：绿箭——薄荷香型，白箭——兰花香型，黄箭——鲜果香型，红箭——玉桂香型。这四种口味，不仅针对不同的目标顾客，而且极具创意。绿箭是“清新之箭”，针对有清新口气需要的人；红箭是“热情之箭”，适合表达爱意；黄箭是“友谊之箭”，与朋友分享休闲时光；白箭是“健康之箭”，用嚼口香糖来“运动你的脸”。能将口香糖市场做如此精准的细分，确实有创意，难怪“箭牌”口香糖如此畅销。

市场细分的基础是消费者对同一产品需求的多样性。从需求角度来看，各种社会产品的市场可以分为两类：同质市场和异质市场。所谓同质市场是指消费者对某一产品的要求基本相同或极为相似，则该产品的市场就是同质市场。同质市场不用细分，属于同质市场的产品极少，主要是初级产品。如普通食盐，消费者对食盐的要求基本相同，据此，我们可以认为普通食盐的市场是同质市场。同理，火柴、白糖、墨水也是同质市场。所谓异质市场是指消费者对某种产品的要求不尽相同，则该产品的市场就是异质市场。绝大多数的产品市场都是异质市场。实际上，市场细分就是把一个异质市场划分为若干个同质子市场。

同质市场和异质市场在不同的时期、不同的条件下，是可以相互转化的。同质市场可以渐变为异质市场，异质市场也可以向同质市场转化。例如在过去，饮用水的市场是同质市场，随着经济的发展、社会的进步，饮用水由过去的同质市场渐渐成为异质市场。市场细分是20世纪50年代中期美国著名学者温德尔·史密斯提出来的。其主要有两点理论：第一，消费者对商品需求的差异性。第二，企业可以利用有限的资源进行有效的竞争。

二、市场细分的作用

在当今人们生活水平不断提高、消费需求日益多样化、产品和服务市场越来越广的社会中，市场细分是一项很重要的市场营销策略。实践证明，工商企业科学合理地进行市场细分，就可以更好地为客户服务，开展有效的竞争，达到企业的盈利目的。具体地说，市场细分的作用有以下几点。

（一）有利于企业发现更好的市场机会，确定目标市场

市场机会是指市场上客观存在的未被满足或未被充分满足的需求。企业通过市场细分，不仅可以了解各个市场的总体情况，还可以较具体地了解各个消费者群的需求情况和目前满足程度及市场竞争状况，从而发现哪些消费者的需求已经满足，哪些满足不够，哪些尚待开发。满足水平较低的市场部分，就可能存在着很好的市场机会。抓住这样的机会，结合企业资源状况，确定适宜于自身的目标市场，并以此为出发点设计适宜的营销策略，就可取得市场竞争优势。

（二）有利于制定和调整市场营销策略，发挥最大的推销效果

一般来说，企业为整体市场提供单一的产品、制定统一的营销策略比较简单易行，但因其覆盖面大，信息反映较迟缓，对市场所做的反应不够敏捷。市场细分后，每个市场变得小而具体，企业就可为非常明确的目标市场“量体裁衣”，制定恰如其分的营销组合策略，提供相宜的产品。这样可以增加企业的应变能力，发挥最大的推销效果。

（三）有利于中小企业开发和占领市场

市场细分的理论对中小企业来讲，尤为有利。因为中小企业一般资金有限，技术薄弱，在整体市场或较大的细分市场上缺乏竞争力，而通过市场细分，则往往可以发现大企业未曾顾及或不愿顾及的某些尚未满足的市场需求，从而能够在这些力所能及的较小或很小的细分市场上推出相宜的产品，见缝插针，拾遗补阙，树立起相对优势，在日益激烈的市场竞争中求得生存和发展。

（四）有利于集中使用资源，提高企业的经济效益和社会效益

通过市场细分，企业能发现更好的市场机会，确定市场目标，从而集中使用人力、物力、财力为目标市场服务，将有限的资源用于能产生更大效益的地方，形成经营上的规模优势，取得理想的经济效益。另一方面，由于企业面对的是某一个或少数几个子市场，可及时捕捉需求信息，不断地发展新产品，满足更多潜在需求，提高消费者的满足、满意感，树立良好的企业形象，获得一定的社会效益。

| 案 例 |

苹果iPad的市场细分

苹果iPad首次推向市场时，业界很多专家对该产品表示怀疑，因为这个产品明显有很多缺陷，比如没有USB接口、没有物理键盘、没有摄像头、在编辑长文档的时候比较痛苦、不能执行多项任务等。后来，媒体记者带着专家们的质疑采访乔布斯，他的回答揭示了问题的真相："iPad是为信息消费者而不是为信息制造者开发的！"

很显然，苹果将电脑顾客划分为信息消费者和信息制造者两个细分市场。iPad的目标客户是信息消费者，他们的主要需求是上网、方便、炫酷、快速、玩游戏、分享照片等。事实证明，iPad对目标客户的核心需求都满足得非常好，成为了革命性的一个产品。

| 资料补充 |

STP战略

STP战略中的S、T、P三个字母分别是Segmenting、Targeting、Positioning三个英文单词的缩写，即市场细分、目标市场和市场定位的意思。STP营销是现代市场营销战略的核心。

目标市场营销有三个主要步骤：

第一步，市场细分，根据购买者对产品或营销组合的不同需要，将市场细分为若干不同的顾客群体，并勾勒出细分市场的轮廓。

第二步，确定目标市场，选择要进入的一个或多个细分市场。

第三步，定位，建立在市场上传播该产品的关键特征与利益。

三、市场细分的标准

根据市场的异类性和同类型特点，对消费者的需求进行细分，就需要一系列的细分标准。一般来说，凡是构成消费者需求差异的因素都可以作为市场细分的标准。具体可以分为以下几个方面。

（一）地理因素

地理因素主要包括地区、气候、人口密度等。如按地区划分，全国可分为东北地区、华北地区、华南地区、华东地区、西南地区、西北地区等。由于地理条件不同，消费者对商品的需求在质和量方面都有很大差异。

所谓地理细分，就是企业按照消费者所在的地理位置以及其他地理变量（包括城市农村、地形气候、交通运输等）来细分消费者市场。地理细分的主要理论依据是：处在不同地理位置的消费者，他们对企业的产品各有不同的需要和偏好，他们对企业所采取的市场营销战略，对企业的产品价格、分销渠道、广告宣传等市场营销策略也各有不同的反应。

（二）人口因素

人口是构成市场的主要因素。人口因素主要包括年龄、性别、家庭人口及生命周期、收入、职业、文化程度等。人口变量很久以来一直是细分消费者市场的重要变量。这是因为人口变量比其他变量更容易测量。

消费者年龄、性别不同，消费需求也不相同。所以，按照人的年龄可将市场划分为婴儿、少年、青年、中年、老年等市场；按照消费者性别不同，可将市场划分为男性市场、女性市场；按照消费者从事的职业不同所产生的不同需求来划分市场，可分为工人、农民、军人、知识分子等市场。

消费者的收入是市场细分的主要依据。收入水平不仅影响需求总量，而且它的变化还直接影响到消费需求的构成。收入水平和消费需求的变化，一般是同向的，随着收入水平的提高，原来属于消费者理想中的需求或潜在需求，也会变成现实的需求。所有这些情况都是企业在细分市场时值得注意研究的。

文化程度也是细分市场的重要标准。一般来说，文化程度的高低对人们吃、穿、用和精神文化方面的消费影响是较大的。文化水平高的消费者对商品的结构和商品的知识有深入的认识；文化水平低的消费者，特别是农村消费者，较低的文化水平限制了他们对所购商品的认识能力，使得他们在商品的花色、式样的要求上与文化水平较高的消费者有较大的区别。

民族不同，在消费需求上的差异也是明显的。很多国家都是由多个民族组成的。不同的民族在吃、穿、用方面都有较大的差别，这些差别的存在使得按消费者民族不同细分市场成为必要。

（三）心理因素

在市场营销活动中，经常产生这种情况，即在人口因素相同的消费者中间，对同一商品的爱好和态度截然不同，这主要就是由于心理因素的影响。

消费者的心理因素很复杂，在细分市场时主要参照以下几个因素。

（1）按消费者的购买动机来细分市场。消费者购买商品的心理活动是十分复杂的，动机也是多种多样的。主要有求实、求廉、求名、求美、求吉、求速等心理动机。动机不同，需求也就不同，因此，可按这些需求的差异来细分市场。

（2）按消费者购买的数量和频率来细分市场。例如，可以把某种商品按照大量使用、中量使用、小量使用和购买频率的高低来细分市场。

（3）按消费者对价格的反应程度不同细分市场。有些消费者注重商品的质量和式样，对价格高低反应并不灵敏；有些消费者主要偏重价格便宜，经济实惠；就某些非生活必需品来说，当价格有一定涨落时，各类消费者的反应也是不同的。这就给企业细分市场提供了依据。

（四）行为因素

行为因素是有效地建立细分市场的最好出发点。企业根据消费者对产品或产品属性的认识、态度、使用或反应等作为基础将消费者划分为不同的群体。大致说来，行为因素包括购买动机（理由）、追求利益、产品使用频率与用户状况，品牌忠诚度和消费者对营销组合的敏感度等。因为这类分法中消费者与产品直接挂钩，所以更直接易行。

以顾客所追求的利益来细分市场，也就是依照购买者从特定产品中可能得到的利益来细分市场，这是现代营销中取得最大进展的一种市场细分法。说得明白一些，也就是“他们为什么要购买该项产品”。另外，用户状况、使用频率、品牌忠诚度都是进行市场细分的重要依据。

四、市场细分的方法

企业在进行市场细分时，可采用一项标准，也可采用多个变量因素组合或系列变量因素进行市场细分。下面介绍几种市场细分的常用方法。

（1）单因素细分法。单因素细分法就是细分市场时使用一个细分标准或变量。例如，可以按性别细分化妆品市场，分为男性市场和女性市场。这种细分方法只使用一个将消费者需求差异体现出来的典型变量，比较简单易行，但所划分的市场范围会过大，并且市场上还存在其他的需求差异。

（2）多因素细分法。多因素细分法就是细分市场时同时使用两个或两个以上的细分标准或变量。例如，化妆品生产企业同时使用性别、年龄和收入这三个细分变量，按性别分为男性市场和女性市场，按年龄分为儿童市场、青年市场和老年市场，按收入分为1000~2000元、2000~3000元、3000 ~ 4000元、4000元以上等，这样一个整体市场就划分为2×3×4=24个细分市场，如图3-1所示。多因素法的核心是并列多因素分析，所涉及的各项因素都无先后顺序和重要程度的区别。

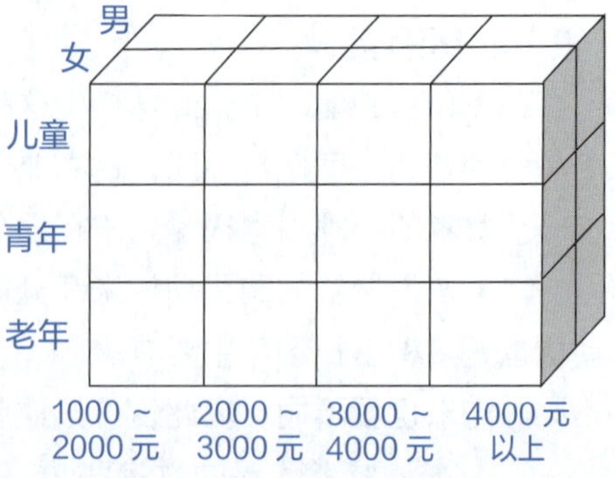

图 3-1 多因素细分市场

（3）系列因素细分法。运用两个以上因

素但根据一定顺序逐次细分市场。细分的过程也就是一个比较、选择细分市场的过程，下一阶段的细分在上一阶段选定的细分市场中进行。目标市场将会变得越来越具体，例如某地的皮鞋市场就可以用系列因素细分法做如下细分（图3–2）。

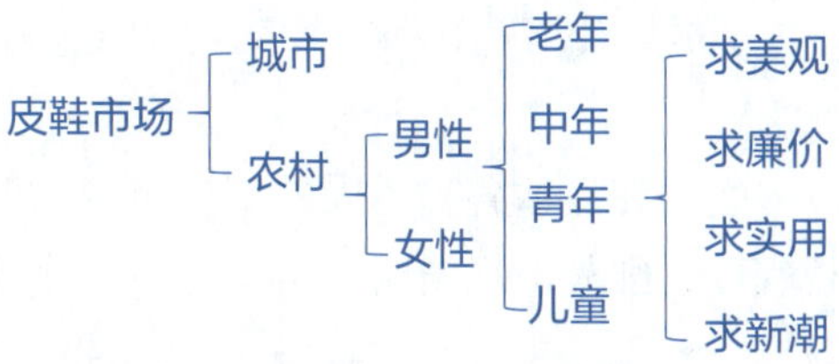

图 3–2　皮鞋市场案例因素细分

| 资料补充 |

有效市场细分的原则

市场细分的标准和方法有许多种，但并非所有的市场细分都是有效的。一般来说，有效市场细分应遵循以下原则：

（1）差异性。市场细分后形成的细分市场之间要有明显的需求差异，这种需求差异可以让企业开展不同的市场营销策略。

（2）可衡量性。市场细分后形成的各个子市场范围清晰，其市场规模大小、购买力水平和需求程度是可以被测量的。

（3）可盈利性。即细分出来的市场，其容量或规模要大到足以使企业获利。

（4）可进入性。是指企业能有效地进入细分市场并开展营销活动。

任务二　如何进行目标市场的选择

一、目标市场的概念

目标市场是指企业在细分市场的基础上，经过评价和筛选所确定的作为企业经营目标而开拓的特定市场，即企业渴望能以某种相应的商品和服务去满足其需求，为其服务的那几个消费者群。

二、评估细分市场

企业在评估各种不同的细分市场的时候，必须考虑三个因素：细分市场的规模和增长程度、细分市场结构的吸引力以及企业的目标和资源。

（一）细分市场的规模和增长程度

企业必须首先收集并分析各类细分市场的现行销售量、增长率和预期利润额。企业只对有适当规模和增长特征的市场感兴趣，但适当规模和增长程度是一个相对量。一些企业想把销售量大、增长率和利润额高的市场作为目标市场。但是，并不是对每一个企业来说，最大和增长最快的细分市场便最具有吸引力。一些较小的企业会发现他们缺乏必要的能力和资源来满足较大细分市场的需要，或者这些市场竞争太激烈。因此，这些企业就需要选择那些较小和较逊色的细分市场，即对他们更加有利的市场。

（二）细分市场结构的吸引力

企业必须查明几个影响细分市场长期吸引力的重要结构因素。如一个细分市场中有许多很强的竞争对手，那么其吸引程度就会降低。许多实际或潜在的替代产品会限制细分市场中的价格和可赚取的利润。消费者的相对购买力也会影响细分市场的吸引程度。如果细分市场中的买方比卖方更能讨价还价，那么买方便会努力压低价格，有更高的质量或服务要求，造成竞争厂商之间的相互争斗，这些都会降低卖方的获利能力。如果细分市场中存在很强的供应商，如能够控制价格或者能够降低产品和服务的质量或减少其数量，该市场的吸引程度也会降低。如果供应商很大、很集中，市场中很少有替代品，或者该企业投入市场的产品非常重要，供应商便会变得非常有势力。

（三）企业的目标和资源

即使某个细分市场具有合适的规模和增长速度，也具备结构性吸引力，企业仍需将本身的目标和资源与其所在的细分市场的情况结合在一起考虑。某些细分市场虽然有较大的吸引力，但不符合企业的长远目标，因此不得不被放弃。尽管这些细分市场本身可能很具有吸引力，但是他们会分散企业的注意力和精力，使企业无法实现主要目标。或者，从环境、政治或社会责任的角度考虑，选择这些细分市场并不明智。例如，最近几年，几个企业和行业都遭到了批评，因为他们很不公正地把脆弱市场，如儿童、老年人，低收入者及其他群体作为目标市场，并且采取了不太可取的产品及市场营销战略。

如果某一细分市场适合企业的目标，那么该企业还必须看其自身是否具有占领该市场所必需的技能和资源。如果企业缺乏赢得细分市场竞争胜利所必需的力量，或不能够适时的获得这些力量，那么该企业就无法进入这个细分市场。除必需的力量以外，企业还要有超过竞争对手的技能和资源，才能在细分市场上真正获得胜利。只有当企业能够提供优越的价值并取得竞争优势时，企业才能进入细分市场。

三、目标市场的选择模式

通过对各个细分市场进行评估，企业会发现有一个或多个细分市场值得进入，这时，企业需要决定进入哪几个细分市场，也就是目标市场选择。一般来说，企业有5种模式可以选择。如图3-3所示。图中P1、P2、P3代表不同档次规格的产品，M1、M2、M3代表不同的细分市场。

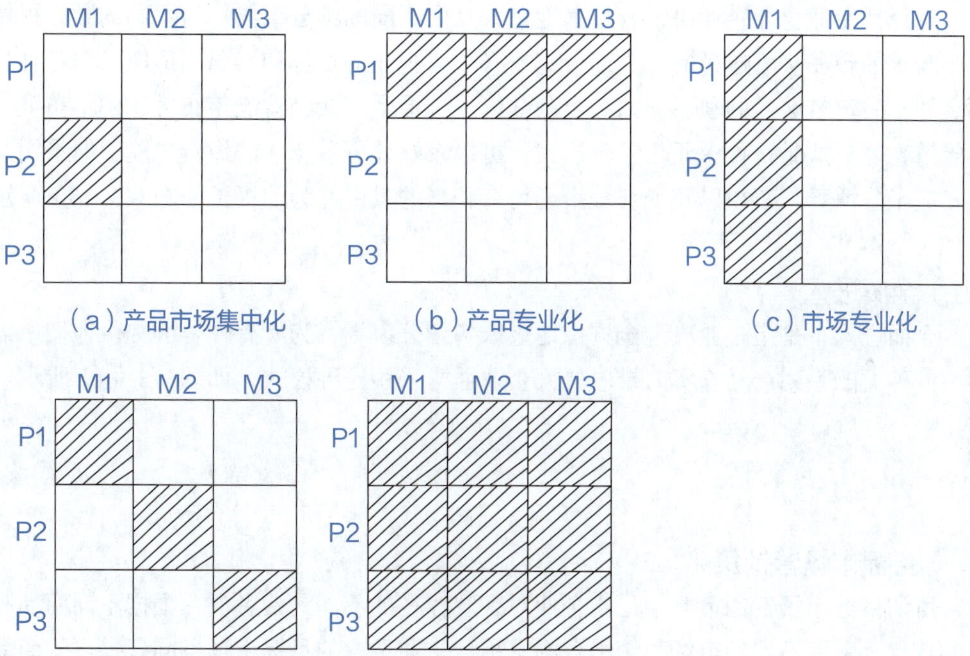

（a）产品市场集中化　（b）产品专业化　（c）市场专业化

（d）选择性专业化　（e）全面进入

图3-3　目标市场的选择模式

（一）产品——市场集中化

产品市场集中化，指企业的目标市场，无论从市场的角度还是产品的角度考察，都集中于一个市场层面上。企业只生产经营一种产品，供应某单一的细分市场。这种模式一般适用于资金有限的小企业或初次进入市场的企业，如图3-3（a）所示。

（二）产品专业化

产品专业化，指企业集中生产经营某一种产品，用这一种产品满足各细分市场的需求。如某光学仪器厂生产不同档次的135型相机，然后把它提供给不同消费水平的消费者使用，而不生产130相机或专业用相机。该模式可使企业在某个产品方面树立起很高的声誉，扩大销售。如图3–3（b）所示。

（三）市场专业化

市场专业化是指企业向某一个细分市场提供不同种类的产品，如某教学仪器厂以中学实验室为目标市场，向他们提供各种物理、化学、生物实验的仪器设备。这种模式主要为某一个客户群服务，可降低交易成本，获得良好的声誉，如图3–3（c）所示。

（四）选择性专业化

选择性专业化即企业决定有选择地进入几个不同的细分市场，为不同的顾客提供适应其需求的产品。所选择的几个细分市场必须与企业的目标和资源相适应，但各细分市场之间不一定有必然的联系。如一个制鞋厂可选择生产或经营老年布鞋、中年布鞋、青年旅游鞋等。这是一种多元化经营模式，可以较好地分散企业的经营风险，但采用这种模式应十分慎重，必须以几个细分市场均有相当的吸引力为前提，如图3–3（d）所示。

（五）全面进入

全面进入，是指企业决定全方位地进入各细分市场，为所有顾客群提供他们所需要的不同种类的系列产品。实力雄厚的大企业通常采用这种模式，如图3–3（e）所示。

四、目标市场策略

（一）目标市场营销策略

所谓目标市场营销策略，是指企业对客观存在的不同消费者群，根据不同商品和劳务的特点，采取不同的市场营销组合的总称。企业选取的目标市场不同，提供的商品和劳务也就不同，市场营销策略也不一样。

1. 无差异市场策略

这是企业采用单一的营销策略来开拓市场，即企业者着眼于消费者需求的同质性，把整个市场看成一个大市场，对市场的各个部分同等看待，推出一种商品，采用一种价格，使用相同的分销渠道，应用相同的广告设计和广告宣传，去占领整体市场的策略，如图3–4所示。

图3–4　无差异市场营销策略示意图

无差异营销策略的优点：由于产品单一，企业可实行机械化、自动化、标准化大量生产，从而降低产品成本，提高产品质量；无差异的广告宣传，单一的销售程序，降低了销售费用；节省了市场细分所需的调研费用、多种产品开发设计费用，使企业能以物美价廉的产品满足消费者需要。

缺点：不能满足不同消费者的需求和爱好。用一种产品、同一种市场营销策略去吸引和满足所有顾客几乎是不可能的，即使一时被承认，也不会被长期接受；容易受到竞争对手的冲击。企业采取无差异营销策略时，竞争对手会从这一整体市场的细微差别入手，参与竞争，争夺市场份额。

2. 差异性市场策略（图3-5）

差异性市场策略是充分肯定消费者需求的异质性，在市场细分的基础上选择若干个细分子市场为目标市场，分别设计不同的营销策略组合方案，满足不同细分子市场的需求。

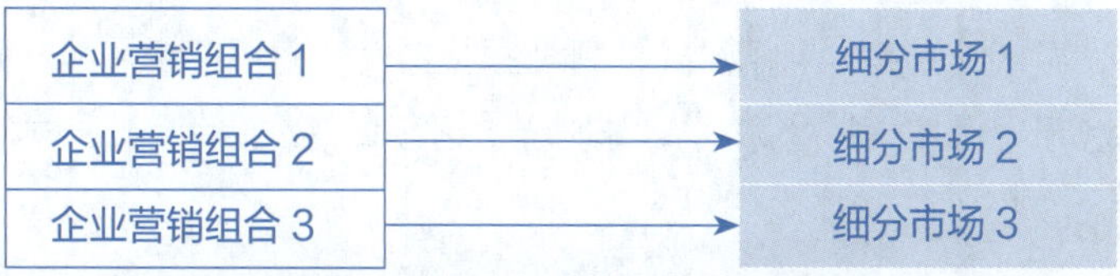

图 3-5 差异性市场策略示意图

差异性市场策略的优点：由于企业面对多个细分市场，某一细分市场发生巨变，也不会使企业全盘陷入困境，大大减少了经营风险；由于能较好地满足不同消费者的需求，争取更多的顾客，从而扩大销售量，获得更大的利润；企业可以通过多种营销组合来增强企业的竞争力，有时还会因在某个细分市场上取得优势、树立品牌形象，而带动其他子市场的发展，造成连带优势。

差异性市场策略的不足之处在于：由于目标市场多，产品经营品种多，因而渠道开拓、促销费用、生产研制等成本较高。同时经营管理者难度较大，要求企业有较强的实力和素质较高的经营管理人员。

3. 集中性市场策略（图3-6）

集中性市场战略是指在市场细分的基础上，选择一个或少数几个细分市场作为企业的目标市场，经营一类产品，实施一套营销策略，集中企业的资源和实力为之服务，争取更大的市场份额。

图 3-6 集中性市场策略示意图

集中性市场策略与无差异性市场策略的区别是，后者追求整个市场为目标市场，前者则以整个市场中某个小市场为目标市场。这一策略不是在一个大市场中占有小份额，而是追求在一个小市场上占有大份额。其立足点是，与其在总体上占优势，不如在小市场上占优势。

集中性策略的优点：能够发挥企业的资源优势，集中资源在小市场获得营销成功；由于目标市场集中，能更深入地了解目标市场的需求，生产出更加适销对路的产品；能促进专业化经营，有利于树立企业形象和品牌形象；还能节省生产成本和营销费用，增加盈利。

集中性策略的缺点：由于市场较小，空间有限，企业发展受到一定限制；如果有强大对手进入，风险很大，很可能陷入困境，缺少回旋余地。

案　例

一百多年前，日本京都成立了一家生产纸牌的小店，以汉语“尽人事，听天命”的寓意取名为“任天堂”。一百多年以来，“任天堂”始终抱着“玩具”这一细分市场，从纸质扑克牌、塑料扑克牌、魔术扑克牌、电子游戏机到电脑扑克牌，坚持不懈，其产品畅销全球。

“任天堂”抱着一棵“树”不放，这棵树虽然不大，但它不低头，拼命开发创新，使它成为“摇钱树”。

（二）选择目标市场营销策略应考虑的因素

（1）企业资源。若企业资源雄厚，可以考虑实行差异性市场营销；否则，最好实行无差异市场营销或集中性市场营销。

（2）产品同质性。产品同质性是指产品在性能、特点等方面的差异性的大小。对于同质产品或需求上共性较大的产品，一般宜实行无差异市场营销；对于异质产品，则应实行差异性市场营销或集中性市场营销。

（3）市场同质性。如果市场上所有顾客在同一时期偏好相同，购买的数量相近并且对市场营销刺激的反应相同，则可视为同质市场，宜实行无差异市场营销；反之，如果市场需求的差异较大，则为异质市场，宜采用差异性市场营销或集中性市场营销。

（4）产品生命周期阶段。处在投入期和成长期的新产品，市场营销重点是启发和巩固消费者的偏好，最好实行无差异市场营销或针对某一特定子市场实行集中性市场营销；当产品进入成熟期时，市场竞争激烈，消费者需求日益多样化，可改用差异性市场营销，以开拓新市场，满足新需求，延长产品生命周期。

（5）竞争对手的战略。一般来说，企业的目标市场营销策略应该与竞争者有所区别，反其道而行之。如果强大的竞争对手实行的是无差异市场营销，企业则应实行集中性市场营销或更深一层的差异性市场营销；如果企业面临的是较弱的竞争者，必要时可采取与之相同的战略，凭借实力击败竞争对手。

任务三
如何进行市场定位

企业选择目标市场后，首先要在目标市场上进行产品的市场定位。市场定位是企业全面战略计划中的一个重要组成部分。通过市场定位，可以看出企业产品的特征、企业产品与同类产品的区别以及企业竞争者的情况。

一、市场定位的含义

市场定位就是企业根据竞争者现有产品在市场上所处的位置，针对消费者对该产品某种特征或属性的重视程度，强有力地塑造出本企业产品与众不同的、令人印象鲜明的个性或形象，并把这种形象生动地传递给顾客，从而使该产品在市场上确定适当的位置。即市场定位是塑造一种产品在市场上的位置，这种位置取决于消费者怎样认识这种产品。市场定位还通过为自己的产品创立鲜明的特色或个性，从而塑造出独特的市场形象。产品的特色或个性，有的可以从产品实体上表现出来，如形状、成分、构造、性能等；有的可以从消费者心理上反映出来，如豪华、朴素、时髦、典雅等。在市场定位时，一方面要了解竞争者的产品具有的特征，另一方面要了解消费者对该产品各种属性的重视程度。依据这两方面的分析，再确定本企业产品的特色和独特形象，这样，就可以塑造出一种消费者将本企业产品与其他同类产品联系起来而按一定方式去看待的产品，从而完成产品的市场定位。

二、市场定位的步骤

市场定位就是使企业与竞争者产品产生差异，并让消费者认识到这种差异，在顾客心目中确定一个合适的位置。企业要根据顾客对产品属性的重视程度和竞争者的定位情况确定本企业的竞争优势，市场定位主要有以下三个步骤。

（1）确认本企业的竞争优势（找位）。企业经营人员通过对市场进行深入细致的调查，分析以下三个问题：一是竞争对手的产品定位如何？二是目标市场上的足够数量的顾客欲望被满足得如何以及确定还需要什么？三是针对竞争者的市场定位和潜在顾客的真正需要利益要求，企业应该和能够做什么？通过回答上述三个问题，企业就可从中把握和确定自己的潜在竞争优势在何处。

（2）选择相对竞争优势（选位）。相对竞争优势表明企业能够胜过竞争者的能力，这种能力既可以是现有的，也可以是潜在的。准确地选择相对竞争优势，就是一个企业各方面实力与竞争者实力比较的过程。通常的做法是分析、比较自己与竞争者各自的优势和劣势，通过对这些方面的分析，企业可以明确自己的竞争优势即卖点。

（3）显示独特的竞争优势（到位）。也就是企业要将企业或产品的竞争优势准确地传递给目标顾客，形成符合企业的认知，并在顾客心目中留下深刻印象。为此，企业首先要让目标顾客了解、熟悉、认同本企业的市场定位，在顾客心目中建立起与该定位相一致的形象。其次，企业应通过一切努力强化本企业在目标顾客中的良好形象，保持目标顾客对本企业的了解，稳定目标顾客对本企业的态度，巩固并加深目标顾客对本企业的感情。最后，企业应注意目标顾客对本企业市场定位理解出现的偏差或由于企业市场定位宣传上的失误而造成的模糊、混乱和误会，及时矫正与市场定位不一致的形象。

资料补充

市场定位的依据

企业经营的产品不同，面对的顾客不同，所处的竞争环境也不同，因而市场定位的依据也各不相同。总的来说，市场定位的依据有以下几种。

（1）属性定位。根据产品生产的原材料、技术、设备、工艺及产品的功能、特色等属性进行定位。

（2）利益定位。根据顾客购买商品时追求的利益或附加利益进行定位。

（3）质量定位。根据产品的质量进行定位。

（4）价格定位。根据产品的价格优势进行定位。

（5）使用者定位。将产品指向特定的使用人群，根据使用者不同进行定位。

（6）竞争定位。以竞争者定位为参照，根据和竞争有关的因素进行定位，强调“人无我有，人有我优”。

（7）比附定位。借竞争者之势来衬托和提升自己的产品形象。

（8）企业理念定位。根据企业独特的经营理念和企业文化进行定位。

案　例

《新财经》定位资本市场

《新财经》是一本面向资本家和投资机构的杂志，专注于财经重大事件的全面、深入的报道，并对投资者、经营者提供可操作的知识。

《新财经》的市场定位也是一个磨砺的过程，创刊初始，定位于“理财”，后改为“时政财经”，但市场反应平平，并且市场竞争激烈，《中国经营报》《经济观察报》等数十家财经媒体构成了传媒界的财经军团。《新财经》要想脱颖而出，必须进行差异性市场营销。

《新财经》将1216家上市公司，2000多家投行、信托、基金、银行与并购咨询公司，5000家控股或参股上市公司的公司，100多家海外上市公司和近万家投资机构，这些直接参与资本市场运作的群体，作为杂志力图吸引和把握的受众，并把定位稳固在“资本财经”上。

通过活动营销为《新财经》造势，作为主办方组织“亚布力高层论坛”和“亚洲资本论坛”，充分整合杂志的自身资源和社会资源，提升自我的知名度。

三、市场定位策略

市场定位策略是一种竞争策略，它显示了一种产品与其他企业同类产品或企业之间的竞争关系。因为方式不同，竞争态势也不同。

（一）创新定位

寻找新的、尚未被占领但有潜在市场需求的位置，填补市场上的空缺，生产市场上没有的、具备某种特色的产品。例如，日本索尼公司的索尼随身听等一批新产品正是填补了市场上迷你电子产品的空缺，并进行不断的创新，使得索尼公司即使在第二次世界大战时期也能迅速的发展，一跃而成为世界级的跨国公司。采用这种定位方式时，公司应明确创新定位所需的产品在技术、经济上是否可行，有无足够的市场容量，能否为公司带来合理而持续的盈利。

（二）迎头定位

迎头定位策略，是指企业根据自身的实力，为占据较佳的市场位置，不惜与市场上占支配地位的、实力最强或较强的竞争对手发生正面竞争，而使自己的产品进入与对手相同的市场位置。

优点：竞争过程中往往比较惹人注目，甚至产生所谓的轰动效应，企业及其产品可以较快地为消费者或用户所了解，易于达到树立市场形象的目的。

缺点：有较大的风险性。

（三）避强定位

避强定位策略，是指企业力图避免与实力最强的或较强的其他企业直接发生竞争，而将自己的产品定位于另一市场区域内，使自己的产品在某些特征或属性方面与最强或较强的对手有比较显著的区别。

优点：避强定位策略能使企业较快地在市场上站稳脚跟，并能在消费者或用户中树立形象，风险小。

缺点：避强定位往往意味着企业必须放弃某个最佳的市场位置，很可能使企业处于最差的市场位置。

（四）重新定位

公司在选定了市场定位目标后，如定位不准确或虽然开始定位得当，但市场情况发生变化时，如遇到竞争者定位与本公司接近，侵占了本公司部分市场，或由于某种原因，消费者或用户的偏好发生变化，转移到竞争者方面时就应考虑重新定位。重新定位是以退为进的策略，目的是为了实施更有效的定位。

资料补充

市场定位的常见误区

市场定位的常见误区主要有以下几种情况：

（1）定位过度。言过其实，让人很难相信产品的特点。

（2）定位过宽。面面俱到，突出过多的产品特点，无法形成明显的差异性，很难在顾客心目中树立独特的形象。

（3）定位过窄。只着重针对一小部分顾客的需要，而忽视其他有需求的顾客。

（4）定位模糊。不能明确地说明并向顾客传递产品的独特信息，使顾客对产品只是一个模糊的概念。

（5）定位混淆。定位经常改变，使顾客无法形成一个固定的认识。

总结

1 市场细分、目标市场选择、市场定位是营销战略的三大要素。企业采取目标市场战略的原因是企业资源的有限性和顾客需求的多样化。

2 目标市场模式的选择主要有五个：产品市场集中化、产品专业化、市场专业化、选择性专业化、全面进入。

3 企业在市场细分的基础上，有三种目标市场营销策略可以选择：无差异营销、差异性营销、集中性营销。

4 企业在目标市场确定后，要在目标市场上为本企业的产品做出市场定位，在顾客心目中形成一种观念和形象。

练习与思考

一、名词解释

市场细分　目标市场　市场定位　同质市场　异质市场

二、选择题（多选题）

1. 消费者市场的四个主要变量包括（　）。

A. 人口　B. 行为　C. 心理　D. 地理

2. 下列哪些属于目标市场营销策略？（　）

A. 无差异性市场营销策略　B. 差异性市场营销策略
C. 集中性市场营销策略　D. 专业化市场营销策略

3. 当强大的竞争对手采用无差异性市场营销时，企业则应实行（　）。

A. 差异性市场营销　B. 无差异性市场营销
C. 集中性市场营销　D. 无差异或集中性市场营销

4. 按照消费者对品牌忠诚度的行为变数来细分，可把所有消费者细分为不同的消费者群，包括（　）。

A. 绝对忠诚者　B. 中度忠诚者　C. 轻度忠诚者
D. 多变者或游离者　E. 专一型忠诚者

5. 行为细分的变数包括（　）。

A. 利益追求　B. 购买时间　C. 购买准备阶段
D. 购买动机　E. 生活方式

6. 作为人口细分变数的家庭状况因素包括（　）。

A. 家庭收入　B. 家庭人口　C. 家庭宗教信仰
D. 家庭生命周期　E. 家庭民族构成

7. 企业选择目标市场要考虑的基本条件是（　）。

A. 市场有一定数量的潜在要求　B. 市场有一定的购买力
C. 企业有很强的竞争实力　D. 符合企业的目标和能力
E. 有很少的竞争者

三、问答题

1．什么是市场细分，它有哪些重要作用？
2．有效市场细分的标准有哪些？
3．目标市场营销策略有哪几种？分别具有哪些优缺点？
4．什么是市场定位？市场定位的步骤是什么？

实训与实践

收集当地不同企业的广告语，分析其市场定位，并通过市场调研了解顾客对企业产品的印象，评价企业的市场定位是否到位。

模块四

营销组合策略

学习目标

1. 掌握市场营销组合的相关理论
2. 掌握产品生命周期的营销策略
3. 理解品牌的概念及品牌策略
4. 熟悉影响产品定价的主要因素，熟悉一般的定价方法
5. 熟悉渠道相关概念，掌握渠道设计的影响因素
6. 掌握促销组合策略，熟悉营业推广策略的实施过程

导入案例

宝马汽车如何进入亚洲市场

20世纪90年代以后，欧美汽车市场日趋饱和，而亚洲具有高档汽车购买能力的中产者数量正飞速增长，为了进军亚洲市场，宝马公司制定了以下市场营销组合。

1．产品策略

宝马公司试图吸引新一代寻求经济和社会地位的亚洲成功商人。宝马汽车的产品定位是：最完美的驾驶工具。宝马公司要传递给顾客创新、动力、美感的品牌魅力，是“成功的新象征”。这个诉求的三大支持是：设计、动力和科技。为此宝马公司重点推出年轻、运动型宝马三系，商务、运动型五系，豪华商务型七系和超级豪华跑车型八系。

2．定价策略

宝马公司的目标是追求成功的高价政策，以高于其他大众车的价格出现，显示出车主的社会成就。宝马汽车的价格比同类汽车一般要高出10%～20%。

3．渠道策略

在销售方式上，宝马公司采取直销的方式，采用细致、个性化的手段，用直接、有效的方式把信息传递给顾客。利用现有的顾客信息资料，建立起公司内部营销信息系统。对新开辟的营销区域，在没开展销售活动之前，便先设立服务机构，以建立起一支可靠的销售支持渠道，

4．促销策略

宝马公司专门为亚洲地区制订了一套广告计划，保证在亚洲各国通过广告宣传的宝马品牌形象是统一的。借助香港、新加坡等地的电视、报纸、杂志等多种广告媒体开展广告宣传活动。宝马公司还在亚洲举办宝马国际高尔夫金杯赛和宝马汽车鉴赏巡礼两个公关活动。此外，宝马公司定期举行新闻记者招待会，在电视和电台的节目中与顾客代表和汽车专家共同探讨宝马车的功能，让潜在顾客试开宝马车，这些活动加强了宝马公司与顾客的沟通。

通过以上市场营销组合策略的实施，宝马公司成功打入亚洲市场，成为亚洲新贵的象征。

任务一

了解市场营销组合的基础知识

企业在选择目标市场，对产品进行定位以后，就要根据目标市场的特点以及企业的自身条件，制定并实施相应的营销组合策略，以达成企业的经营目标。

一、市场营销组合的概念

市场营销组合，是指企业根据目标市场的需要和自身的市场定位，综合运用各种可能的市场营销策略和手段，组合成一个系统化的整体策略，以达成企业的经营目标，并取得最佳的经济效益。

二、市场营销组合的相关理论

随着企业面临的市场环境的不断变化，一系列市场营销理论被提出，用来解决市场营销的相关问题。

（一）4P营销组合理论

4P营销组合理论是美国著名市场学家麦卡锡于20世纪60年代提出的经典理论，其内容包括：产品（Product）、价格（Price）、渠道（Place）、促销（Promotion）。该理论从企业角度出发，以追求利润最大化为原则，紧密联系产品，从产品的生产加工一直到交换消费，能完整地体现商品交易的整个环节。对于企业而言，容易掌握与监控。因此，时至今日，4P理论仍被视为经典的营销理论，一直广泛应用于企业界。

（二）6P营销组合理论

在贸易保护主义的背景下，1984年，科特勒在经典的4P理论的基础上，加入政治权力（Political Power）与公共关系（Public Relation），提出了6P理论，称之为“大营销”。该理论突破了宏观市场营销环境是不可控制的传统看法，认为企业不应只是被动地去适应、服从外部环境，而应该主动地去改变环境，通过政治权力和公共关系扫清流通道路上的障碍，变封闭性市场为开放性市场。

（三）10P营销组合理论

1986年，科特勒又在6P理论的基础上，加入市场调查（Probing）、市场细分（Partitioning）、目标市场选择（Prioritizing）与市场定位（Positioning），形成10P营销组合理论，他把原来的6P称为战术性营销组合，把新提出的4P称为战略性营销组合，认为只有在做好战略营销工作的基础上，战术性营销组合才能顺利进行。为此，企业必须先做好市场调查、市场细分、目标市场选择和市场定位工作。

（四）7P营销组合理论

布姆斯和比特纳于1981年在4P营销理论基础上增加人员（People）、有形展示（Physical Evidence）、服务过程（Process），形成7P营销组合理论。它揭示了企业尤其是服务性企业的服务质量、员工仪表及经营场所等企业有形展示都是企业产品的一部分。企业应发挥员工的主动性，重视内部各部门之间的分工与合作，让所有员工都参与到营销中来。同时，企业在为用户提供服务的全过程，应注意了解客户在此过程中的感受，使客户成为服务营销过程的参与者，从而及时改进自己的服务来满足客户的期望。

（五）4C营销组合理论

1986年，劳特伯恩提出了与经典的4P理论相对应的4C理论，即顾客需要和欲望（Customer）、对顾客的成本（Cost）、便利（Convenience）、沟通（Communication）。该理论强调企业应把追求顾客满意放在第一位，努力降低顾客的购买成本，充分注重顾客购买过程中的便利性，应以消费者为中心实施有效的营销沟通。4C营销策略立足的是顾客导向而不是竞争导向，克服了4P策略只从企业考虑的局限，而在市场竞争中，要取得成功，既要考虑到客户，也要考虑到竞争对手。同时，4C理论被动适应顾客需求的色彩较浓，没有解决满足顾客需求的操作性问题，往往会令企业失去自己的方向。

（六）4R营销组合理论

20世纪90年代，舒尔兹提出4R营销组合理论，即关联（Relevancy）、反应（Respond）、关系（Relation）、回报（Return）。该理论以关系营销为核心，以竞争为导向，主动地创造需求，弥补4C的不足，通过关联、关系、反应等形式与客户形成独特的关系，把企业与客户联系在一起，提高顾客忠诚度来赢得长期稳定的市场，形成竞争优势。当然，4R同任何理论一样，也有其不足和缺陷。如与顾客建立关联、关系，就需要实力基础，这并不是任何企业可以轻易做到的。

三、4P营销理论

对于学术界来说，经典4P营销组合理论是营销课程的理论基础；对于企业界来说，4P理论最适合操作与掌控。因此，本书以该理论作为营销组合基本决策的构架。

4P营销理论实际上是从管理决策的角度来研究市场营销问题。从管理决策的角度看，影响企业市场营销活动的各种因素（变数）可以分为两大类：一是企业不可控因素，即营销者本身不可控制的市场，如营销环境，包括微观环境和宏观环境；二是可控因素，即营销者自己可以控制的产品、商标、品牌、价格、广告、渠道等，而4P就是对各种可控因素的归纳，见图4-1。

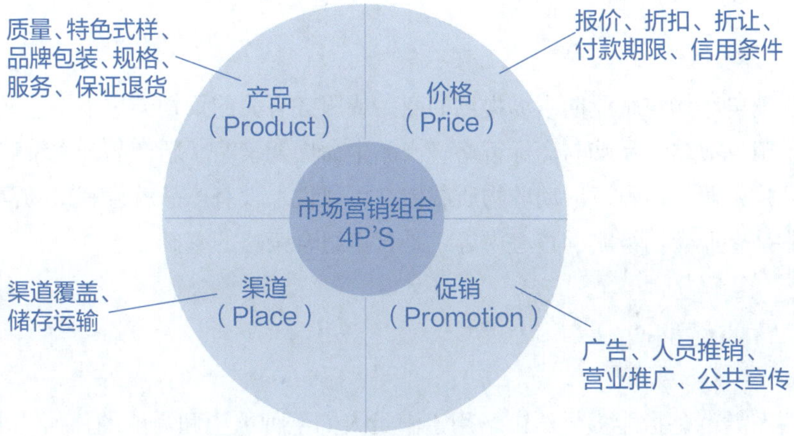

图4-1 4P营销组合策略

产品策略（Product Strategy），主要是指企业以向目标市场提供各种适合消费者需求的有形和无形产品的方式来实现其营销目标。其中包括对同产品有关的品种、规格、式样、质量、包装、特色、商标、品牌以及各种服务措施等可控因素的组合和运用。

定价策略（Pricing Strategy），主要是指企业以按照市场规律制定价格和变动价格等方式来实现其营销目标，其中包括对同定价有关的基本价格、折扣价格、津贴、付款期限、商业信用以及各种定价方法和定价技巧等可控因素的组合和运用。

分销策略（Placing Strategy），主要是指企业以合理地选择分销渠道和组织商品实体流通的方式来实现其营销目标，其中包括对同分销有关的渠道覆盖面、商品流转环节、中间商、网点设置以及储存运输等可控因素的组合和运用。

促销策略（Promoting Strategy），主要是指企业以利用各种信息传播手段刺激消费者的购买欲望，促进产品销售的方式来实现其营销目标，其中包括对同促销有关的广告、人员推销、营业推广、公共关系等可控因素的组合和运用。

此外，我们需要注意的是，不同企业采用不同的营销组合策略，它们可能各有侧重，比如制药企业重视药物疗效，以产品为核心制定营销组合；而保健品企业则更多以促销为核心制定营销组合。经营同类产品的企业也可能采用不同的营销组合策略，比如同是服装行业，有的企业强调价格因素，有的企业则推崇服装的质量与品位。

任务二 产品策略制定

产品策略是指与企业向市场提供的商品或服务有关的策划与决策。它又包括产品组合策略、服务策略、品牌与商标策略、产品生命周期策略、新产品开发策略等。

产品是企业一切经营活动的物质载体，可以说，没有产品就没有市场营销。因此，产品策略是企业营销策略的核心内容，是营销组合策略的基础。

一、产品整体概念

所谓产品，是指能提供给市场用于满足人们某种欲望和需要的任何“东西”，包括实物、服务、组织、观念或它们的组合。它可以是电视机、空调等实物，也可以是健身、美容等服务，甚至可以是广告创意等一种观念或主意。由此可见，从营销观点出发所说的产品是指产品整体概念，其内涵已被大大扩展，它由三个基本层次组成。

（一）核心产品

核心产品，也叫实质产品，是指产品给顾客提供的基本效用和利益，是顾客需求的中心内容。比如顾客购买化妆品，并不是为了获得它的某些化学成分，而是要获得“美”。

（二）形式产品

形式产品则是核心产品借以实现的外在形式。它包括品牌、质量、款式、特色和包装等。例如购买电冰箱，不仅会考虑其制冷功能，还会考虑其制冷功能得以实现的载体，即它的厂家、品牌，是海尔还是美菱；它的质量等级，是否荣获国家金奖；它的款式，是三开门还是对开门；它的颜色，是鲜艳的还是淡雅的；它的独特卖点，是原生态保鲜还是智能变温，等等。由此可见，形式产品是呈现在市场上可以为顾客所识别的，是顾客选购商品的直观依据。

（三）延伸产品

延伸产品是指顾客因购买产品所得到的全部附加服务与利益，包括保证、咨询、送货、安装、维修等，它是产品的延伸或附加，能够给顾客带来更多的利益和更大的满足。如计算机生产者，不仅出售计算机，而且还提供工作指令、软件程序、规划系统、人员培训、安装维护、产品保证等一系列服务项目。随着科学技术的日新月异及企业生产和管理水平的提高，不同企业提供的同类产品在核心和形式产品层次上越来越接近，而延伸产品逐步成为决定企业竞争能力高低的关键因素。

二、产品组合策略

（一）产品组合及其相关概念

1. 产品组合（Product Composition）

产品组合，是指企业生产或经营的全部产品的有机构成方式，或者说是企业生产经营的全部产品的结构。产品组合一般是由若干条产品线组成的，每条产品线又是由若干个产品项目构成的。

例如，我国第二汽车厂生产的某种卡车，是该企业许多产品中的一个产品项目，不同载重量的卡车组成了卡车的产品线。载重卡车、越野车、消防车和小汽车等在内的所有产品，则构成了企业的产品组合。

2. 产品线（Product Line）

产品线又叫产品大类，是指密切相关的、满足同类需求的一组产品。这些产品或者都能满足某种需要，或者卖给相同的顾客群，或者经由同种商业网点销售，或者同属于一个价格幅度。如宝洁公司的产品大类有洗涤剂、牙膏、肥皂、除臭剂、尿布、咖啡等；雅芳的产品组合包括四条，主要产品线即化妆品、珠宝首饰、时装、家常用品。每个产品系列还包括几个子产品系列，如化妆品可细分为口红、眼线笔、粉饼等。

3. 产品项目（Product Item）

产品项目是指产品线中不同品种、规格、质量和价格的特定产品。例如，杭州娃哈哈集团有限公司生产的碳酸饮料系列包括非常可乐、维C可乐、非常柠檬、非常甜橙、非常苹果、儿童可乐、娃哈哈爽系列、锐舞派对盐水、锐舞派对矿化汽水等产品。

（二）产品组合的测量尺度

产品组合的测量尺度有宽度、长度、深度和关联度。

1. 产品组合的宽度

产品组合的宽度又称为广度，是指一个企业拥有产品线的数目。产品线多，它的产品组合的广度就宽，反之则窄。如目前海尔有电冰箱、空调器、彩电、洗衣机、电脑等多条产品线。

2. 产品组合的长度

产品组合的长度是指产品组合中产品项目的总数。如雅芳的产品组合总共包含了一千多种产品。产品组合的长度能够反映企业产品在整个市场中覆盖面的大小。

3. 产品组合的深度

产品组合的深度是指一个企业产品线中的每产品项目有多少个花色、品种和规格。例如，宝洁公司的佳洁士牙膏有3种规格（90g、120g、140g）和3种配方（盐白、抗过敏、氟泰配方），则它的深度为9（3 × 3=9）。

4. 产品组合的关联度

产品组合的关联度是指产品线的产品最终用途、生产条件、销售渠道或者其他方面相互联系的紧密程度。如通用电器公司产品组合的产品线很多，但是各种产品线都与电气有关，所以它的产品组合关联性大；而同时生产机械设备产品与木工家具的企业，其产品组合的关联性就小。

（三）产品组合的分析评价

产品组合的状况直接关系到企业效益的好坏，故企业必须不断优化产品组合结构，使每一产品线、每一产品线下的产品项目都取得良好效益。为此，企业必须借助一定的分析方法。分析和评价产品组合的方法很多，有产品线销售额、利润分析法、产品项目市场定位分析法和波士顿矩阵分析法。以下重点介绍如何应用波士顿矩阵分析法对企业产品组合进行分析与决策。

波士顿矩阵分析法是由美国大型商业咨询公司——波士顿咨询集团首创的一种规划企业产品组合的方法。这种分析方法的关键在于依据销售增长率及相对市场占有率两个因素对产品组合进行分析。销售增长率以10%为界分为高、低两档，相对市场占有率以1为界分为高、低两档。这里相对市场占有率是指本企业某一产品的市场占有率与同行业中最大竞争者产品的市场占有率之比。

如图4–2所示，可将企业产品组合中的每个产品项目对号入座，图中圆圈的位置代表产品的销售增长率和相对市场份额大小，圆圈的面积代表该产品销售额的大小。由此，可将一个企业的产品按其实际发展状况分为四种类型。

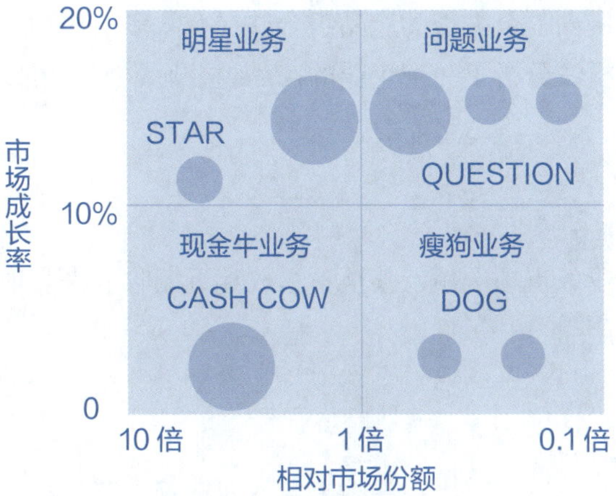

图 4-2　波士顿矩阵分析法

1. 明星产品

它是指处于高销售增长率、高相对市场占有率象限内的产品群，这类产品可能发展成为企业的现金牛产品，需要加大投资以支持其迅速发展。

2. 现金牛产品

现金牛产品又称厚利产品，它是指处于低销售增长率、高相对市场占有率象限内的产品群，已进入成熟期。其财务特点是销售量大、利润率高、负债比率低，可以为企业提供资金，而且由于增长率低，也无须增大投资。因而现金牛产品成为企业回收资金，支持其他产品，尤其是明星产品投资的后盾。

3. 问题产品

它是处于高销售增长率低相对市场占有率象限内的产品群，如因种种原因未能开拓市场局面的新产品即属问题产品。对问题产品应采取选择性投资战略，即对那些经过改进可能会成为明星产品的产品进行重点投资，提高其市场占有率，使其由问题产品向明星产品转变。

4. 瘦狗产品

瘦狗产品也称衰退类产品，它是处在低销售增长率、低相对市场占有率象限内的产品群。其财务特点是利润率低、处于保本或亏损状态、负债比率高无法为企业带来收益。对这类产品应采用撤退战略，即减少批量、逐渐撤退。对那些销售增长率和市场占有率均极低的产品应立即淘汰，将剩余资源向其他产品转移。

企业若要取得成功，就必须拥有销售增长率和相对市场占有率各不相同的产品组合，组合的构成取决于现金流量的平衡。一般而言，明星产品与现金牛产品多且销售额大的产品组合比较健康，而一个失衡的产品组合往往有太多的瘦狗产品或问题产品。

利用波士顿矩阵分析法分析了一个企业的产品组合后，相应可以考虑的营销策略有以下几种。

1. 发展策略

该策略目的是扩大业务市场份额，甚至不惜放弃近期收入来实现，适用于可成明星产品的问题产品和明星产品。

2. 维持策略

该策略目的是保持业务市场份额，适用于强大的现金牛产品。

3. 收割策略

该策略通过不断减少研发广告、促销费用，以增加业务短期现金收入，而不考虑长期影响，甚至包括最终放弃该业务，适用于瘦牛产品（处境不佳的现金牛产品）以及当前还可利用的问题产品和瘦狗产品。

4. 放弃策略

该策略目的在于出售或清算业务，以便把资源转移至更有利的领域，适用于要放弃的问题产品、瘦狗产品。

（四）产品组合的调整

随着市场环境的变化，企业应对产品组合进行适当调整。现代企业在调整和优化产品组合时，可采取的产品组合策略有以下几种类型。

1. 扩大产品组合

这种策略包括扩大产品组合的宽度和深度，即增加产品线和产品项目，扩展经营范围。当企业预测现有产品线的销售额和利润额在未来一段时间可能下降时，就应考虑在现行产品组合中增加新的产品线，或加强其中有发展潜力的产品线；当企业拟增加产品特色，或为更多的细分市场提供产品时，则可选择在原产品线内增加新的产品项目。一般来说，扩大产品组合，可使企业充分地利用人、财、物资源，分散经营风险，满足顾客多方面的需要，提高综合竞争能力。

2. 缩减产品组合

这种策略是指缩减产品组合的宽度和深度，即减少产品线和产品项目。当市场繁荣时，较长、较宽的产品组合会为企业带来较多的盈利机会，但当市场不景气或原料、能源供应紧张时，减少一些销售困难、获利小甚至亏损的产品线或产品项目，集中力量生产经营市场需求较大、能为企业获取预期利润的产品，能使总利润上升。但这种策略风险性较大，一旦企业生产经营的产品在市场上失利，企业遭受的损失较大。

3．产品线延伸策略

产品线延伸是针对产品的档次而言，它是指在原有档次的基础上向上、向下或双向延伸。

（1）产品线向下延伸策略。这是指企业在高档产品的产品线中增加低档产品项目。

（2）产品线向上延伸策略。这是指企业在低档产品的产品线中增加高档产品项目。

（3）产品线双向延伸策略。这是指原来生产中档产品的企业同时扩大生产高档和低档的同类产品。

三、产品的生命周期策略

（一）产品生命周期的概念

产品的生命周期理论是美国哈佛大学教授费农于1966年在其《产品周期中的国际投资与国际贸易》一文中首次提出的。产品生命周期是指产品从投入市场开始到被淘汰退出市场的全部运动过程。

产品生命周期不是指产品的使用寿命、自然寿命。产品的使用寿命、自然寿命是指产品的耐用程度，是产品从开始使用到破坏报废的时间间隔。产品生命周期是指产品的市场生命、经济寿命，是一种产品进入市场到被迫退出市场的时间间隔。市场上的每一种产品都要经历从生产到发展直至消亡的过程，但实际上不同产品种类、品类和具体品牌之间，其生命周期大不相同。产品种类的生命周期最长，甚至在一段相当长的时间内显示不出其变化，产品品类的生命周期次之，生命周期最短的是具体某一品牌的产品。

（二）产品生命周期曲线

理想的产品生命周期过程可以用一条曲线来表示，我们称之为产品生命周期曲线。根据该曲线的特点，我们可以将产品生命周期分为四个阶段，即导入期、成长期、成熟期和衰退期，如图4-3所示。

把产品生命周期划分成不同阶段，一方面反映了产品在不同时期中存在着不同的特点，另一方面说明了不同阶段应该采用不同的营销策略，这是研究产品生命周期的意义所在。某一产品在不同市场中所处的生命周期阶段往往不同，它在A市场可能由于进入早，市场成熟度比较高，处于成熟期，而在B市场可能正处于导入期。

值得注意的是，下图中的产品生命周期仅是一条理论的最具代表性的曲线，实际产品的生命周期曲线则往往会有一些变化。

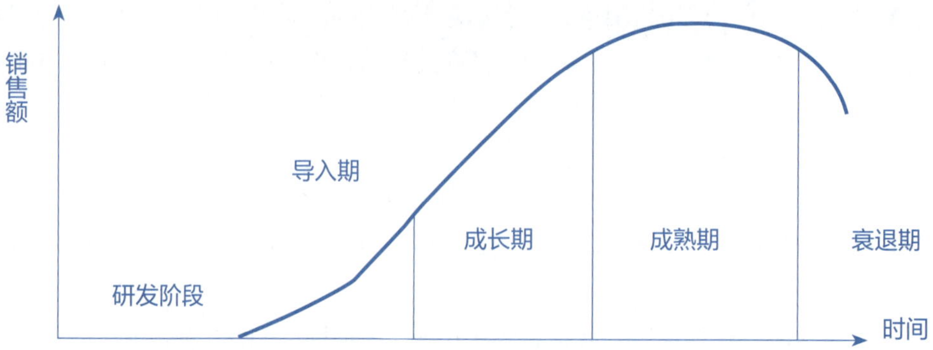

图 4-3　产品生命周期

（三）产品生命周期各阶段的特点及其营销策略

在产品生命周期的不同阶段，产品的销售额，成本利润，市场竞争态势及消费者行为等都具有不同的特点，企业应该根据这些特点，制定相应的营销策略。

1. 导入期

导入期是新产品进入市场的最初阶段，其主要特点是：

（1）生产成本高。新产品刚开始生产时，数量不大，技术上不稳定，不成熟，废品次品率也较高，因而制造成本较高。

（2）营销费用大。新产品刚引进市场时，其性能、质量、使用价值、特征等还未被人们所了解，为了迅速打开销路，提高知名度，需要进行大量的广告宣传及其他促销活动，促销费用较大。

（3）销售数量少，销售增长率低。因新产品还未赢得消费者的信赖，未被市场广泛接受，购买者较少，销售量小。

（4）竞争不激烈。因新产品刚引进市场，销路不畅，企业无利可图甚至亏损，生产者较少，竞争尚未真正开始。

在导入期，企业主要的经营目标是迅速将新产品打入市场，在尽可能短的时间内扩大产品的销售量。可采取的具体对策有：

（1）积极开展卓有成效的广告宣传，采用特殊的促销方式，如示范表演、现场操作、实物展销、免费赠送、小包装试销等，广泛传播商品信息，帮助消费者了解商品，提高认知度，解除疑虑，培育市场。

（2）积极攻克产品制造中尚未解决的问题，稳定质量，并根据市场反馈，及时对产品进行改进。

（3）采取行之有效的价格与促销组合策略（见表4-1）。可供选择的价格与促销的组合策略有以下4种。

表4-1　导入期的营销策略

促销策略		促销水平：高	促销水平：低
价格水平	高	快速掠取策略	缓慢掠取策略
	低	快速渗透策略	缓慢渗透策略

①快速掠取策略，即企业以高价格和高促销费用推出新产品。成功地采用这一策略可以使消费者更快地熟悉和了解新产品迅速打开销路，还可以使企业赚取较大的利润，以尽快回收新产品开发的巨额投资。但企业采用这一策略，要注意必须具备一定的条件：产品有独特的功能或利益；目标客户的求新心理强，并愿意付出高价；市场需求潜力较大，企业面临潜在竞争对手的威胁，需尽早建立产品的市场定位。

②缓慢掠取策略，即企业以高价格和低促销费用将新产品推向市场。高价格和低促销费用的结合，有利于企业减少流通费用，降低成本，获取较大的利润。该策略适用于市场规模有限，弹性需求较小，潜在竞争威胁不大，能赢得大多数消费者的信任，适当的高价能被人们所接受的产品。

③快速渗透策略，即企业以低价格和高促销费用将新产品推向市场，其目的是抢占先机，以尽可能快的速度将产品打入市场，赢得最大的市场渗透和最高的市场占有率。该策略适用于市场容量扩大，潜在竞争较为激烈，潜在消费者对价格十分敏感，单位制造成本随生产规模的扩大而迅速下降的产品。

④缓慢渗透策略，即企业以低价格和低促销费用将新产品推向市场。低价格有利于消费者接受新产品，使产品较易于渗透市场，打开并扩大销路。低促销费用有利于降低产品成本，树立物美价廉的形象。该策略适用面广，适用于市场容量大，促销效果不明显，需求的价格弹性较大，消费者对价格敏感度较高的产品。

2. 成长期

成长期是产品在市场上已经打开销路，销售量稳步上升的阶段。其主要特点是：

（1）消费者对商品已经比较熟悉，市场需求扩大，销售量迅速增加。早期采用者继续购买该产品，其他消费者也开始追随购买。

（2）生产和销售成本大幅度下降，大批量生产和大批量销售使单位产品成本减少。

（3）企业的利润增加。

（4）竞争者相继加入市场，分销网点数量增加，竞争趋向激烈。

在成长期，企业的主要营销目标是进一步扩大市场，提高市场占有率，以实现市场占有率的最大化。可采用的策略有：

（1）进一步提高产品质量，增加花色、品种、式样、规格，并改进产品包装。

（2）广告促销从介绍产品、提高知名度转为突出产品特色、建立良好形象、力创名牌、建立消费者对产品的偏好、提高忠诚度等。

（3）开辟新的分销渠道，扩大商业网点，进一步向市场渗透，拓展市场空间。

（4）在大量生产的基础上，适时适度降价或采用其他有效的定价策略，以吸引更多的购买者。

3．成熟期

成熟期是产品在市场上普及销售量达到高峰的饱和阶段，其主要特点是：

（1）产品已被绝大多数的消费者所认识与购买销售量增长缓慢，处于相对稳定状态，并逐渐出现下降的趋势。

（2）整个行业的生产能力过剩，企业利润逐步下降。

（3）竞争十分激烈。

（4）商品销售价格降低。

（5）分销渠道密集。

在成熟期，企业的主要营销目标是牢固的占领市场，保持市场占有率，防止与抵抗竞争对手的蚕食进攻，争取获得最大的利润，可采用的具体策略有：

（1）从广度和深度上拓展市场，争取新顾客并刺激老顾客增加购买，以增加现有产品的使用频率和消费数量，如强生公司将婴儿爽身粉、婴儿润肤露等婴儿护肤用品拓展到母亲市场，成功地做大了市场“蛋糕”。

（2）进一步提高产品质量，进行产品多功能开发，创造新的产品特色，扩大产品的多功能性、安全性和便利性，增加产品的使用价值。

（3）改进营销组合策略，如调整价格，增加销售网点，开展多种广告宣传活动，或采用以旧换新，有奖销售，竞猜拍卖等进攻性的促销手段以及强化各种服务等。

4．衰退期

衰退期是产品销售量持续下降，即将退出市场的阶段。在实践中，有的产品的衰退速度较为缓慢，逐渐地退出市场，而有的产品则衰退迅速，如流行产品。有的产品销售量很快就下降到零，也有的可能在一个低水平上持续多年，其主要特点为：

（1）消费者对产品已经没有兴趣，市场上出现了改进产品或换代产品，市场需求减少，消费量下降。

（2）行业生产能力过剩较多，同行企业为了减少存货损失，竞相降价销售，竞争异常激烈。

（3）企业利润不断降低。

在衰退期，企业的主要营销目标是尽快退出市场，转向研制开发新产品或进入新的市场。可采用的策略有：

（1）淘汰策略，即企业停止生产衰退期产品，上马新产品或转产其他产品。

（2）持续营销策略，即企业继续生产衰退期产品，利用其他竞争者退出市场的机会，通过提高服务质量、降低价格等方法来维持销售。

（3）收割策略，即企业尽量减少厂房设备、维修服务、研制开发和广告、销售队伍建设等方面的投入，同时继续维持产品销售。只要短期内销售量不出现急剧减少，企业就可以从该产品上获得更多的收益，增加现金流量。该策略会使产品的竞争力逐渐削弱而最终失去存在的价值，其适用条件是衰退产品在短期内销售量下降速度比较缓慢，然而从长期来看最终必须放弃。

四、新产品开发策略

（一）新产品的定义和分类

新产品是相对老产品而言的，是指新出现的、与市场上的老产品有所区别的产品。营销中的新产品含义与一般的科技开发上的新产品含义并不完全相同，前者的内容要比后者广泛得多。新产品有以下四种形式。

1. 全新产品

全新产品指采用新的原理、新的材料、新的技术而制成的产品，与现有的产品毫无雷同之处。如电话、飞机、尼龙、复印机、电视机、计算机等，是19世纪60年代至20世纪60年代世界公认的最重要的全新产品。

2. 换代新产品

换代新产品指产品的性能、结构有重大突破与改进，从而与企业原有产品形成系列，扩大产品的目标市场。如洗衣机从原来的半自动变为全自动，就是换代新产品。

3. 改良新产品

这是对企业现存产品的材料、结构、性能、外形设计、颜色、包装等方面做出某些改进的产品，改进后的新产品，其结构更加合理，功能更加齐全，品质更加优质，能更满足消费者不断变化的需要。这是企业最容易开发的新产品。

4. 仿制新产品

仿制新产品指企业对市场上已出现但自己还没生产过的产品进行模仿改进而生产的产品。

资料补充

从产品生命周期的角度来看，品类创新分为短生命周期创新和长生命周期创新。

短生命周期往往是投机心理占比较高，以热点、潮流、跟随为主，以简单的产品包装升级、概念创新来获取客户群体的认知。这种创新性往往容易立竿见影，见效快，但淘汰的也很快，平均生命不超过一年便被消费者遗忘，形不成较深的认知烙印。长生命周期创新产品往往从产品工艺、包装、跨界理念为核心，代表着品类未来，需要在营销、传播上打硬仗，品类成长需要经历较长的过程，但产品生命周期较长，一般都大于3年。

摘自《中国营销传播网》，2017-07-31，作者：刘传彬

（二）新产品开发的方式

企业开发新产品，选择合适的方式很重要。选择得当，适合企业实际，就能少担风险，易获成功。新产品开发有三种形式。

1．独立研制

独立研制是企业在应用技术研究成果的基础上，自己研制的独具特色的产品。采用这种方式开发的一般是全新的或者换代的产品。独立开发新产品，特别是研制复杂的产品，要求企业有较高的技术水平，有较雄厚的人力和财力资源。因此，企业在创业阶段，最好是开发不太复杂的产品和开发仿制型、改良型产品。

2．技术引进

技术引进是指利用国外或国内其他单位或个人已有的成熟技术从事的新产品开发。采用这种方式，企业投资少，并可以较快地掌握产品制造技术，争取时间把产品制造出来，因此较适用于刚开始创业的企业。但是，引进技术多属于别人已经采用的技术，其产品已占领了一定的市场。所以，企业的新产品开发不应长期建立在技术引进的基础上，等到新创企业的资金和实力积累到一定程度，就应该尽可能地建立自己的产品研究开发机构，逐步形成自己的产品开发能力，发展有自己特色的技术。

3．科技协作开发方式

科技协作开发方式是一种由企业、高等院校或科研机构协作进行新产品开发的方式。这种方式花钱少、见效快，又能促使企业提高开发能力。

（三）新产品的开发程序

企业开发新产品一般遵循以下程序。

1．寻求创意

产品创意是指企业从自身角度考虑，能够向市场提供的可能产品的构想。一个好的

创意是新产品开发成功的关键。企业创意通常有两个来源：一是企业内部的研究开发人员、市场营销人员、高层管理者和其他部门人员；二是企业外部的顾客、中间商、竞争对手、发明家、咨询公司、营销调研公司、科研院所等。

2. 甄别创意

企业在获取足够的创意之后，就要对这些创意加以甄别。甄别创意是指采用适当的评价系统及科学的评价方法对各种创意进行分析比较，挑选出可行性较高的创意的过程。

甄别创意要考虑两个问题：一是该创意是否与企业的战略目标相适应；二是企业有无足够的能力开发这种创意。

3. 形成产品概念

经过甄别后，保留下来的创意还要进一步发展成为产品概念。产品概念是指企业从消费者的角度对产品创意做详尽描述。描述内容主要包括产品的性能、用途、形状、优点、外形、价格、名称、提供给消费者的利益等，让消费者能一目了然地识别出新产品的特征。

4. 初拟营销计划

对已经形成的新产品概念，制订一个营销计划是新产品开发过程的一个重要阶段，该计划将在以后的开发阶段中不断完善。营销计划包括三个部分：一是描述目标市场的规模、结构和消费者行为，新产品在目标市场上的定位、市场占有率以及前几年的销售额和利润目标等；二是新产品的价格策略、分销策略和第一年的营销预算进行规划；三是描述预期的长期销售量和利润目标以及不同时期的营销组合。

5. 商业分析

商业分析的主要内容是对新产品概念进行财务方面的分析，即预测销售额、成本和利润，再次确定新产品能够满足企业的目标。

6. 产品实体开发

新产品实体开发是指企业研发部门与工程技术部门将产品概念试制成为产品模型或样品，同时进行包装的研制和品牌的设计。经过这一步骤，产品概念实现了实体化，证明其在技术上的可行性。

7. 新产品试销

企业将少量通过生产测试的样品作为正式产品，投放到有代表性的小范围市场上进行试销，旨在检查这种新产品的市场效应，然后再决定是否大批量生产。不过并非所有新产品都必须经过试销，是否试销主要取决于企业对新产品成功率的把握。如果对新产品成功率没有把握，付出一定的试销费用是必要的。

8. 批量上市

新产品试销成功以后，就可以进入商业化运营阶段。此时需要注意三个问题：一是何时推出新产品。这时企业往往会权衡自身与竞争者的产品竞争力。比如，国产电影发行商在影院首映时，往往会选择避开国外大片的档期，以免在竞争中失利。二是何地推出新产品。小企业一般选择有吸引力的城市或地区，一次只进入一个，只有少数大企业才会迅速把产品推向几个地区或全国。三是如何推出新产品。企业必须制订详细的新产品上市的营销计划，包括营销组合策略、营销预算、营销活动的组织和控制等。

五、品牌策略

（一）品牌的概念

市场著名营销专家菲利普·科特勒博士给予品牌的定义是：品牌是一个名称、名词、符号或设计，或者是它们的组合，其目的是识别某个销售者或某群销售者的产品或劳务，并使之同竞争对手的产品和劳务区别开来。

品牌由品牌名称和品牌标记组成。品牌名称是品牌中能用语言称呼的部分，如“金星”钢笔、“长虹”彩电、“永久”自行车等，它主要产生听觉效果；品牌标记则是品牌中用以识别，但不可念出声来的另一部分，可以是符号、图案、色彩或字母，如“奥迪”小轿车的四个圆环，花花公子的兔子图形等。

（二）品牌的内涵

一个品牌能表达出以下五层意思。

（1）属性。一个品牌首先给人带来特定的属性。例如，梅赛德斯汽车品牌表现出的属性是昂贵、制造优良、工艺精良、耐用、高声誉。

（2）利益。属性需要转换成功能和情感利益。例如，属性“耐用”可以转换为功能利益：“我可以几年不用买车了”。属性“昂贵”可以转换成情感利益：“这辆车帮我体现了自身的重要性和令他人羡慕”。

（3）价值。品牌还体现了制造商的某些价值感。如梅塞德斯汽车品牌体现了高性能、安全和威信。

（4）文化。品牌象征了一定的文化。如梅塞德斯汽车品牌意味着德国文化，即有组织、有效率、高品质。

（5）个性。品牌代表了一定的个性。如梅塞德斯汽车品牌可以使人想起一位无聊的老板（人），一头有权势的狮子（动物）或一座质朴的宫殿。

资料补充

品牌、商标及相关概念辨析

在对品牌及其相关概念的理解及实际应用中，往往会出现将品牌等同于商标、产品名称、名牌的错误认识，因此，对相关概念进行区分，弄清这些概念之间的区别和联系十分必要。

1．品牌与产品

产品与品牌的重要区别是，产品通过自身带有的利益及功能属性，直接满足消费者的需求。品牌则是通过产品本身体现的功能利益来引发消费者对其用户（购买者或使用者类型）、个性、文化等方面的联想，实现企业对消费者的价值承诺。

产品可以有品牌，也可以没有品牌。无品牌商品以其价格低廉而赢得相当多的顾客，但如今厂家越来越重视品牌的创建。

一件产品可以被众多竞争者模仿，但品牌却是独一无二的；产品会很快就过时落伍，但成功的品牌却能够经久不衰。

一种品牌可以用于一种产品，也可以用于多种产品；当品牌具有足够的影响力时，还可以进行品牌延伸，借势推出新产品。

2．商标与品牌

商标与品牌既有联系又有区别。严格地讲，商标是品牌中的标志和名称部分，品牌只有经过注册以后才能成为商标。商标是一个法律名词，而品牌是一种商业称谓。品牌是企业或者产品的综合象征，它的含义远远要比商标丰富和深远。

3．名牌、品牌与商标

名牌，通俗地讲是知名的、著名的、驰名的牌子，是指消费者对某一享有较高声誉、在较大范围内拥有一定知名度及市场销售率的品牌或商标的习惯性称呼。

名牌是由品牌或商标发展而来的。所以，除了具备品牌和商标的所有性质、构成及特征外，概括地说，还标志着悠久的历史、雄厚的实力；体现着上乘的品质、良好的信誉；表现出精湛的工艺及典雅的文化风格；具有广泛的市场知名度及公众普遍的认同感；拥有较高的市场占有率和消费率及其由上述内容形成的高效益。

需要注意的是：

（1）名牌不是严格意义上的法律概念，人们往往将有一定经营业绩的商品牌子、服务牌子都称为名牌，并在实践中广泛地应用它。

（2）名牌是现在企业经营商标、品牌并使其经营业绩达到相当高度后的产物。

（3）每个企业都有自己的商标及品牌，但不是每个商标和品牌都能发展成为名牌，大多数商标品牌会在激烈的市场竞争中被淘汰、废止或更新。

（三）品牌的作用

品牌的设计、使用、维护会给企业带来一定的成本，消费者要购买品牌的产品，往往也会付出较多的成本，可是仍然有很多企业着力塑造与维护品牌，有一定经济实力的消费者也愿意选择品牌产品，这说明品牌对企业和消费者都会产生一定的影响。

1．品牌对于消费者的作用

（1）有助于消费者识别产品的来源或产品的制造厂家，更有效地选择或购买商品。

（2）有助于消费者权益的保护，如选购时避免上当受骗，出现问题时便于索赔和更换等。

（3）有助于消费者避免购买风险，降低购买成本。

（4）有助于消费者形成品牌偏好，满足消费者的精神需求。

2．品牌对于生产者的作用

（1）有利于保护企业的利益。品牌经注册变成商标后，产品的独特性就会受到法律的保护，不受竞争对手的仿制侵犯。

（2）有利于保持老客户。消费者一旦对某种产品的属性产生偏好以后，就会形成“品牌忠诚”现象，即在相当长的时间内保持对这一品牌的购买选择。

（3）有利于企业实行市场细分化战略。企业可以通过多品牌策略，对不同目标市场的产品实行不同的品牌，从而有利于实行市场细分化的运作。

（4）有利于树立企业形象。品牌总是与企业形象联系在一起，良好的品牌有利于使消费者对企业产生好感，当品牌与公司名称一起出现在包装上时，宣传品牌的同时，也宣传了企业本身。

案　例

品牌的实验

营销专家为品牌做了一个有趣的实验：将A啤酒的空瓶里灌上百威啤酒，再在百威的空瓶里灌上A啤酒，然后摆在繁华的王府井大街，请过往的行人免费品尝。先请他们品尝用A啤酒罐装的百威啤酒，大多数的人都说不好喝，味道不正宗，其中一个人甚至当场吐出来，抱怨说：“这是什么味呀？真难喝!”，然后专家请他们品尝用百威啤酒瓶装的A啤酒，结果大家清一色地说：“这个好喝，味道正。”于是专家问他们喝过百威没有，大家都说喝过，其中一个还说中午刚喝过一瓶，就是这个味。这真令人哭笑不得，消费者就是这样“可爱”。接下来，专家将瓶子上的标签撕去，再让人品尝，这时品尝者表现得无所适从，一会说这个好喝，一会又说那个好喝。

（四）品牌策略

1．有无品牌决策

尽管品牌能给所有者和使用者带来好处，但并不是所有产品都必须要有品牌，要视品牌运营的投入与收益测算而定。一般认为，下列几种情况可以考虑不使用品牌：①大多数未经加工的原料产品，如棉花、矿砂、中药材等；②不会因为生产商不同而形成不同特色的商品，如钢材、大米等；③某些生产比较简单，选择性不大的小商品；④临时性或一次性生产的商品。

随着市场经济的高度发展和经济全球化的冲击，越来越多的商品出现了品牌化，如卫生纸、酱油都有了自己的品牌，在超市里，甚至大米也在经过分装后定牌出售。

2．品牌名称决策

（1）统一品牌策略。企业所有产品都统一使用一个品牌，如飞利浦、西门子、GE通用电气等。当企业所生产经营的各种产品具有密切的关联性且质量水平大致相同时，就可以采用统一品牌策略。这一策略有助于显示企业实力，塑造企业形象。当企业的品牌已赢得良好市场信誉的情况下，通过品牌扩展可以节省新产品的宣传和促销费用，有利于消除顾客对新产品的不信任感，实现顺利推出新产品的愿望。这种策略的缺点在于，一旦企业的某个产品出现问题，就会影响企业其他产品的声誉，进而毁坏整个品牌的形象。

（2）个别品牌策略。企业针对不同产品而采用不同的品牌。当企业的产品品种较多，生产条件、技术专长等在各种产品上又有较大差别时，采用这一策略较为有利。这种策略的好处在于，为每种产品寻求不同的市场定位，有利于增加销售额和对抗竞争对手，还可以分散风险，使企业的整个声誉不会因某种产品表现不佳而受到影响。这种策略的确定主要是因为品牌业务的工作量较大，企业要为每一个产品分别进行品牌设计和广告宣传，相关的费用支出较大，创立品牌需要付出较多的努力和较长的时间。

（3）产品线品牌策略。企业针对不同的产品线使用不同的品牌。企业使用这种策略，一般是为了区分不同大类的产品，一个产品大类下的产品再使用共同的品牌，以便在不同大类产品领域中树立各自的品牌形象。例如，史威夫特公司生产的一个产品大类是火腿，还有一个大类是化肥，就分别取名为“普利姆”和“肥高洛”。

（4）个别品牌名称与企业名称并用。企业对不同的产品使用不同的品牌名称，同时在各种产品的品牌名称前都冠以企业名称。这种策略实际上是个别品牌名称和统一品牌名称的结合，因为它兼有两种品牌名称策略的优点。企业多将这种策略用于新产品开发，在新产品的品牌名称上加上企业名称，可以使新产品享受企业的声誉，而采用不同的品牌名称，又可使各种新产品显示出不同的特色。例如，海尔集团就推出了“海尔——双王子”“海尔——帅王子”冰箱，“海尔——探路者”“海尔——先行者”彩电，以及“海尔——神童”“海尔——小小神童”洗衣机等。

3. 多品牌策略

多品牌策略是指企业为同一种或同一类产品设计两种或两种以上互相竞争的品牌。如全球知名的日用品公司宝洁，在中国市场仅洗发水就拥有海飞丝、飘柔、潘婷、沙宣等品牌。采用多品牌策略的优点是：可以抢占更多的货架面积、占领更多的货架面积、占领更多的细分市场并吸引多种不同需求的消费者。

此外，由于国家、民族、宗教信仰等的不同，为了避免品牌命名不当而引起的市场抵触，适应不同市场的消费习惯，多品牌也是一种适应策略。但是，由于多种不同的品牌同时并存必然使企业的促销费用上升且存在相互竞争的风险，所以在使用多品牌策略时要注意各品牌市场份额的平衡。

案 例

创新产品线及包装，创造品牌差异化价值

在注意力成为生产力的今天，鲜明的品牌个性与态度是增强消费者认同感的关键因素。作为一个百年品牌，“年轻”始终是百事可乐在品牌形象上最具辨识度的关键词，通过不断的品牌沟通、产品与营销创新，持续获取、加深消费者认同感，成为年轻人生活方式中的一部分，百事可乐正在进行一场品牌定位的升级——它不仅仅是饮料品牌，更致力于成为每一代年轻人的文化品牌标识。年轻人在任何年代都充满创意且大胆不羁，而今天的年轻人拥有更多机会、更多平台、更多可能性。他们容易被新颖有趣、体验感强的东西所吸引，为了提升品牌黏度和吸引新的消费群体，打造有态度的品牌标签，体验创新必不可少。

体验是内在的，但它来自个人与产品、与他人以及与事件的互动。基于此，百事推出兼具个性化与互动性的产品，通过产品直观传达态度与价值，鼓励年轻人释放个性，表达自我。针对年轻人的独特需求，百事2017年从口味和包装两方面进行了一系列创新。2017年在中国上市的百事可乐无糖全黑细长罐，借助全黑设计赋予产品更为鲜明与大胆的个性，“敢黑·带感”的品牌态度与时下崇尚“个性”文化的年轻消费群体形成共鸣，更好地满足年轻人的细分需求。此外，围绕年轻人关注的潮流趋势与喜好，百事在其无糖黑罐的基础上，持续打造Pepsi×Alexander Wang限量罐、百事×星球大战限量罐、上海时装周限量罐等一系列限量产品，以罐身搭载独立设计师与热门IP的渗透力，持续强化了品牌与黑色个性特征的紧密关联，在年轻消费群体中收获了极高的关注度。

（摘自《销售与市场》杂志管理版2018年02期，作者：王晓红）

六、包装策略

包装是商品实体的重要组成部分，如果把商标比作商品的“脸面”，那么包装可谓是商品的“外衣”，它是作为商品的“第一印象”进入消费者眼帘的。据有关统计，产品竞争力的30%来自包装。而随着人们生活水平的提高，对精神享受的要求也日益增长，在激烈的市场竞争中，包装对于顾客选择商品的影响越来越明显，包装是商品的“无声推销员”。

（一）包装的概念

包装是为了在流通过程中保护产品方便储运和促进销售，按照一定的技术方法使用容器、材料及辅助物等，将物品包封并予以适当的装饰和标志工作的总和。

产品包装一般包括以下三个部分。

（1）首要包装，又称直接包装、内包装，是指最接近产品的容器或包装物，如酒瓶、饮料瓶、润肤露瓶等。

（2）次要包装，又称间接包装、中包装，是指保护首要包装的包装容器，如润肤露瓶之外套的长方形纸盒。这层包装除了增加对产品的保护功能外，还提供了企业发挥促销作用的承载手段，如载有充分的促销信息。

（3）运输包装，又称储运包装、外包装，是指为了储存和运输需要而形成的大包装，如装有24瓶润肤露的硬纸盒。

（二）包装的作用

作为整体产品的组成部分，包装的意义已经远远超越了作为容器保护商品的作用，而逐步成为树立企业形象促进扩大商品销售的重要因素之一。其作用主要体现在以下几个方面。

1．保护产品

适当的包装可防止商品在流通过程中遭受各种可能的损害，起到保护商品的使用价值的作用。如：易腐败的食品采用真空袋包装；易碎的瓷器、玻璃制品、鸡蛋则可在包装内增加泡沫、托板、卡板等，可以起到固定、缓冲振荡的作用。

2．提供便利

良好的包装既便于卖方对产品的运输、装卸、堆码和储存，也便于消费者对商品的识别、购买、携带和使用，便利了整个交易活动。如把几瓶饮料借助塑料连接件牢固地连接起来，顾客购买的时候携带起来就很方便。

3．易于识别

包装可以通过引人入胜的造型，以及印刷在包装上的图片和文字，突出商品的特色，引起消费者对商品的注意和喜爱，促成更多的购买行为发生。

4．增加利润

良好的包装能增加产品的身价，满足消费者的某种心理要求，使消费者乐于按较高的价格购买产品，从而增加企业的利润。

（三）包装的设计原则

一般来说，包装设计还应遵循以下几个基本原则。

1．安全性

安全是产品包装（包括运输包装和销售包装）最核心的作用之一，也是最基本的设计原则之一。在包装活动过程中，包装材料的选择及包装物的制作必须适合产品的物理、化学、生物性能，一方面要保证商品质量完好、数量完整，另一方面要保护环境安全。

2．适于运输，便于保管、陈列、携带和使用

在保证产品安全的前提下，一方面应尽可能缩小包装体积，以利于节省包装材料和运输、储存的要求，另一方面要注意货架陈列的要求。此外，为方便顾客和满足消费者的不同需要，包装的体积、容量和形式应多种多样。

3．美观大方，突出特色

销售包装应具有美感，以激发顾客的购买欲望。与此同时，包装还应突出产品个性，与竞争产品实现差异化。

4．包装与商品价值和质量水平相匹配

一般来说，包装应与所包装的商品的价值和质量水平相匹配。经验告诉我们，包装不宜超过商品本身价值的13%～15%。若包装在商品价值中所占的比重过高，即可能会产生名不副实之感而使消费者难以接受；相反，价高质优的商品自然也需要高档包装来烘托商品的高雅贵重。

5．尊重消费者的宗教信仰和风俗习惯

在包装设计中，必须尊重不同国家和地区的宗教信仰和风俗习惯等社会文化环境下，消费者对包装的不同要求，切忌出现有损消费者宗教情感、容易引起消费者忌讳的颜色、图案和文字。

6．符合法律规定，兼顾社会利益

包装设计作为企业市场营销活动的重要环节，在实践中必须严格依法行事。例如，

应按法律规定在包装上标明企业名称及地址；对食品、化妆品等与消费者身体健康密切相关的产品，应标明生产日期和保质期等。不仅如此，包装设计还应兼顾社会利益，努力减轻消费者负担，节约社会资源，禁止使用有害包装材料，实施绿色包装策略。

（四）包装策略

可供企业选择的包装策略有以下几种。

1．类似包装策略

是指企业所生产经营的各种产品在包装上采用相同的图案、色彩或其他共有特征，从而使整个包装外形相类似，使公众容易认识到这是同一家企业生产的产品。类似包装策略适用于质量水平档次类同的商品，不适于质量等级相差悬殊的商品，否则，会对高档优质产品产生不利影响。

2．分类包装策略

是指企业依据产品的不同档次、用途、营销对象等采用不同的包装。比如把高档、中档、低档产品区别开来，对高档商品配以名贵精致的包装，使包装与其商品的品质相适应。

3．配套包装策略

是指企业把相互关联的多种商品，置入同一个包装容器之内一起出售，如牙膏和牙刷组合包装，一组化妆品组合包装等。

4．再利用包装策略

再利用包装，又称多用途包装，是指在包装容器内的商品使用完毕后，其包装并未作废，还可以继续利用。比如饼干和糖果盒可以用来装文具、杂物。

5．附赠品包装策略

附赠品包装策略是指企业在某商品的包装容器中附加一些赠品以吸引购买的兴趣，诱发重复购买。比如儿童食品的包装中附赠玩具、连环画、卡通图片等。

6．更新包装策略

是指企业为克服现有包装的缺点，适应市场需求，而采用新的包装材料、包装技术、包装形式的策略。

案 例

设计容量不同的包装

以前四川人在销售其“拳头”产品——榨菜时，一开始是用大坛子、大篓子将商品卖给上海人，后来精明的上海人将榨菜倒装在小坛子后，出口日本。在销路不好的情况下，日本商人又将从上海进口的榨菜原封不动地卖给了香港商人。而爱动脑子、富于创新精神的香港商人，又以块、片、丝的形式分成真空小包装后，再返销日本。从榨菜的“旅行”过程中，各方商人都赚了钱，但是靠包装赚“大钱”的还是香港商人。如今四川榨菜的包装已今非昔比，大有改观，极大地刺激了市场需求，企业的利润也大幅度增长。

任务三 价格策略制定

产品的价格合理与否，很大程度上决定了购买者的购买意愿，直接影响产品和企业的形象，也是企业能否在竞争中取胜的关键。价格策略是企业竞争极其重要的手段。

案 例

格兰仕微波炉的竞争价格策略

1978年9月28日，广东顺德人梁庆德带领10多个乡亲，打算办一个羽绒制品厂。1979年，这个名叫广东顺德桂洲羽绒厂的小厂正式成立，以手工操作洗涤鹅鸭羽毛供外贸单位出口。当时谁都不会想到，这个再普通不过的乡镇小厂，会成为震惊世界的“微波炉大王”。

格兰仕成功的原因到底在哪里？这绝不是用一句话就能回答的，其中有企业体制方面的原因、企业领导人素质方面的原因和企业经营战略决策方面的原因等。特别是价格策略运用上的独到之处，揭示了其成功的奥秘。

在微波炉市场的发展过程中，格兰仕成功地运用价格因素，经历“三大战役”，在市场中确立起霸主地位。

（1）1996年8月，格兰仕集团在全国范围内打响微波炉的价格战，降价幅度平均达到40%，带动中国微波炉市场从1995年的不过百万台增至200多万台。格兰仕集团以全年产销量65万台的规模，占据中国市场的34．7%，部分地区和月份的市场占有率超过50%，确立了市场领先者地位。

（2）1997年，格兰仕看到了市场形势的变化，趁洋品牌尚未在中国站稳脚跟，国内企业尚未形成气候之际，抓住时机，于春节后发起了微波炉市场的“第二大战役”——阵地巩固战。

这次是变相的价格战。格兰仕采用买一送一的促销活动，发动新一轮的让利促销攻势，凡购买格兰仕任何一款微波炉均赠送一个豪华高档电饭煲。1997年5月底，格兰仕进一步“火上加油”，突然宣布在全国许多大中城市实施“买一赠三”，甚至“买一赠四”的促销大行动。品牌消费的高度集中使得格兰仕的产销规模迅速扩大，1997年格兰仕已经成为一个年生产能力达260万台微波炉的企业，市场占有率节节攀升，1998年3月最高时市场占有率达到58.69%，史无前例地创了行业记录。到1997年底，市场上的价格激战极大地促进了整个市场潜在消费能力的增长，市场容量快速扩大，格兰仕也因此成为全球极具规模的微波炉生产企业之一。

（3）在取得市场的绝对优势后，格兰仕并没有因此而停滞，反而乘胜追击，加紧了市场的冲击力度，发动了微波炉市场的“第三大战”——品牌歼灭战。

1997年，东南亚爆发了金融危机，韩国企业受到重创，政府下令要调整亏损企业，这再度为格兰仕创造了一个绝好的市场契机。1997年10月，格兰仕凭借其规模优势所创造的成本优势，再度将12个品种的微波炉降价40%，全面实施“薄利多销”的策略，以抑制进口品牌的广告促销攻势，“格兰仕”微波炉在全国的市场占有率始终保持在50%左右，最高时达到58.9%。1998年6月13日，已经成为全球微波炉生产规模最大的格兰仕企业（集团）公司，在国内微波炉市场又一次实施“组合大促销”：购买微波炉可获得高档豪华电饭煲、电风扇、微波炉饭煲等赠品外，还有1998年法国世界杯世界顶级球星签名的足球赠品和千万元名牌空调大抽奖。这种以同步组合的方式重拳打向市场，被同行业称之为毁灭性的市场营销策略，再度在全国市场引起巨大震动。

格兰仕依靠规模优势所创造的成本优势连续几次大降价，获得了微波炉的霸主地位，同时也加速了微波炉这一产业的价格下降趋势。通过降价，格兰仕成功地为这个行业竖起一道价格门槛：如果想介入，就必须投巨资去获得规模，但如果投巨资做不过格兰仕的盈利水平，就要承担巨额亏损，即使做过格兰仕的盈利水平，产业的微利和饱和也使对手无利可图。凭此，格兰仕成功地使微波炉变成了鸡肋产业，成功地使不少竞争对手退出了竞争，并使很多想进入的企业望而却步。

一、商品价格构成

企业要制定出科学合理的价格，首先必须了解价格构成，即价格是由哪些因素构成的。价格通常由生产成本、流通费用、税金和利润构成，即：商品价格=生产成本+流通费用+利润+税金。

（一）生产成本

生产成本是商品价值中生产资料转移价值和支付工人报酬的货币表现，在商品价值构成中占主要部分。

生产成本是制定价格的最低界限，企业只有把生产过程中发生的物质消耗支出和劳动报酬支出补偿回来，才能使生产持续进行，保证企业的简单再生产。如果一个企业的产品价格低于其生产成本，就会导致企业的亏损，甚至倒闭。因此，成本是制定价格的最低界限。

（二）流通费用

流通费用是指商品从生产领域到消费领域转移过程中所发生的劳动耗费的货币表现。在这个转移过程中，一般要经过采购、运输、储存、销售等环节，相应的需要支付一定的费用。这些费用构成了商品价格中的流通费用。

（三）利润

劳动者在生产和流动过程中为社会所创造的价值，在补偿商品的生产成本及流通费用后的余额，称为利润。利润包括生产利润和商业利润。工业品价格中的生产利润称为工业利润。商品销售价格减去商业进货价格和商品流通费用后的余额，称为商业利润。在商品价格不变的情况下，利润与价格的其他要素成反比。

利润水平是反映企业经济活动效果好坏的重要指标，直接关系到国家、企业、消费者、职工的利益。因此，利润高低必须合理，而且工商之间要合理分配。

（四）税金

税金是企业依照税法并向国家交纳的一部分企业纯收入，是价格构成的重要因素。国家通过合理规定不同行业和产品的税率，能起到调节生产、企业利润和价格的作用。一般情况下，税金和价格成正比，即在其他因素不变的情况下，税金增加，商品价格相应的也会提高。

价格构成的四要素是互相联系和互相制约的，其中任何一个要素变化，都会引起价格的变化。

二、影响企业产品定价的因素

（一）企业自身因素

1. 成本

成本是定价的基础，定价首先使总成本得到补偿，总成本包括固定成本和变动成本。平均成本是总成本与总产量之比，即单位产品的成本，它是价格制定的下限，如果要获得利润，价格就必须高于平均成本。

2. 销售量

企业利润总额与单位商品利润并不一定成正比，它是单位商品利润与销售量两者的成绩。如价格过高，可能会导致销售量的减少，进而减少企业盈利水平。在其他条件不变的情况下，企业利润总额最终取决于价格与销售量之间的不同组合。

3. 资金周转

一般情况下，产品价格高会带来较高的利润，去延缓资金周转速度；降价可以加快资金周转，但又会丧失一部分可得利润。在这种情况下，应通过选择较低的机会成本来确定价格。机会成本是指利用一定资源获得某种收入时所放弃的另一种较低收入。如降价可能给目前造成一定损失，但由此带来资金周转速度加快，可以使下一生产经营周期所增加的利润大于此时降价带来的损失。当降价的机会成本低于维持原价的机会成本时，企业就可制定较低的价格。

（二）竞争者的产品和价格

竞争者的产品和价格，是企业产品定价的重要参考。企业间结合竞争产品的特点，综合考虑自身价格的定位。

（三）消费者方面

消费者是市场主体，企业定价必须进行消费者分析，制定出让消费者可以接受的适当的价格。在产品刚进入市场，同类产品少，市场需求程度高，消费者对产品认知价值高时，厂商的定价可以水涨船高。

（四）产品生命周期

产品处于生命周期的不同阶段，定价策略也不同。

（五）政策与法令

市场经济的最基本特征是自由企业制度，企业有充分的处理与经营有关事物的自由，其中包括自由定价权。但现在市场经济会受到政府调节和干预，政府可以通过行政、法律、经济的手段，对企业定价及社会整体物价水平进行调节和控制。企业定价时必须考虑政府的政策、法令。

三、定价的程序

随着我国市场经济的发展和经济体制改革的深入，国家统一定价的商品越来越少，国家允许生产经营企业在规定的权限和范围内自行定价的商品越来越多，权限也逐渐扩大。企业要为商品制定合理的价格，应考虑多方面因素，采用科学的程序。企业定价的基本程序如下。

（一）选择定价的目标

企业在定价之前，必须根据不同情况、不同产品的特点确定本企业的定价目标，以此来决定将要采取的定价方法和技巧。

（二）分析市场需求

通过市场调研了解市场容量，企业所经营的产品有多少潜在的顾客、该产品的需求、价格弹性如何等，掌握消费者在不同的价格水平上的需求量，从而合理地定价。

（三）估算成本

准确的估计成本是成功定价的基础，最好以科学的方法估算成本。

（四）分析竞争者的产品及其价格

企业要知己知彼，经过比质比价为自己的产品制定出具有竞争力的价格。

（五）确定定价策略和方法

企业要根据定价目标、产品的性质、需求情况及竞争状况等因素，选择合适的定价方法。

（六）确定产品的最终价格

企业在确定了产品的初始价格后，还要考虑有关因素，如所定价格是否符合国家有关政策法规，是否适应消费者心理，是否维护了企业形象，竞争者对这一价格将如何反应等。采用定价技巧对基本价格进行修订和调整，从所计算出的价格范围内确定出最终价格。

四、定价方法

定价方法，是指企业在特定的定价目标指导下，依据对成本、需求及竞争等状况的研究，运用价格决策理论，对产品价格进行计算的具体方法。定价方法主要有成本导向定价法、需求导向定价法和竞争导向定价法。

（一）成本导向定价法

成本导向定价是企业定价首先需要考虑的方法。成本是企业生产经营过程中所发生的实际耗费，客观上要求通过商品的销售而得到补偿，并且要获得大于其支出的收入，超出的部分表现了企业利润。成本导向定价法就是以产品单位成本为基本依据，再加上预期利润来确定价格，是中外企业最常用、最基本的定价方法。成本导向定价法又分化出了成本加成定价法、目标收益定价法、盈亏平衡定价法三种具体的定价方法。

1．成本加成定价法

成本加成定价法是把所有为生产某种产品而发生的耗费均计入成本的方法，计算单位产品的变动成本，合理分摊相应的固定成本，再按一定的目标利润率来确定价格。其计算公式为：

单位产品价格=单位产品总成本×（1+目标利润率）

例如，某医疗仪器厂生产2000台仪器，总固定成本600万元，那每台仪器的变动成本为1000元，确定目标利润率为25%。则采用成本加成定价法确定价格的过程如下：

单位产品固定成本=6000000÷2000=3000（元）

单位产品变动成本为1000元

单位产品总成本=3000+1000=4000（元）

单位产品价格=4000×（1+25%）=5000（元）

采用成本加成定价法，确定合理的成本利润率是一个关键问题，而成本利润率的确定，必须考虑市场环境、行业特点的多种因素。某一行业的某一产品在特定市场以相同的价格出售时，成本低的企业能够获得较高的利润率，并且在进行价格竞争时可以拥有更大的回旋空间。

在用成本加成方法计算价格时，成本的确定是在假设销售量达到某一水平的基础上进行的。因此，若产品销售出现困难，则预期利润很难实现，甚至成本补偿也变得不现实。但是，这种方法也有一些优点：①简化了定价工作，便于企业开展经济核算。②若某个行业的所有企业都使用这种定价方法，他们的价格就会趋于相似，因而价格竞争就会减到最少。③在成本价成的基础上制定出来的价格对买方和卖方来说都比较公平，卖方能得到正常的利润，买方也不会觉得价格太高而无法接受。

成本加成定价法一般在建筑业、服务业以及批发零售企业中得到广泛的应用。其实不用这种方法定价，许多企业也常用此方法制定的价格作为参考价格。

2．目标收益定价法

目标收益定价法又称投资收益率定价法，是根据企业的投资总额、预期销量和投资回收期等因素来确定价格。假设上例中建设医疗仪器厂的总投资额为800万元，投资回收期为5年，若采用目标收益定价法确定价格，其基本步骤为：

（1）确定目标收益率：

目标收益率=1 ÷ 投资回收期 × 100%=1/5 × 100%=20%

（2）确定单位产品目标利润额：

单位产品目标利润额=总投资额 × 目标收益率 ÷ 预期销量

=8000000 × 20% ÷ 2000=800（元）

（3）计算单位产品价格：

单位产品价格=企业固定成本 ÷ 预期销量+单位变动成本+单位产品目标利润额

=6000000 ÷ 2000+1000+800=4800（元）

与成本加成定价法相类似，目标收益定价法也是一种生产者导向的产物，很少考虑到市场竞争和需求的实际情况，只是从保证生产者的利益出发制定价格。另外，先确定产品销量，再计算产品价格的做法完全颠倒了价格与销量的因果关系，把销量看成是价格的决定因素，这在实际上很难行得通。尤其是对于那些需求价格弹性较大的产品，用这种方法制定价格，无法保证销量的必然实现，预期的投资回收期、目标收益等因而也只能成为一句空话。不过，对于需求比较稳定的大型制造业、供不应求且价格弹性小的商品，市场占有率高、具有垄断性的商品，以及大型的公用事业、劳务工程和服务项目等，目标收益法仍不失为一种有效的定价方法。

3．盈亏平衡定价法

在销量既定的条件下，企业产品的价格必须达到一定的水平才能做到盈亏平衡、收支相抵。既定的销量就成为盈亏平衡点，这种制定价格的方法就成为盈亏平衡定价法。科学的预测销量和已知固定成本、变动成本是采用盈亏平衡定价法的前提。

在此方法下，可利用如下公式确定价格：

盈亏平衡点价格=固定总成本 ÷ 销量+单位变动成本

例如，某企业年固定成本为100000元，单位产品变动成本为30元/件，年产量为2000件，则该企业盈亏平衡点价格=100000 ÷ 2000+30=80（元/件）。

以盈亏平衡点确定价格，只能使企业的生产耗费得以补偿，而不能得到收益。因此，在实际中均将盈亏平衡点价格作为价格的最低限度，通常在加上单位产品目标利润后才作为最终市场价格。为了开展价格竞争或应付供过于求的市场格局，企业有时采用这种定价方式以取得市场竞争的主动权。

从本质上说，成本导向定价法是一种卖方定价导向。它忽视了市场需求、竞争和价格水平的变化，在有些时候与定价目标相脱节，不能与之很好的配合。此外，运用这些方法制定的价格均是建立在对销量主观预测的基础上，从而降低了价格制定的科学性。因此，在采用成本导向定价法时，还需要充分考虑需求和竞争状况，才能最终确定市场价格水平。

（二）需求导向定价法

需求导向定价是指根据消费者对商品的认知、需求程度和对价格的承受能力来定价，而不是根据产品的成本来定价。

1. 理解价格定价法

这是根据消费者对商品价值的理解，即消费者的价值观念来定价的方法。消费者总是选购既能满足其消费需要，又符合其支付标准的商品。所以，企业应善于利用产品质量、特性、服务、广告宣传等来影响购买者，对消费者理解的相对价值有正确的估计和判断。卖方对买方的理解价值估计过高或过低，定价都会出现失误。

案　例

巴厘克是印度尼西亚久负盛名的服装，深受该国和东南亚其他国家妇女的喜爱。随着社会的发展，人们对服饰的时代感要求增强。一位印度尼西亚青年企业家适应了消费者这一要求，将巴厘克的传统图案革新成现代图案，使巴厘克集精美与典雅于一身，化娟秀与华丽于一体。一位日本人见到革新后的巴厘克后赞叹不已，告诉这位年轻企业家，如此漂亮的服装在日本市场上会有销路。这位年轻企业家经过准备后，带着巴厘克和模特来到日本，举办了一场十分壮观的服装展销活动。许多社会名流、贵妇应邀光临了这场服装展销会，但展销结束后并没有多少人购买巴厘克。年轻的企业家大惑不解，请来日本专家进行咨询，经该专家分析后认为，问题出现在价格上。这种高雅的服装，消费者大多为社会上层的贵妇名流，她们认为如果穿上这样低价格的服装，会感到脸上无光，并遭人讥笑。听了专家的诊断，年轻的企业家恍然大悟，回去后再次改进，使巴厘克更加光彩照人。次年，当他第二次率领模特来到日本举办巴厘克时装展览时，定价比上次高出三倍，结果他所带的巴厘克很快被抢购一空。

2. 需求差异定价法

这是将不同时间、不同地点、不同产品和不同消费者作为定价依据的一种定价方法，也是企业经常采用的一种方法。如同一种饮料在超市与在饭店的价格明显不同。

（三）竞争导向定价法

竞争导向定价法是根据竞争者的产品价格作为定价依据，随竞争状况的变化来制定和调整价格水平。

1. 通行价格定价法

这种方法是使本企业的产品价格与竞争产品的平均价格保持一致，即前面提到的随行就市定价策略。

2. 主动竞争定价法

这种方法是根据企业产品的实际情况及与竞争者产品的差异来确定产品价格。产品价格有可能高于、低于或与市场价格一致。一般为实力雄厚或产品独具特色的企业所采用。

3. 密封投标定价法

这种方法主要用于投标交易。投标企业事先根据招标公告的内容，估计竞争者的报价，确定自己的投标价格，密封投标。企业投标报价一般要低于其他投标的竞争者，但也要考虑企业目标利润，所以较好的投标价格应为实现目标利润与较大中标概率两者的最佳均衡。

五、定价策略

（一）新产品定价策略

1. 撇脂定价策略

撇脂定价策略，是指在新产品投入市场时，将价格定得很高，以便在短时期内获得更多利润。此策略的特点是新产品上市需求缺乏弹性，定价高也不会减少需求，会使人产生一种高档产品的印象，还可以通过降低价格排斥竞争者或扩大销售，但是价格过高，丰厚的利润率必然招来竞争对手加入，导致原有市场的丧失。价格过高不利于开拓市场，甚至遭到抵制。采用此策略时，企业要对市场需求进行准确的预测。

2. 渗透定价策略

渗透定价策略，是指在新产品上市初期，将价格定得很低，以便迅速打开市场，扩大销售量，提高市场占有率。此策略的特点是在需求弹性大的市场，低价可以迅速打开市场，从大量的销售中获取利润，可以有效阻止竞争者加入，有利于控制市场。但价格低会使投资回收期长，价格变化余地小，有一定的风险性，适用于资金雄厚的大企业。

3．满意定价策略

满意定价策略，是指将新产品价格定在既让顾客满意，企业又能获得适当利润的一种比较合理的水平，是一种介于撇脂定价策略和渗透定价策略之间的一种新产品定价策略。此策略的特点是使用普遍，简便易行，能兼顾生产者、中间商和消费者等多方利益。但是由于过多关注各方面利益，适用于较为稳定的产品。

案 例

新产品如何才能卖个好价钱？

一个新产品如何才能卖个好价钱，是许多公司在新产品上市时最抓狂的事，所以，定价策略一改再改就见怪不怪了。陈禹州在2013年就曾经“遭遇”过类似的事情。当时，陈禹州在一家“辣椒酱”产品公司担任总裁，当公司的产品出来后，与公司的高层人员进行价格的制定时，他们习惯于一直以来的“成本定价法”，也就是销售价减去成本，等于毛利。而陈禹州提出的则是产品进入市场后的品牌定位下的“价值定价法”。

多次争论后的最终结果，“价值定价法”让位于“成本定价法”，陈禹州也无心在这家公司继续工作，最后以“辞职”的方法退出公司的管理层而告终。

这家“辣椒酱”公司经过三个月以来多次重复的“产品定价会议”工作后，终于让产品有了一个“不高不低”的销售价。当然，从陈禹州2014年5月辞职后到今天，仍然没有见到这家公司的产品在市场上流通。

这个事件，正反映了当今在中、小企业高层间流行的“价格一样时比品质，品质一样时比价格”的低层次竞争思想。其原因还是企业主没有搞懂品牌的经营，也缺乏真正的市场营销意识。

事实上，一个产品或者一项服务去做一个品牌，并不是单纯的为做品牌而为品牌烧钱，而是通过做品牌来推动产品与服务的销售。一个产品的上市，它需要一个“好记”又“好听”再“好义”的名字，然后，这个产品名字就变成为“产品名称”。完成这个工作后，紧接着就是针对这个产品的目标市场进行品牌的定位。在定位的基础上完成产品的包装与视觉表现的构建。这样的产品才可能卖出好价钱，取得更好的销售结果。

（改编自中国营销传播网，2015-12-29，作者：陈禹州）

（二）阶段定价策略

这是根据产品在生命周期各个不同阶段的特点，采取不同的定价策略。各种产品在生命周期不同阶段的变化规律基本是相同的，但是由于这种产品的特性不同，各阶段的定价要求也有所不同，大致可以分为以下四种类型。

1．价格弹性较大的非生活必需品

该种商品在投入期应该将价格定得低一些，实行微利销售甚至贴本销售；进入成长期以后，可以适当提高价格；成熟期采取适当降价措施；在衰退期应进一步降价，使价格低于可销水平，以便清出存货，迅速转产。

2．生命周期较短，款色翻新较快的时尚性商品

这类商品在短期内供不应求，所以在产品的投入期和成长期应对产品定价高，在成熟期和衰退期要较大幅度降价，以免丧失时机，其损失可由前期的利润加以弥补。

3．价格弹性较小的一般日用生活必需品和重要生产资料

这类商品宜采用均匀的价格策略，要兼顾企业和消费者利益，在投入期和衰退期可保本微利，在成长期和成熟期利润稍高一些。

4．高税高利商品

这类商品要求保持较高利润，但其价格也应与各阶段的平均成本变动相适应，保持阶梯形下降的价格水平。

（三）差别定价策略

差别定价策略是指企业按照两种或两种以上的差异价格销售某种产品或劳务。差别定价可分为以下三种。

1．因顾客而异

同一产品，对不同顾客价格可以不同。这是从顾客潜在需求的可能性考虑的，是企业为了吸引潜在购买力大的顾客的定价方法。

2．因式样而异

同一产品，由于式样不同，虽成本相同，但价格可以不同。

3．因时空而异

同一产品或劳务，在不同地点、时间和交易方式下，可以有不同的价格。

（四）折扣定价策略

价格有基本价格与成交价格之分。前者是指价目表中标明的价格；后者则是只通过减少一部分价格来争取顾客的价格。

1．现金折扣

现金折扣是对按约定日期付款或提前付款的顾客给予一定的价格折扣。其目的在于鼓励顾客按期或提前支付欠款，减少企业风险，加速资金周转。折扣大小根据付款期间的利息和风险成本等因素确定。

2．数量折扣

数量折扣是根据购买数量或金额的差异给予不同的价格折扣，分为非累计数量折扣与累计数量折扣两种形式。前者是对一次购买超过规定数额给予的价格优惠，目的在于鼓励顾客建立长期稳定的关系。

3．交易折扣

交易折扣又叫功能性折扣，是企业根据中间商在市场营销中所担负的不同职能，给予不同的价格折扣。

4．季节折扣

季节折扣是指对在非消费旺季购买产品的消费者提供的价格优惠。其目的在于鼓励批发商、零售商淡季购买，减少生产的仓储费用，以利于产品均衡生产，均衡上市。

5．促销让价

促销让价是指生产企业对经销商为产品推广所进行的各种促销活动给予一定的让价作为报酬。它一般适用于新产品的投入期。

（五）心理定价策略

心理定价策略是指企业运用心理学的原理，根据消费者的购买心理来制定价格。心理定价大致可分为以下六种。

1．尾数定价

保留价格尾数，采用零头标价，如0.98元。据调查，消费者习惯上乐于接受尾数为非整数的价格。因为消费者往往从心理上认为整数价格是概率性价格，定价不准确。而非整数价格，顾客往往会认为计算准确，从而产生信任感。对日用消费品来说，采取非整数定价比整数定价更好销售。

2．整数定价

整数定价是指企业在制定产品价格时采取整数，不要零头。这种策略适用于一些高档消费品，整数价格会提高产品的“身价”。

3．声望定价

声望定价是针对消费者购买商品时求名的心理动机而采取的定价策略。如名牌商店的商品，售价可以高一些。

4．组合定价

组合定价是指对相关商品按一定的综合毛利率联合定价。对于替代商品，提高畅销品价格，降低滞销品价格；对于互补商品，降低购买频率低、需求价格弹性高的商品价格，提高购买频率高而需求价格弹性低的商品价格，会取得各种商品销售量同时增加的良好效果。

5．习惯定价

习惯定价是指按照消费者的习惯价格定价。日用消费品，由于消费者经常购买，在心中已形成了一种价格习惯。这种商品价格要力求稳定。如确需变动时，应改换品牌或包装，避开人们因习惯价格而对新价格产生抵触心理。

6．系列定价

系列定价是针对消费比较价格的心理，将同类产品的价格有意识地分档拉开，形成价格系列，使各类消费者都能在系列定价中找到自己所需的价格。

（六）随行就市的定价策略

随行就市的定价策略是依照现有的市场行情来定价的策略，主要适用于需求弹性比较小或供求基本平衡的商品。该定价策略风险较少，也容易为消费者所接受，是一种很常用的定价策略。

六、价格变动及对策

由于各种情况的变化，制定的产品价格经常需要进行调整。主要有两种情况：一是主动调价，二是应变调价。两种调整应采取不同的对策。

（一）主动调价

主动调价是指企业在生产经营过程中，由于市场环境和企业内部条件的变化，企业主动实施降价或提价。

1．主动降价

企业主动调低价格的主要原因有以下几个方面：

（1）市场竞争激烈，企业为保持或扩大市场份额。

（2）该产品供大于求，企业为扩大销售。

（3）企业的产品成本费用比竞争者低，想通过降价，提高市场占有率，扩大产品的生产和销售。

企业在主动降价时，要注意选择降价时机。美国市场学家提出了企业降价的几个原则：

（1）淡季降价比旺季降价有利。

（2）同一产品降价次数太多，会失去市场占有率。

（3）短期内降价不能阻止新品牌的进入。

（4）新品牌降价效果比旧品牌好。

（5）在销售量下降时，降价效果不理想。

企业主动降价容易提高商品销售量，但也会使平衡的市场被破坏，可能导致同行业竞争加剧，有时也会引起消费者误解。企业对降价后可能出现的问题要做好准备。

2．主动提价

企业主动提高商品的价格有以下主要原因：

（1）产品成本提高。

（2）产品供不应求。

（3）通货膨胀。

企业提高商品价格，可以增加企业效益，但容易引起消费者和经销商的反感。因此，企业提高产品价格时，要及时向消费者说明原因。

（二）应变调价

在竞争者率先调价的情况下，企业被迫采取措施变动价格，即应变条件。若有企业提价，其他企业可以跟进，也可以不跟进。但对同质市场的产品，如有企业降价，其他企业只能跟进。

异质市场的产品，企业对竞争者的价格变动，有多种选择，或保持价格不变，或修改其他市场销售策略，或价格跟进，或价格变动与竞争者相反等。采取哪种价格策略，要根据竞争者和本企业实际情况做认真的研究、分析和比较，以便决策。

1．研究竞争者的情况

（1）竞争者为什么要改变价格？

（2）竞争者改变价格是临时还是长期的？

（3）本企业对竞争者调价做出反应后，竞争者和其他企业会采取什么措施？

（4）调价的竞争者实力如何？

2. 研究本企业情况

（1）本企业的产品特征、实力。

（2）本企业跟进调价后，会产生什么效果？

（3）本企业如果不调价，结果又会如何？

经过对竞争者和本企业情况做出认真分析研究后，就要迅速做出反应。

（三）价格变动反应

1. 消费者对企业主动调价的反应

对于产品降价，消费者可能认为该产品技术落后，式样老旧，将会有新产品取代；产品销售不畅，产品供大于求；产品质量下降；企业财务存在问题，企业的生产经营难以为继等，价格还会进一步下跌。

对于产品提价，消费者可能认为此产品畅销，可能会出现供不应求；此产品质量好，价格还会涨；企业想获取更多利润。

2. 竞争者对价格变动的反应

企业在调价时，除了要考虑到消费者的反应，还要研究分析竞争对手的态度，以便采取适当的对策。

资料补充

需求弹性

需求弹性是指因价格和收入等因素而引起需求的响应变动率，一般分为需求价格弹性、需求收入弹性、需求交叉弹性。

一、需求价格弹性

需求价格弹性简称为需求弹性或价格弹性，它表示在一定时期内一种商品的需求量变动对于该商品的价格变动的反应程度。或者说，表示在一定时期内当一种商品的价格变化百分之一时所引起的该商品的需求量变化的百分比。

影响需求价格弹性的因素：

（1）相似替代品的可获得性。有相似替代品的商品需求弹性往往很大，如黄油和人造黄油就可以很轻易地替代。而代用品越多，当一种商品价格提高时，消费者就越容易转向其他商品，所以弹性就越大，反之则越小。

（2）必需品与奢侈品。产品的性质，一般而言，生活必需的需求弹性较小，奢侈品需求弹性大。

（3）市场的定义，任何一个市场的需求都取决于我们所划定的市场范围。市场小则容易找到替代品。

（4）商品用途的广泛性，如果一种商品的用途很广泛，当商品的价格提高之后消费者在各种用途上可以适当地减少需求量，从而弹性越大，反之越小。

（5）商品消费支出在消费者预算支出中所占的比重，当一种商品在消费者预算支出中占很小的部分时，消费者并不大注意其价格的变化，如买一包口香糖，你可能不大会注意价格的变动。

（6）消费者调整需求量的时间，一般而言，消费者调整需求的时间越短，需求的价格弹性越小。相反，调整时间越长，需求的价格弹性越大。例如，汽油价格上升，短期内不会影响其需求量，但长期的话，人们可能会寻找替代品，从而对需求量产生重大影响。

二、需求的收入弹性

需求的收入弹性是需求的相对变动与收入的相对变动的比值，用来表示一种商品的需求对消费者收入变动的反映程度或敏感程度。一般公式：需求收入弹性=需求变动百分比/收入变动百分比。

三、需求的交叉弹性

需求的交叉弹性是指一种商品的需求对另一种商品价格变动的反映程度或敏感程度。对于两种商品X和Y，商品X对商品Y的交叉弹性就等于商品X需求的相对变动与商品Y价格的相对变动之比。

任务四

渠道策略制定

企业仅仅生产出受顾客欢迎的产品是不能够实现其营销目标的，这是因为产品和顾客之间存在着时间、地点和所有权等多方面的差异和矛盾。产品只有通过一定的渠道，才能最终到达顾客手中。企业营销渠道的选择将直接影响到其他的营销决策，它同产品策略、价格策略、促销策略一样，也是企业是否能够成功开拓市场、实现销售及经营目标的重要手段。

案　例

金立手机：渠道红利消失之后

“曾经我们谈营销谈得最多的是‘渠道为王’，再到后面我们开始‘掌控终端’，当时的‘促销不如做促通’名句，就是要告诫企业，宁愿把钱交给渠道，也不要交给消费者，目的是换得渠道动力。”深圳市金立通信设备有限公司总裁卢伟冰曾如此感慨。

这家手机业的老牌企业，受制于曾经的领先优势，先是错失功能机向智能机转型的先机，后是在互联网模式带来的“造粉工程”、电商爆发中再次慢了半拍，如今巅峰不再。尤其以小米手机为代表的“互联网模式”（基于互联网的开发和销售）偷袭手机行业成功之后，传统手机品牌遵循的“渠道优先”的营销路径，被直接归入“传统公司的传统玩法”的行列。

纯硬件手机企业需要彻底改造，商业逻辑需要改变。这些改造中最为核心的是企业开始直面消费者。对于传统企业，互联网本质、互联网思维到底是什么？在卢伟冰看来，互联网思维就是彻底以用户为中心的思维。具体来说，包括跟用户直接沟通问题，让用户参与到生产研发过程中，企业转变成自媒体，变成直接跟用户面对面沟通的主体。事实上，小米模式成功后，业界从来不乏模仿者，其他国产品牌们也曾经发起过多次对小米的围剿，推出同价位、配置也不逊色小米的产品，但每次都是无功而返，更没有人能复制小米的辉煌。卢伟冰认为问题还是在“渠道思维”上，以为一款产品在网上便宜卖，就能够卖好，就能够打败小米。这实际上只是换了个地方打价格战而已。小米的成功，表面上看好像只是绕开了渠道实现销售，依靠性价比打动消费者，而实际上是它是实现了直接面对用户，不再局限于硬件，形成了“小米手机生态圈”。“性价比只是他在建立品牌时的一个途径，但不是唯一途径。”

金立在过去曾通过区域总代模式，覆盖了全国近5万家销售网点，600多家售后服务中心，销售渠道网络覆盖到县乡一级。这个庞大的渠道体系，为金立历经几轮手机周期而不倒，立下了汗马功劳。当企业的发力点要从“以渠道为中心”转向“以消费者为中心”，难道这个渠道体系就要退居二线了？与大多数传统企业的老总一样，卢伟冰认为传统企业依然有自己不可替代的优势。互联网模式发展到一定程度，一定要往线下走，比如售后、体验这样的功能服务，必须要靠线下门店来解决。“互联网销售模式决定了其用户分散较广，线下扩张成本巨大。”而传统企业要做到的是在互联网条件下，重新发掘线下渠道的新价值。

卢伟冰预测，随着线上“引流”成本的剧增，电商效率已经出现降低趋势；线下渠道则在竞争中不断提高战斗力。电商与传统企业会往中间靠，当两个模式的成本和效率接近时，就形成了一个平衡，“电商最终占比的极限或许是20%”。最终，消费者不会再严格界定线上还是线下，他只会选择他方便、喜欢的方式来购买你的品牌，而这要求所有品牌最终必须实现线上线下同价。

基于以上判断，为了抢先实现线上线下的互通，完成“以消费者为中心”的转型，金立急速上马了两件事：一是在全国开设直营体验店，二是把自己的官网做起来，同时将与消费者产生接触的后台全部集中起来，打造为“全服务平台”，目的是“保证消费者和公司任何一个触点接触，都能解决消费者提出的任何问题。”

“这种把后台推倒重来的内部流程改造，是一个很辛苦的过程。”卢伟冰回忆，曾有一个消费者跑到他的微博上留言说，原想到你们店里看看真机，但你们的促销员推销太热情了，搞得我都不好意思玩了。

卢伟冰立刻意识到，现实当中仍需借助线下代理商们数量庞大的促销员向消费者解释自己的优势，否则很容易陷入比拼硬件参数里，但传统门店只能实现销售功能。要想更进一步博得消费者的深层喜爱，线下还需要另一个功能：体验。

“未来你要先让消费者体验，体验了之后，他可能自由选择在网上买还是在门店买。像以前促销送礼品，礼品必须跟着货下去，还容易出问题；线上线下打通后，消费者到网上领礼品，直接快递寄到家。当然这种体验店必须直营，否则无法保证服务质量。”

这实际意味着金立对传统渠道的改造工程的开始。为此，金立将同步实施两个策略：收缩产品线、优化渠道。“在产品线上不走精品战略，你的渠道就瘦不下来，因为必须要那么多门店去卖你的货。”

以上都是卢伟冰实现O2O商业模式的开始。

事实上，O2O既可以是像金立这样的传统企业从线下向线上延伸，也可能是小米这样的互联网企业从线上向线下延伸。而且，电商向线下的拓展，往往是财力足够雄厚就能办到，而传统企业向线上的转型，还有诸多体制、文化的顽固难点要攻克，鹿死谁手，尚有一搏。

一、分销渠道的含义及功能

（一）分销渠道的含义

分销渠道是指产品从生产者转移到消费者手里所经过的通道。这种转移往往通过一定的中间环节，如中间商、代理中间商来完成。因此，分销渠道可以理解为产品从生产领域向消费领域转移过程中的所有参与者，即各种机构和个人。

（二）分销渠道的特点

1．分销渠道的整体性

商品分销渠道是由参与商品流通过程的不同企业和人员构成的整体。这里既包括生产者，也包括那些未取得产品或服务所有权的批发商和零售商，同时也包括帮助转移商品所有权的代理中间商。

2．分销渠道的利益性

商品分销渠道是商品价值与使用价值实现的载体。在商品价值与使用价值实现的过程中，不仅生产者的经济利益得到了实现，而且经销商、中间商的经济利益也得以实现。

3．分销渠道的稳定性

商品分销渠道是由不同的企业和个人构成，一经建立便具有相对的稳定性。这种稳定性可来自于某种契约或者经济利益。对企业而言，可因减少频繁更换渠道而增加的费用开支，从而提高经济效益；对经销方而言，可获得稳定的经营利润。

（三）分销渠道的职能

分销渠道作为商品从生产者转移到消费者必须的通道，具有以下职能。

1．收集与传播信息职能

分销渠道通过收集与传递商品生产和经营的各类信息，可以使自己和生产企业更好的按需生产和按需经营，可以引导和方便消费者购买，并促成新的消费需求，从而达到促销的目的。

2．桥梁与纽带

作为桥梁和纽带，分销渠道为生产者寻找、物色潜在买主，并和买主进行接洽和沟通，通过谈判、签订合同最终使得交易条件得以实现，实现商品所有权的转移。

3．实体分销职能

实体分销即储藏和运输商品，其中包括按照买主的要求对商品的分等、分类、包装、编配等一系列活动，确保商品的使用价值得以实现。

二、分销渠道的类型

（一）按商品在销售过程中是否经过中间环节来划分

以商品在销售过程中是否经过中间环节为标准的划分，可以把分销渠道划分为直接销售渠道和间接销售渠道。

1．直接销售渠道

直接销售渠道是指产品从生产者流向最终消费者的过程中不经过任何中间商转手的分销渠道。

直接销售渠道主要是分销生产资料。因为，一方面，许多生产资料要按照用户的特殊需要制造、有高度的技术性，制造商要派遣专家去指导用户安装、操作、维护设备；另一方面，用户数目较少，某些行业工厂往往集中在某些地区。

2．间接销售渠道

间接销售渠道是生产者通过若干中间环节（如批发商、零售商、经销商或代理商），把商品销售给用户。它是消费品分销途径的主要类型，包括两个环节以上的较长的渠道。这类渠道的基本特征就是在生产者与消费者之间加入了中间商的转手买卖活动。

（二）按商品在流通过程中经过流通环节或层次的多少来划分

以商品在流通过程中经过流通环节或层次的多少为标准的划分，可以把分销渠道划分为长渠道和短渠道。

1．长渠道

商品在从生产者流向最终消费者或用户的过程中，每一个对产品拥有所有权或负有推销责任的机构，称为一个环节或层次。层次越多，销售渠道越长，如生产者→批发商→零售商→消费者。

2．短渠道

短渠道是指在产品从生产者流向消费者或最终用户的过程中，所经过的环节、层次少，如生产者→消费者或用户。

（三）按商品在流通过程中同一层次所选中间商的数量来划分

以商品在流通过程中同一层次选择同一类中间商数量的多少为标准来划分，可以把分销渠道划分为宽渠道和窄渠道。

1．宽渠道

商品在从生产者流向消费者或用户的过程中，生产者通过多个中间商将产品转卖到消费者手中，这种产品的销售渠道就较宽。如海尔系列产品在各大商场同时销售，则其渠道较宽。

2．窄渠道

如果某种产品的生产企业是通过一个中间商来销售其产品，或在某地区委托一家中间商经营其产品，则该产品的分销渠道就窄，如独家代理商或独家经营。

（四）按生产企业所采用的渠道类型多少来划分

根据生产企业所采用的渠道类型的多少为标准的划分，渠道可以分为单渠道和多渠道。

1．单渠道

单渠道是指企业采用同一类型渠道分销企业产品，如全部采用自设的门市直销或全部交给批发商经销。

2．多渠道

多渠道是指企业根据不同类型或不同地区的消费者情况，选用不同类型的渠道。如生产企业可能在企业所在地采用直接渠道，在外地采用间接渠道；在有些地区独家经销，在另一些地区多家分销。

（五）渠道的发展

传统营销渠道由独立的生产者、批发商和零售商组成。每个成员都是作为一个独立的企业实体追求自己利润的最大化，即使它是以损害系统整体利益为代价也在所不惜。没有一个渠道成员对于其他成员拥有全部的或者足够的控制权。麦克康门把传统渠道描述为“高度松散的网络，其中，制造商、批发商和零售商松散地联结在一起，相互之间进行不亲密的讨价还价，对于销售条件各执己见，互不相让，所以各自为政，各行其是”。自20世纪80年代以来，渠道突破传统模式，有了新发展。现代营销渠道主要有四种形式：垂直渠道、水平渠道、多渠道、网络分销渠道。

1．垂直渠道系统

垂直渠道系统是由生产者、批发商和零售商纵向整合组成，其成员属于同一家公司，或为专卖特许权授予成员，或为有足够控制能力的企业。每个成员把自己视为分销系统中的一份子，关注整个垂直系统的成功。

2．水平渠道系统

水平渠道系统，又称为共生型营销渠道关系，它是指由两个或两个以上公司横向联合在一起，共同开发新的营销机会的分销渠道系统。其特点是两家或两家以上的公司横向联合共同形成新的机构，发挥各自优势，实现分销系统有效、快速的运行，实际上是一种横向的联合经营，目的是通过联合发挥资源的协同作用或规避风险。

3. 多渠道系统

多渠道系统，是指对同一或不同的细分市场，采用多条渠道的分销体系。（一家公司建立两条以上的渠道进行分销活动，公司的每一种渠道都可以实现一定的销售额。）

4. 网络分销系统

在如今的互联网时代，传统的分销模式已经限制了传统厂商的发展。依靠网络分销系统，企业可以进行产品的推广及品牌的宣传，节约成本，突破地域限制。网络分销跨过层层的渠道代理，直接与消费者接触，既减少了产品成本，又能及时了解市场动态，把控市场需求。主要有两种方式：一种是企业之间的交易（B2B）方式，另一种是企业与消费者之间的交易（B2C）方式。

资料补充

垂直一体化的分销渠道体系

垂直一体化分销渠道体系是指由生产企业、批发商和零售商组成的统一系统。特点是专业化管理、集中计划，销售系统中的各成员为了共同的利益目标，均采用不同程度的一体化经营或联合经营。它主要有三种形式。

（一）公司型垂直一体化分销体系

公司型垂直一体化分销体系是指一家公司拥有和统一管理若干工厂、批发机构和零售机构，控制分销渠道的若干层次、甚至整个分销渠道，综合经营生产、批发、零售等业务。

公司型垂直一体化分销体系通过产权纽带而形成公司组织内部的营销网络，克服了分散化营销网络的缺点，提高了分销的组织性和效率。主要优势有：帮助企业建立良好的品牌和企业形象；尽可能地接近目标顾客；减少分销程序和交易业务环节，提高分销效率；避开低效率的中间商；企业对渠道的控制大大加强，特别是对销售终端的掌控力增强，有利于企业实施市场战略。

这种分销体系也有不少缺陷，如通过兼并、控股或收购等方式来形成一个产权控制的公司行营销渠道，前期投资大，投资成本较高，可能带来日常经营活动的财务压力，这是其一。其二，公司型营销渠道的管理成本十分巨大，企业需要建立一个统一、完善的管理机构来管理生产、经营及开展市场营销等业务。若管理不善，不仅是成本的问题，更重要的是可能出现管理失控，导致各地销售机构各自为政，收支混乱，渠道成本和效率均受影响。第三，较大规模的公司型营销体系也有灵活性差的问题，当公司目标对象或销售形式变化时，常常难以迅速调整。

（二）管理型垂直一体化分销体系

该体系不是由一个所有者下属的相关生产部门和分销部门组织形成，是由某一家规模大、实力强的企业出面组织起来的。由这家企业对从生产到分销的几个阶段上的产品流通活动进行协调与管理。这种体系下，分销渠道中的各个组织可以有自己的经营目标和组织机构，但是其日常的全部或部分分销活动是在一个统一的分工和计划下进行协调的。名牌制造商在这种体系下，有能力从再售者那儿得到强有力的贸易合作和支持。美国的通用公司、保洁公司、克拉夫特公司等都凭着实力在商品流通的各环节起到协调和管理的作用，在有关商品展示、货柜位置、促销活动和定价政策等方面获得批发商和零售商的非同寻常的合作。

美国内陆钢铁公司用了10年时间，投资2000万美元，建立起一个在全美钢铁业中最先进的生产监控系统，解决了生产企业和分销组织之间如何确定耗资昂贵的缓冲库存的难题。由于该公司能迅速可靠地发货从而减少了产品库存的开支成本，使得该公司与发货较慢的日本制造公司相比在竞争中处于有利的地位，并抵消了生产成本一般高于日本制造公司10%的不利因素。

这种分销体系的主要优势：首先，管理型分销体系的建立可以极大地提高产品的销售量和利润，避免或降低不必要的相互竞争。其次，提高了生产与分销的计划性，实现供应链一体运动。例如，以大企业为核心，通过分工、联合、协作及结盟等方式，把上下游的企业结成一个分工与合作的网络式关系，企业间的关系由独立的以市场机制为基础的竞争关系转变为理解式的合作关系，分散无序的渠道市场竞争得到有效的组织。第三，便于控制和掌握各种证券机构的销售活动，极大地方便了生产调度和库存管理。第四，通过核心企业的统一管理和优势引导，可以提高渠道成员的竞争力和经营效益，合理安排经营资源，提高商品销售管理的效率，稳定商品的销售价格。

（三）契约型垂直一体化分销体系

这是由各自独立的企业在不同的生产和分销环节上组成的以契约为基础的一个联合体，各个企业与组织以契约形式把他们各自的经营计划有机地结合起来，以实现他们各自独立行动所不能获得的经济效益和销售效果。这种垂直一体化分销体系近些年来发展得很快，它有以下几种具体形式。

1. 特许经营组织

特许经营是近几年来发展最快的和最令人感兴趣的零售形式。主要有以下三种形式。

（1）生产商倡办的零售特许经营或代理商特许经营系统。零售特许多见于消费品行业，代理商特许多见于生产资料行业。丰田公司对经销自己产品的代理商、经销商给予买断权和卖断权，即丰田公司与某个经销商签订销售合同后，赋予经销商销售本公司产品的权利而不再与其他经销商签约，同时也规定该经销商智能销售丰田品牌的汽车，实行专卖，避免了经营相同品牌汽车的经销商为抢客户而竞相压价，以致损害公司声誉。

（2）生产商倡办的批发商特许经营系统。该系统大多出现在饮食业，如可口可乐公司与某些瓶装厂商签订合同，授予其在某一地区分装的特许权，和向零售商发运可口可乐等的特许权。

(3) 服务企业倡办的零售商特许经营系统。该系统多出现于快餐业（如肯德基快餐），汽车出租业等。

2. 批发商组织的自愿连锁系统

该系统是由批发商把独立的零售商组织起来，形成的连锁式零售网络。参与这种自愿连锁网络的零售商一般接受以批发商为主所制订的经营计划，将各自的销售活动纳入规范化、标准化的轨道，靠群体的力量来达到规模经济的效果。

3. 零售商合作组织

它是由零售商组织起来形成的一个新的商业实体。这种商业实体通过组织零售商的力量来开展批发业务与市场销售活动。在有些情况下，该种组织还能开展生产活动。合作组织的成员通过他们的联合，采取集中采购、合作广告促销及统一价格等行为来与大的零售商相竞争。例如，有些规模不大的空调经销商店和家电商店，在这类大件耐用品上的销售优势不如大型商场（如在声誉和售后服务方面），但他们通过联合扩大规模后便可与大型商场相抗衡。某市有一条街上有不少空调经销商店，但规模都很小，在声誉和售后服务等方面均不及大型商场。于是这些商店自发地联合起来组成空调一条街，统一进货，统一价格，共同设立售后服务部门，来与大型商场竞争。新的商业实体的利润一般按购买量比例进行分配，非成员零售商也可以从这种合作组织采购货物，但无权分享利润。

三、中间商的类型

中间商是指处于生产者和消费者之间、参与商品交换、促进买卖行为发生和实现的具有法人资格的经济组织或个人，包括独立批发商、零售商和代理商。其中批发商和零售商是购进商品后再转售，在分销过程中拥有产品的所有权，而代理商不购进商品，对商品不拥有所有权，只是代理委托人批发业务或寻找客户。制造商要想通过中间商建立分销网络，必须对各种商业中介组织的经营特点进行分析研究。

（一）批发商

批发商是指在商品流通过程中不直接服务于广大消费者，而是通过转卖实现商品在时间和空间上的转移的中间商。批发商处于商品流动的起点和中间阶段，交易对象是生产企业和零售商，一方面他向生产企业收购商品，一方面他又向零售商业批销商品，并且是按批发价格经营大宗商品。其业务活动结束后，商品仍处于流通领域中，并不直接服务于最终消费者。批发商是商品流动的大动脉，是关键性的环节，是连接生产企业和商业零售企业的枢纽，是沟通产需的重要桥梁，对企业改善经营管理及提高经济效益、满足市场需求、稳定市场具有重要作用。

（二）代理商

代理商不拥有商品所有权，主要功能就是促进买卖，获得销售佣金。代理商有以下几种类型。

1. 制造代理商

制造代理商是指受生产者委托，签订销货协议，在一定区域内负责代销生产企业制造的产品的中间商。生产企业按照销售额的一定比例，付给其佣金作为报酬。

2. 销售代理商

销售代理商是指受生产者委托，全权代销生产者全部产品的独立中介商。销售代理商替委托人代销全部产品，而且不限定在一定的地区内代销，在规定销售价格和其他销售条件方面有较大的权力。所以，它实际上是委托人的独家全权代理商。销售代理商也实行佣金制。

3. 代销商

代销商是指受生产者委托进行现货代销业务的中间商。生产者根据协议向代销商交付产品，代销商销售后，所得的货款扣除佣金及有关销售费用后，再支付给生产者。

4. 经纪人

经纪人是独立的企业或个人，既无商品所有权，又无现货，只为买卖双方提供价格、产品及一般市场信息，为买卖双方洽谈销售业务起媒介作用。经纪人拿着货物说明书和样品，替卖主找买主，或替买主寻找卖主，把卖主和买主联系在一起，介绍和促成卖主和买主成交。成交后由卖主把货物直接运给买主，而经纪人向委托人收取一定的佣金。

（三）零售商

零售商是指将商品直接销售给最终消费者的中间商，处于商品流通的最终阶段。零售商的基本任务是直接为最终消费者服务，它的职能包括购、销、存、加工、拆零、分包、传递信息、提供销售服务等。在地点、时间与服务方面，方便消费者购买。它又是联系生产企业、批发商与消费者的桥梁，在分销途径中具有重要作用。

国内外的零售商根据其经营特征可分为以下三种类型。

1. 零售商店

（1）百货商店。指综合各类商品品种的零售商店。其特点：商品种类齐全；客流量大；资金雄厚，人才齐全；重视商誉和企业形象；注重购物环境和商品陈列。

（2）专业商店。指专门经营某一类商品或某一类商品中的某一品牌的商店，如钟表店、眼镜店、体育用品商店、文化用品商店、妇女用品商店等。其特点：品种齐全；经营富有特色、个性；专业性强。

（3）超级市场。是以主、副食及家庭日用商品为主要经营范围，实行敞开式售货，顾客自我服务的零售商店。其特点：实行自我服务和一次性集中结算的售货方式；薄利多销，商品周转快；商品包装规格化，条码化，明码标价，并要注有商品的质量和重量。

（4）便利商店。接近居民生活区的小型商店。营业时间长，以经营方便品、应急品等周转快的商品为主，并提供优质服务。如饮料、食品、日用杂品、报刊、快递服务等。商品品种有限，价格较高，但因方便，仍受消费者欢迎。

（5）折扣商店。以低价、薄利多销的方式销售商品的商店。其特点：设在租金便宜且交通繁忙的地段；经营商品品种齐全，多为知名度高的品牌；设施投入少，尽量降低费用；实行自助式售货，提供服务很少。

（6）仓储商店。是20世纪90年代后期才在我国出现的一种折扣商店。其特点：位于郊区低租金地区；建筑物装修简单，货仓面积较大，一般不低于1万平方米；以零售的方式运作批发，又称量贩商店；通常采取会员制销售来锁定顾客。

2．无店铺零售

（1）上门推销。企业销售人员直接上门，挨门挨户逐个推销。著名的雅芳公司就是这种销售方式的典范。

（2）电话电视销售。这是一种比较新颖的无店铺零售形式。其特点是利用电话、电视作为沟通工具，向顾客传递商品信息，顾客通过电话直接订货，卖方送货上门，整个交易过程简单、迅速、方便。

（3）自动售货。利用自动售货机销售商品。第二次世界大战以来，自动售货已被大量运用在多种商品上，如糖果、报纸、饮料、化妆品等。

（4）购货服务。主要服务于学校、医院、政府机构等大单位特定用户。零售商凭购物证给该组织成员一定的价格折扣。

3．零售新业态

（1）连锁商业。指众多的、分散的、经营同类商品或服务的零售企业，在核心企业（连锁总部）的领导下，以经济利益为连接纽带，统一领导，实行集中采购和分散销售，通过规范化经营管理，实现规模经济效益的现代流通组织形式。

（2）连锁超市。是连锁商业形式和超级市场业态两者的有机结合。它是我国现代零售业主流，在发展中进一步细分和完善。如大型综合连锁超市（GMS），主要经营大众商品，其中70%是百货，30%是食品。又如仓储式会员店连锁超市，以零售方式运作批发，采用会员制。

（3）特许经营。是一种根据合同进行的商业活动，体现互利合作关系。一般是由特许授予人（简称特许人）按照合同要求，约束条件给予被授予人（简称受许人，也称加盟者）的一种权利，允许受许人使用特许人已开发出的企业象征（如商标、商号）和经营技术、诀窍及其他工业产权。

（4）商业街。由经营同类的或异类的商品的多家独立零售商店集合在一个地区，形成的零售商店集中区，也有集购物、休闲、娱乐综合功能的商业街。

（5）购物中心。由零售商店及其相应设施组成的商店群体，作为一个整体进行开发和管理，通常包括一个或多个大的核心商店，并有许多小的商店环绕其中，有庞大的停车场设施，顾客购物来去方便。购物中心占地面积大，一般在十几万平方米。其主要特征是容纳了众多各种类型的商店，功能齐全，是一种超巨型的商业零售模式。

案　例

丹麦儿童家具进入中国市场策略

丹麦FLEXA家具公司成立于1972年，作为一家欧洲著名的家具企业，FLEXA从事游乐性儿童家具设计和生产已有30年的历史了。公司一直致力于开发从婴儿直至少年所需的高品质的儿童家具及家居用品。其品牌芙莱莎是欧洲著名的儿童家具之一。

芙莱莎在欧洲的发展已非常成熟，品牌形象深入人心，其每年在全球的销售量为5亿人民币，其中大部分的销售来自于欧洲。但欧洲市场竞争激烈，市场已很平稳，每年都少有大的增长。从发展的需要出发，公司急需开发新的市场，将生意进一步做大。

1999年，公司注意到了迅猛发展的中国市场。中国占有世界人口的21%，没有哪个公司能忽略如此巨大的潜力市场。FLEXA做出了最终的决定，进入中国市场。这时，它又面临着像其他众多国外高档商品一样的决策难题：应该通过怎样的渠道才能迅速打开这个庞大的市场呢？公司在欧洲采取的是一种特许经营方式，经过多年的操作，已取得很成熟的经验，那么，在中国，是否可以复制这一模式呢？

经过研究，公司发现在中国，特许经营的环境已日趋成熟。不少国际知名企业纷纷构建特许经营体系，特许经营成为许多企业和创业者迅速发财的“梦想”。但是，稳定可靠的特许经营机会并不多，许多特许经营机构和体系是未经证明和认可的，它的价值是值得怀疑的，每年都有几千受许人不幸失败。因此，越来越多的投资者开始学会理性看待和选择特许经营。这对于有着完善经营体系的FLEXA公司来说是个好机会。

第一，寻找加盟商。FLEXA通过参加最具影响力的上海中国国际家具展览会、广东家具展览会，以在展会上搭建展示厅的形式来向中国家具业内人士介绍自己，并选择符合自己条件的加盟商。正如事先所预料的那样，有不少家具商在寻找好的品牌经销，他们也很看好儿童家具未来的发展机会，这为芙莱莎选择好的加盟商提供了大的空间。每个城市只发展一家，也给家具商的经营提供了强大的保护与鼓励，使他们能够放手投入以取得更大的回报。为了扩大招商力度，FLEXA还在《时尚家具》杂志上连续刊登招商广告。不到2年的时间，FLEXA便成功构建了遍及全国的连锁体系。

第二，为了保证品牌的高端形象，公司要求加盟商以开设专卖店的方式营销。专卖店可以是独立店面，也可以是店中店，即在家具城中租一个合适的独立的店面。对店铺的装修，由公司统一设计，加盟商实施装修。店内的样品安装摆放，也由公司派专业人员摆场及培训。店内的销售人员，也一定要经过公司的专业培训，对产品特性，销售理念，销售技巧有很好的理解才能工作。店内的一切陈列都要符合芙莱莎的统一标准。店标及店内所有标识都要符合芙莱莎的统一要求。专卖店内还配有电脑，可用来为消费者设计房间。每家店铺都有专门的服务人员为客户送货上门及安装。每家店面，公司还准备了非常精美的产品手册发给顾客。这一切保证了在消费者眼中，芙莱莎是市场的领导者形象。

第三，公司对加盟商提供经营上的良好支持，首先是合理的定价策略，保证了加盟商的利润。其次，在中国设立了分公司，准备了较为合理的库存量，使得加盟商在做生意时，不用为订货发愁，也可以零库存运作，不用担心资金积压。各连锁店在生意开始不久就有了利润，他们的信心更足了，也更加加大了投入。

FLEXA成功地进入策略使公司在中国的业务开展得非常顺利，在进入市场两年后就在中国的30个城市有了40家专卖店。目前芙莱莎已经成为中国儿童家具市场一个高端的品牌，并向更多的城市扩展。

四、影响分销渠道的因素

（一）市场因素

1．购买批量的大小

购买批量大，多采用直接销售；购买批量小，除通过自设门市部出售外，多采用间接销售。

2．消费者的分布

某些商品消费地区分布比较集中，适合直接销售。反之，适合间接销售。工业品销售中，本地用户产需联系方便，因而适合直接销售。外地用户较为分散，通过间接销售较为合适。

3．顾客的数量

若消费者的需求多，市场范围大，需要中间商提供服务来满足消费者的需求，宜选择间接分销渠道。若消费者需求少，市场范围小，生产企业可直接销售。

4. 消费者的购买习惯

有的消费者喜欢到企业开设的商店买商品，有的消费者喜欢到大型商店买商品。所以，生产企业应既有直接销售，也有间接销售，满足不同消费者的需求，以增加产品的销售量。

（二）产品因素

1. 产品单价

一般来说，产品单价低，其分销渠道就长、宽、多；反之，分销渠道就短、窄、少。因为产品的单价低、毛利少，必须大批量销售方能盈利。一些大众化的日用消费品，通常都经过一个以上的中间商：由批发商销售给零售商，再由零售商销售给消费者。单价高的产品，一般采用短渠道。

2. 时尚性

对时尚性较强的产品，消费者的需求容易变化，要尽量选择短的分销渠道，以免错过市场时机。

3. 体积和重量

体积和重量大的产品，装卸和搬运困难，除运费用高，应选择较短而窄的分销渠道，最好采用直销形式；反之，可以选择较长而宽的分销渠道，利用中间商推销。

4. 易损易腐性

如果产品容易腐烂变质，或者容易破损，尽量采用短渠道，保证产品使用价值，减少商品损耗。

5. 技术性

一般来说，技术性能比较高的产品，需要经常的或特殊的技术服务，生产者常常直接出售给最终用户，或者选择有能力提供较好服务的中间商经营，分销渠道通常是短而窄的。

6. 产品市场寿命周期

新产品试销时，许多中间商不愿经销或者不能提供相应的服务，生产企业应选择短而窄的分销渠道，或采用代销策略，以探索市场需求，尽快打开新产品的销售。当新产品进入成长期和成熟期后，随着产品销量的增加，市场范围的扩大，竞争的加剧，分销渠道则变为长、宽的分销渠道，此时，采用经销策略比代销更为有利。产品衰退期，通常采用缩减分销渠道的策略以减少损失。

（三）生产企业本身的因素

1. 资金能力

企业本身资金雄厚，则可自由选择分销渠道，建立自己的销售网点，采用产销合一的经营方式，也可以选择间接分销渠道。企业资金薄弱则必须依赖中间商进行销售和提供服务，因而只能选择间接分销渠道。

2. 销售能力

生产企业在销售力量、储存能力和销售经验等方面具备较好的条件，则应选择直接分销渠道。反之，则必须借助中间商，选择间接分销渠道。另外，企业如能和中间商进行良好的合作，或对中间商能进行有效的控制，则可选择间接分销渠道。如果中间商不能很好地合作或不可靠，将影响产品的市场开拓和经济效益，则不如进行直接销售。

3. 可能提供的服务水平

中间商通常希望生产企业能尽可能多的提供广告、展览、修理、培训等服务项目，为销售产品创造条件。若生产企业无意或无力满足这方面的要求，就难以达成协议，迫使生产企业只能自行销售。反之，提供的服务水平高，中间商乐于销售该产品，生产企业则可选择间接分销渠道。

（四）政策因素

政府有关法规，如专卖制度、反垄断法、进出口规定、税法等都会影响企业对分销渠道的选择。例如，对于实行专卖制度的烟、酒商品，企业就应当依法选择分销渠道。

（五）中间商因素

中间商的实力以及在诸如广告、运输、储存、信用、训练人员、送货频率等方面具有不同的特点，也会影响生产企业对分销渠道的选择。面对不同的中间商，企业一般可采取密集分销、选择分销、独家分销三种策略。

1. 密集分销策略

它是指生产商广泛利用大量的中间商经营自己的产品，也叫作“广泛分销策略”。在密集分销中，凡是符合生产商最低信用标准的渠道成员都可以参与其产品或服务的分销。密集分销意味着渠道成员之间的激烈竞争和很高的产品市场覆盖率。密集式分销最适用于便利品。它通过最大限度地便利消费者而推动销售额的提升。采用这种策略有利于广泛占领市场，方便购买，及时销售产品。其不足之处在于，在密集分销中能够提供服务的经销商数目总是有限的。生产商有时得对经销商的培训、分销支持系统、交易沟通网络等进行评价，以便及时发现其中的障碍。而在某一市场区域内，经销商之间的竞争会造成销售努力的浪费。由于密集分销加剧了经销商事件的竞争，他们对生产商的忠诚度便降低了，价格竞争更加激烈了。

2．选择分销策略

该策略是指生产企业在特定的市场选择一部分中间商来推销本企业的产品。采用这种策略，生产企业不必花太多的精力联系为数众多的中间商，而且便于与中间商建立良好的合作关系，还可以使生产企业的产品获得适当的市场覆盖面。与密集分销策略相比，采用这种策略具有较强的控制力，成本比较低。

3．独家分销策略

该策略是指生产企业在一定地区、一定时间内只选择一家中间商销售自己的产品。独家分销的特点是竞争程度低。一般情况下，只有当公司想要与中间商建立长久而密切的关系时，才会使用独家分销。因此它比其他任何形式的分销更需要企业与经销商之间更多的联合与合作，企业与经销商之间的关系是相互依存的。它比较适用于服务要求较高的专业产品。

独家分销使经销商们得到庇护，即避免了与其他竞争对手作战的风险。独家分销还可以使经销商无所顾忌的增加销售开支和人员以扩大自己的业务，不必担心生产企业会另谋高就。而且采用这种策略，生产商能对中间商的销售价格、促销活动、信用和各种服务方面有较强的控制力，而独家经销商的积极性也很高。

独家分销的不足之处主要是由于缺乏竞争会导致经销商力量减弱，而且对顾客来说，独家分销可能使他们在购买地点的选择上感到不方便。独家分销会使经销商们认为他们可以支配顾客，因为在市场中他们占据垄断性位置。采用独家分销，通常双方要签订协议，在一定的地区、时间内，规定经销商不得再经销其他竞争者的产品；生产商也不得再找其他中间商经销该产品。

五、分销渠道的设计与管理

（一）分销渠道的设计

一般来讲，要想设计一个有效的分销渠道系统，必须经过确定渠道目标、设计各主要渠道交替方案、评估选择分销方案等步骤。

1．确定渠道目标

所谓渠道目标，是指企业预期达到的顾客服务水平以及中间商应执行的职能等。渠道设计问题的中心环节，是确定到达目标市场的最佳途径。每一个生产者都必须在顾客、产品、中间商、竞争者、企业政策和环境等所形成的限制条件下，确定其渠道目标。

2．设计各主要渠道交替方案

在确定了渠道的目标与限制之后，渠道设计的下一步工作就是明确各主要渠道的交替方案。渠道的主要交替方案主要涉及以下四个基本因素：中间上的基本类型、每一分销层次所使用的中间商的数目、各中间商的特定市场营销任务、生产者和中间商的交易条件以及相互责任等。

3．评估、选择分销方案

分销渠道方案确定后，生产厂家就要根据各种备选方案，进行评价，找出最优的渠道路线。渠道评估的标准通常有经济性、可控性和适应性三个。其中最重要的是经济性标准。

（1）经济性标准。主要是比较每个方案可能达到的销售额及费用水平，即比较由本企业推销人直接推销与使用销售代理商哪种方式销售额更高，或者比较由本企业设立销售网点直接销售所花费用与使用销售代理商所花费用，看哪种方式支出的费用大。企业对上述情况进行权衡，从中选择最佳分销方案。

（2）可控性标准。一般来说，采用中间商可控性小些，企业直接销售可控性较大。分销渠道长，控制难度大；渠道短，控制较容易些。企业必须进行全面地比较、权衡，选择最优方案。

（3）适应性标准。如果生产企业同所选择的中间商的合约时间长，而在此期间，其他销售方法（如直接邮购）更有效，但生产企业不能随便解除合同。这样企业选择分销渠道便缺乏灵活性。因此生产企业必须考虑选择策略的灵活性，不签订时间过长的合约，除非在经济性或控制性方面具有十分优越的条件。

企业在选择渠道方案后，必须对分销渠道进行管理与控制，即对中间商加以选择和评估，并根据条件的变化对渠道进行调整。

（二）分销渠道的管理

1．控制出发点

不应仅从生产者自己的观点出发，而要站在中间商的立场上纵观全局。通常生产者抱怨中间商：不重视某些特定品牌的销售；缺乏产品知识；不认真使用生产厂商的广告资料；不能准确地保存销售记录。

但从中间商角度，认为自己不是厂商雇佣的分销链条中的一环，而是独立机构，可以自定政策不受他人干涉；他卖的起劲的产品都是顾客愿意买的，不一定是生产者叫他卖的。也就是说，中间商的第一项职能是顾客购买代理商，第二项职能才是生产商的销售代理商。生产商若不给中间商特别奖励，中间商不会保存销售各种品牌产品的记录。所以，要求生产商要考虑中间商的利益，通过协调进行有效的控制。

例如，付给经销商25%的销售佣金，可按下列标准分配：保持适当存货水平（以防断档），付给5%；如能达到销售指标，再付5%；如能为顾客服务（安装维修），再付5%；如能及时汇报最终顾客购买的满足情况，再付5%；如能对应收账款进行有效管理，再付5%。

2．选择渠道成员

生产者必须了解中间商的优劣特性。一般来说，生产者要评估中间商经营时间的长短及其成长记录、清偿能力、合作态度、声望等。当中间商是销售代理商时，生产者还必须评估其经销的其他产品大类的数量与性质、推销人员的素质与数量。当中间商打算授予某家百货公司独家分销权时，生产者尚需评估该百货公司的位置、未来的发展潜力及经常光顾的顾客类型。

3．激励渠道成员

激励渠道成员，使其出色地完成销售任务。要激励渠道成员，必须先了解中间商的需要与愿望，同时要处理好与渠道成员以下三个方面的关系。

（1）合作。生产企业应当得到中间商的合作。为此，需采用积极的激励手段，如给予较高利润、特殊照顾及给予促销津贴等。同时应采用消极的制裁办法，诸如扬言要减少利润，或推迟交货，或终止关系等。但这种方法的负面影响要加以重视。

（2）合伙。生产者与中间商在销售区域、产品供应、市场开发、财务要求、市场信息、技术指导、售后服务等方面彼此合作。生产者可按中间商遵守合同的程度给予奖励。

（3）经销规划。将生产者与中间商的需要结合起来，在企业营销部门内设一个分销规划部，同分销商共同规划营销目标、存货水平、场地及形象化管理计划、人员推销、广告及促销计划等。

4．调整渠道成员

在分销渠道管理中，需要根据每个中间商的具体表现、市场变化和企业营销目标的改变，对分销渠道进行调整。调整的方式主要有以下三种。

（1）增减分销渠道中的中间商。经过考核，对推销不积极或经营管理不善，难以与之合作的中间商以及给企业造成困难的中间商，企业在必要时可与其中断合作关系。企业为了开拓某一新市场，需要在该地区物色中间商，经过调查分析和洽谈协商，在符合企业对中间商的要求和中间商愿意合作的基础上，可以选定其作为企业在该地区的经销商或代理商。

（2）增减某一种分销渠道。如果某种分销渠道出售本企业的某种产品，其销售额一直不够理想，企业可以考虑在全部目标市场或某个区域内撤销这种渠道类型，而另外增设其他的渠道类型。企业为满足消费者的需求变化而开发新产品，若利用原有渠道难以迅速打开销路和提高竞争能力，则可增加新的分销渠道，以实现企业营销目标。

（3）调整整个分销渠道。有时由于市场情况变化太大，企业对原有渠道进行部分调整已难以实现企业的要求和适应市场情况的变化，必须对企业的分销渠道进行全面的调整。

资料补充

直销与传销的区别

直销，按世界直销联盟的定义，直销指以面对面且非定点之方式，销售商品和服务，直销者绕过传统批发商或零售通路，直接从顾客接收订单。直销是指直销企业招募直销员，由直销员在固定营业场所之外直接向最终消费者（以下简称“消费者”）推销产品的经销方式。

传销，指组织者或者经营者发展人员，通过对被发展人员以及直接或者间接发展的人员数量或者销售业绩为依据计算和给付报酬，或者要求被发展人员以交纳一定费用为条件取得加入资格等方式牟取非法利益，传销行为扰乱经济秩序，影响社会稳定的行为。

区别一：有无入门费

区别二：有无依托优质产品

这也是非法传销公司和直销企业的一个根本区别，非法传销公司往往依托的产品是无价值但价格高的产品，一套只值几十块钱的化妆品可以标价为几百甚至上千元。而规范直销企业的产品标价则物有所值。

区别三：产品是否流通

非法传销企业不过是个“聚众融资”的游戏，高额的入门费加上无法在市场中流通的低质高价产品，不会维持太长时间。他们的销售方式是让入门的所有销售代表都要认购产品，但这些产品不在市场上流通，只作为拉进下一个销售人员的样本或者宣传品。最后的局面是所有销售人员人手一份，产品根本没有在市场中流通或者销售。并且这些非法传销公司的组织者的收益主要也来自参加者缴纳的入门费或认购商品等方式变相缴纳的费用，因为产品不流通，组织者多半利用后参加者所缴付的部分费用支付先参加者的报酬维持运作。

直销企业则完全相反，一方面企业产品要求质量好，另一方面，产品在市场上的销售也比较好。对于直销企业而言，产品优良与否是决定产品销量的根本原因，因为产品的流通渠道是由生产厂家通过营销代表到顾客手中的，中间没有其他环节，并且少有广告。

区别四：有无退货保障制度

据了解，非法传销公司的产品一旦销售就无法退换，或者想方设法给退货顾客设置障碍。

这一点与直销企业中完全不同。凡是正规的直销企业都会为顾客提供完善的购货保障。比如给一般顾客承诺在购货后7天内退回仍具有销售价值的产品，可获100%现金退款。对于优质顾客，有的直销企业还承诺在购货10天内可退回曾经使用或不具销售价值的产品（剩余量至少达一半），可获得50%现金退款或50%等值购货额。

区别五：销售人员结构有无超越性

以拉人头来实现获取收益的非法传销公司，在销售人员的结构上往往呈现为“金字塔”式，这样的销售结构导致谁先进来谁在上，同时先参加者从发展下线成员所缴纳的入门费中获取收益，且收益数额由其加入的先后顺序决定，其后果是先加入者永远领先于后来者。

这种不可超越性在直销公司就不存在，在直销企业中无论参与者加入先后，在收益上表现为“多劳多得”。

区别六：有无店铺经营

我国经历了1998年全面整顿金字塔式传销后，很多外来直销企业纷纷转型。从那时起，“店铺雇佣推销员”的模式就成了规范直销企业的主要销售模式。这种特殊的直销经营方式，让推销员归属到店，这样不仅与公司关系直接而且还便于管理。

非法传销企业往往停留在发展人员、组织网络从事无店铺的经营活动。直至今天，有无店铺仍然是我国市场上区分非法传销和直销的一个直观区别。

任务五 促销策略制定

促销策略是市场营销组合策略的重要组成部分。现代市场营销不仅要求企业开发适销对路的产品，制定富有竞争力的价格，建立便捷的销售渠道，还要求企业采取强有力的促销手段，将产品的信息全面传递给顾客，努力塑造企业和产品在市场上的形象。

一、促销与促销组合

（一）促销的定义与作用

促销就是营销者向消费者传递有关本企业及产品的各种信息，说服或吸引消费者购买其产品，以达到扩大销售量的目的。促销实质上是一种沟通活动，即营销者（信息提供者或发送者）发出作为刺激消费的各种信息，把信息传递到一个或更多的目标对象（即信息接受者，如听众、观众、读者、消费者或用户等），以影响其态度和行为。

促销的作用主要包括以下四个方面。

1．传递信息，提供情报

一方面，企业将企业现状、产品特点、价格、服务等信息传递给消费者，从而引起消费者注意，激发购买欲望，促进购买；另一方面，消费者向企业反馈对产品的意见和看法，企业能够及时发现产品存在的问题并及时加以改进。

2．突出特点，诱导需求

在现代市场经济条件下，产品越来越趋于同质化，消费者很难察觉其差异。通过促销活动，企业着力宣传产品的独特属性和特点，可以强化产品在消费者心中的认识，激发消费需求。

3．指导消费，扩大销售

由于对产品信息了解不足，许多消费者要么盲目购买，要么推迟购买。通过促销人员向消费者介绍，一定程度上对消费者起到了教育指导的作用，促使消费者做出购买决策，变潜在需求为现实需求，扩大了产品销售。

4．形成偏爱，稳定销售

在激烈的市场竞争中，现代企业产品的市场地位尚不稳定，致使有些现代企业的产品销售此起彼伏，波动较大。现代企业运用适当的促销方式，开展促销活动，可使较多的消费者对于本企业的产品滋生偏爱，进而稳住已占领的市场，达到稳定销售的目的。对于消费者偏爱的品牌，即使该类产品需求下降，也可以通过一定的形式的促销活动，促使对该品牌的需求得到一定程度的恢复和提高。

（二）促销组合及其影响因素

促销组合是指企业有计划、有目的地把人员推销、广告、公共关系、营销推广等促销方式进行适当配合和综合运用，以形成一个完整系统的促销策略。

确定促销组合策略，主要应考虑以下五个因素。

1．促销目标

它是现代企业从事促销活动所要达到的目的。在现代企业营销的不同阶段，为了适应市场营销活动的不断变化要求有不同的促销目标。无目标的促销活动收不到理想的效果。因此，现代企业促销组合策略的制定，要符合现代企业的促销目标，根据不同的促销目标，采用不同的促销组合策略。

2．产品的性质

不同性质的产品，消费者状况及购买要求不同，因采取的促销组合策略也应有所不同。一般来说，购买频率高、价格低的日用消耗品，如洗衣粉、饮料等，应主要采取广告的方式；而购买频率低、价格高的工业品，则应主要采取人员推销的方式。公共关系适合于立足长远的促销目标，营业推广则更多地用短期提升销售目标。

3．产品的市场生命周期

促销目标在产品市场生命周期的不同阶段是不同的，这决定了在市场生命周期各阶段要相应选配不同的产品促销组合，采用不同的产品促销策略。

在投入期，促销目标主要是宣传介绍产品，以便顾客了解、认识产品，产生购买欲望，广告可起到向消费者、中间商宣传介绍产品的功效，因此，这一阶段以广告为主要促销形式，以营业推广和人员推销为辅助形式。

在成长期，由于产品打开了销路，销量上升，同时也出现了竞争者，这时仍需加强广告宣传，但要注重宣传企业产品特色，以增进顾客对本企业产品的购买兴趣，若能辅之以公关手段，会收到相得益彰之佳效。

在成熟期，竞争者增多，促销活动以增进购买兴趣与偏爱为目标，广告的作用在于强调本产品与其他同类产品的细微差别，同时，要配合运用适当的营业推广方式。

在衰退期，由于更新换代产品和新发明产品的出现，使原有产品的销量大幅度下降。为减少损失，促销费用不宜过大，促销活动宜针对老顾客，采用提示性广告，并辅之适当的营业推广和公关手段。

4．市场的特点

①从市场地理范围大小来看，若促销对象是小规模的本地市场，应以人员促销为主；而对广泛的全国甚至世界市场进行促销，则多采用广告形式。

②从市场类型来看，消费者市场因消费者多而分散，多数靠广告等非人员推销形式；而对用户较少、批量购买、成交额较大的生产者市场，则主要采用人员推销形式。

③在有竞争者的市场条件下，制定促销组合策略还应考虑竞争者的促销形式和策略，要有针对性地不断变换自己的促销组合策略。

5．促销预算

现代企业开展促销活动，必然要支付一定的费用。费用是现代企业经营十分关心的问题，并且现代企业能够用于促销活动的费用总是有限的。因此，在满足促销目标的前提下，要做到效果好而费用省。促销预算因不同的竞争格局、企业和产品而有所不同。促销预算往往采取按营业额确定一个比例的方法，或者采取针对竞争者预算来确定预算额度的方法。不同的预算额度，从根本上决定了企业可以选择的促销方式。

案 例

促销新方式

联合促销是指两个以上的企业或品牌合作开展促销活动。这种做法的最大好处是可以使联合体内的成员以较少的费用获得较大的促销效果，联合促销有时能达到单独促销无法达到的目的。

日本工商大臣小林一山，曾在一家百货公司担任总经理。他让秘书到全市调查并亲自品尝，看哪家饭馆的咖喱饭味道最好，然后他把饭馆老板请来，商量在百货公司选一处地方卖咖喱饭，价格比市场上低四成，这四成由百货公司负责给饭馆老板补上，饭馆老板欣然同意。全市味道最好的咖喱饭，又比别处便宜四成，结果引来了大量顾客。顾客吃完饭就要逛商场，逛商场就要买东西，一年下来商场营销额比上一年增加了5倍，饭馆营业额增加了十几倍。由此可见，联合促销只要运用得当，不但对双方都有利，有时还可以获得单独促销无法达到的效果。

二、人员推销

（一）人员推销的概念

人员推销是指现代企业运用推销人员直接向顾客推销产品的一种促销活动。在人员推销活动中，推销人员、推销对象和推销品是三个基本要素。其中前两者是推销活动的主体，后者是推销活动的客体。通过推销人员与推销对象之间的接触、洽谈，将推销品推给推销对象，从而达成交易，实现既销售产品，又满足顾客需求的目的。

案 例

乔·吉拉德的销售秘诀

乔·吉拉德，因售出13000多辆汽车创造了商品销售的历史最高记录而被载入吉尼斯大全，曾经连续15年被评为世界上售出新汽车最多的人。然而，乔·吉拉德35岁以前，还是个全盘的失败者，不仅患有相当严重的口吃，甚至还当过小偷，开过赌场。那么乔·吉拉德取得辉煌销售业绩的秘诀是什么呢？

一、“250”定律：不得罪一个顾客

在每位顾客的背后，都大约站着250个人，这些是与他关系比较亲近的人：同事、邻居，亲戚、朋友。如果一个推销员在年初的某一个星期里见到50个人，其中只要有两个顾客对他的态度感到不愉快，到了年底，由于连锁影响就可能有5000个人不愿意和这个推销员打交道。

这就是乔·吉拉德的“250”定律。由此，乔得出结论，在任何情况下，都不要得罪哪怕是一个顾客。

在乔的推销生涯中，他每天都将“250”定律牢记在心，抱着生意至上的态度，时刻控制着自己的情绪，不因顾客的刁难，或是不喜欢对方，或是自己心情不佳等原因而怠慢顾客。

二、名片满天飞：向每一个人推销

每一个人都使用名片，但乔的做法与众不同。他到处递送名片，在餐馆就餐付账时，他要把名片夹在账单中，在运动场上，他把名片大把大把地抛向空中漫天飞舞，就像雪花一样飘散在运动场的每一个角落。当人们买汽车时，自然会想起那个抛散名片的推销员，想起名片上的名字：乔·吉拉德。

乔认为，每一位推销员都应设法让更多的人知道他是干什么的，销售的是什么商品。这样，当他们需要他的商品时，就会想到他。

三、建立顾客档案：更多地了解顾客

乔中肯地指出：如果你想要把东西卖给某人，你就应该尽自己的力量去收集他与你生意有关的情报。乔认为，推销员应该像一台机器，具有录音机和电脑的功能，在和顾客交往过程中，将顾客所说的有用情况都记录下来，从中把握一些有价值的材料。乔说：“在建立自己的卡片档案时，你要记下有关顾客和潜在顾客的所有资料，他们的孩子、嗜好、学历、职务、成就、旅行过的地方、年龄、文化背景及其他任何与他们有关的事情。所有这些资料都可以帮助你接近顾客，有效地跟顾客讨论问题，谈论他们自己感兴趣的话题。”

四、“猎犬”计划：让顾客帮助你寻找顾客

乔的名言：“买过我汽车的顾客都会帮我推销”，他的很多生意都是由“猎犬”（那些会介绍别人到乔那里买东西的顾客）帮助的结果。在生意成交之后，乔总是把一叠名片和“猎犬”计划的说明书交给顾客。告诉顾客，介绍别人来买车，每辆车会得到25美元的酬劳。如果乔发现顾客是一位领导人物，那么他会更加努力地促成交易并设法让其成为“猎犬”。

五、推销产品的味道：让产品吸引顾客

每一种产品都有自己的味道，乔·吉拉德特别善于推销产品的味道。他认为，人们都喜欢自己来尝试、接触、操作，因此不论你推销的是什么，都要想方设法地展示你的商品。根据他的经验，凡是坐进驾驶室把车开上一段距离的顾客，没有不买他的车的。

六、诚实：推销的最佳策略

推销过程中有时需要说实话，但诚实要有尺度；推销容许谎言，这就是推销中的“善意、谎言”原则。

乔善于把握诚实与奉承的关系。尽管顾客知道乔所说的不尽是真话，但他们还是喜欢听人赞美自己，这可以使气氛变得更愉快，推销更容易成交。

七、每月一卡：真正的销售始于售后

乔有一句名言：“我相信推销活动真正的开始在成交之后，而不是之前。”推销是一个连续的过程，成交既是本次推销活动的结束，又是下次推销活动的开始。推销员在成交之后继续关心顾客，将会既赢得老顾客，又能吸引新顾客，使生意越做越大，客户越来越多。

乔每月要给他的1万多名顾客分别寄去一张贺卡。一月份是祝贺新年，二月份是纪念华盛顿诞辰日，……凡是在乔那里买了汽车的人，都收到了乔的贺卡，也就记住了乔。

案例点评：

销售是需要智慧和策略的事业。在每位推销员的背后，都有自己独特的成功诀窍。乔的推销业绩如此辉煌的四个最重要的成功关键要素是：虚心学习、努力执着、注重服务与真诚分享。

“成交之后仍要继续推销”，这种观念使得乔把成交看作是推销的开始。乔在和自己的顾客成交之后，仍要保持与顾客良好的关系并逐渐培养顾客忠诚。

销售是充满艰辛与挑战的工作，要成为一名优秀的销售人员，不仅要具备一定的业务素质、身体素质，在与顾客面对面的沟通中，也要有较好的观察、应变、组织协调、语言表达和沟通能力。

（二）人员推销的优缺点

1. 人员推销的优点

人员推销的优点主要表现为：

（1）信息沟通的双向性。在人员推销过程中，由于推销人员直接与目标客户接触，一方面可以向顾客宣传介绍企业产品的质量、特色、价格、服务等相关信息，另一方面可以从顾客那里获得所需信息（包括顾客对此产品的意见、要求），这些信息可以为企业改进产品提供依据。

（2）推销目的的双重性。人员推销的首要目的是向目标市场推销企业的产品，引发顾客欲望，促成顾客购买。同时，推销人员还肩负一项任务，即在推销过程中进行市场调研，观察顾客反应，倾听顾客意见，了解顾客评价，掌握竞争产品信息，把握行业市场走向。推销人员应将这些信息提交给企业，为企业调整营销策略提供依据。

（3）推销过程的灵活性。由于推销人员直接与顾客接触，可以根据不同顾客、不同情景做出有针对性的推销安排，同时，也能及时回应不同顾客的要求，答复顾客的不同疑问，而不是像广告那样千篇一律。

（4）合作资源的长期性。人员推销是在推销人员直接与顾客接触的过程中进行的，随着双方合作关系的加深，在密切业务联系的同时，双方会逐步建立良好的个人友谊，这种个人关系是推销人员也是企业重要的社会资源，对于企业建立忠诚顾客群体有重要作用。

2. 人员推销的缺点

人员推销的缺点主要表现在两个方面。

（1）支出较大，成本较高。由于每个推销人员直接接触的顾客有限，销售面窄，特别是在市场范围较大的情况下，人员推销的开支较多，这就增大了产品销售成本，一定程度地减弱产品的竞争力。

（2）对推销人员的要求较高。人员推销的效果直接决定于推销人员素质的高低，并且随着科学技术的发展，新产品层出不穷，对推销人员的素质要求越来越高。因此，要求推销人员必须熟悉新产品的特点、功能等知识。要培养和选拔出理想的胜任职位的推销人员比较困难，而且耗费也大。

总之，当销售者与潜在购买者面对面的接触十分重要时，当需要按照潜在购买者的需求调整产品时，当产品处于生命周期的成熟或衰退阶段时，或者当现代企业采取“推”的策略时，通过人员销售是非常重要的，甚至是必要的。

（三）人员推销的形式和对象

1. 人员推销的形式

（1）上门推销。上门推销是最常见的人员推销形式，由推销人员携带产品的样品、说明书和订单等走访顾客，推销产品。这是一种积极主动的推销形式，既可以针对顾客的需要提供有效的服务，又可以方便顾客。但是在安全管制和安全意识越来越强的今天，上门推销也要注重艺术性，否则会受到客户的抵制。

（2）门市推销。门市推销是指企业在适当地点设置固定门市，由营业员接待顾客，推销产品。门市的营业员是广义的推销人员。门市推销与上门推销相反，是一种等客上门的推销方式。由于门市里的产品种类齐全，能满足顾客多方面的购买要求，可以保证商品安全无损，因此这种推销方式容易被顾客接受。

（3）会议推销。会议推销是指企业利用各种展会向与会人员宣传和介绍产品，开展推销活动。如在订货会、展销会、交易会等会议上推销产品均属于会议推销。这种推销形式的目标顾客集中，可以同时向多个推销对象推销产品，成交额较大，推销效果较好，是近年来发展较快且备受青睐的一种形式。

2. 人员推销的对象

推销对象是人员推销活动中接受推销的主体，是推销人员说服的对象。推销对象有消费者个人和组织用户两类。

（1）消费者个人。消费者个人是最终消费者。面向此类对象推销，需要了解不同消费者的消费心理、消费习惯、个人特性、购买力水平等，需对不同顾客采用不同的推销技巧。

（2）组织用户。组织用户又可以分为生产用户和中间商用户。组织用户的采购多为专家型理智购买，面向此类对象，推销人员需要了解不同生产用户的生产规模、产品地位、企业战略、资金状况、采购政策、具体采购人员的个人特性等，不同中间商用户的类型、经营规模、业务特点、目标定位、信用状况、采购政策等，并使用相应的推销技巧。

（四）销售人员管理

1. 销售人员的招聘

人员销售管理成功的关键是招聘并选拔优秀的销售人员。一名普通的销售人员和一名优秀的销售人员在业绩上有天壤之别。在典型的销售团队中，前30%的销售人员能够带来60%的销售额。在招聘销售人员时，企业应该好好分析一下销售工作本身，并且分析在该领域成功的销售人员所具备的特征，从而识别哪些特质是这个行业中成功的销售人员所必备的，然后按相关特征招聘合适的销售人员。人力资源部门可通过现有销售人员推荐、使用招聘机构代理、发布招聘公告以及校园招聘等途径招聘销售人员，企业还可以从其他公司挖掘优秀的销售人员。招聘工作会吸引很多求职者，企业应从中选择最好的，通过面试、笔试等多种方式选拔合适的销售人员。

2. 销售人员的培训

对当选的推销人员，还需经过培训才能上岗，使他们学习和掌握有关产品的知识与技能。同时，还要对在岗推销人员每隔一段时间进行培训，使其了解本企业的新产品、新的经营计划和新的市场营销策略，从而进一步提高素质。培训内容通常包括企业知识、产品知识、市场知识、心理学知识和政策法规知识等内容。

培训推销人员的方法很多，常被采用的方法有三种：①讲授培训。这是一种课堂教学培训方法。一般是通过举办短期培训班或进修等形式，由专家、教授和有丰富推销经验的优秀推销员来讲授基础理论和专业知识、介绍推销方法和技巧。②模拟培训。它是受训人员亲自参与的有一定真实感的培训方法。具体做法是，由受训人员扮演推销人员向由专家教授或有经验的优秀推销员扮演的顾客进行推销，或由受训人员分析推销实例等。③实践培训。实际上，这是一种岗位练兵。当选的推销人员直接上岗，与有经验的推销人员建立师徒关系，通过传、帮、带，使受训人员逐渐熟悉业务，成为合格的推销人员。

3. 销售人员的激励

对销售人员进行激励，需要根据销售考核业绩，建立合理的推销报酬制度，这是吸引激励推销员奋发工作的一个重要因素。在研究推销员报酬时，一般应以推销业绩为主，同时参考社会上，特别是企业其他部门的报酬水平。推销人员的报酬一般有以下几种形式。

（1）纯粹薪金制度。纯薪金制度，又称固定薪金制度，是指无论销售人员的销售额是多少，其在一定的工作时间之内都获得固定数额的报酬。

（2）纯粹佣金制度。纯粹佣金制度是与一定期间的销售工作成果或数量直接关联的一种奖酬形式，即按工作效率给予佣金。

（3）薪水加佣金制度。薪水加佣金制度是以单位销售或总销售金额的一定百分比作佣金，每月连同薪金一起支付，或年终时累积支付。

4. 销售人员的评价

为了加强对推销人员的管理，现代企业必须对推销人员的工作业绩进行科学而合理的考核与评价。推销人员的业绩与考评结果，既可以作为分配报酬的依据，又可以作为现代企业人事决策的重要参考指标。

（1）考评资料的收集。收集推销人员的资料是考评推销人员的基础性工作。全面、准确地收集考评所需的资料是做好考评工作的客观需求。考评资料主要从推销人员销售工作报告、企业销售记录、顾客及社会公众的评价、企业内部人员的意见四个来源途径获得。

（2）考评标准的建立。考评销售人员的绩效，科学而合理的标准是不可缺少的。绩效考评标准的确定，既要遵循基本标准的一致性，又要坚持推销人员在工作环境、区域市场拓展潜力等方面的差异性，不能一概而论。当然，绩效考核的总体标准应与销售增长、利润增加和企业发展目标相一致。

制定公平而富有激励作用的绩效考评标准，需要现代企业管理人员根据过去的经验，结合推销人员的个人行为来综合制定，并需在实践中不断加以修整与完善。常用的推销人员绩效考核指标主要有：

①销售量。最常用的指标，用于衡量销售增长状况。

②毛利。用于衡量利润的潜量。

③访问率（每天访问次数）。衡量推销人员的努力程度。

④访问成功率。衡量推销人员的工作效率。

⑤平均订单数目。此指标多与每日平均订单数目一起衡量，说明订单的规模和退货的效率。

⑥销售费用及费用率。用于衡量每次访问的成本及直接销售费用占销售额的比重。

⑦新客户数目。这是衡量推销人员特别贡献的主要指标。

（五）人员销售过程

推销人员与潜在购买者达成交易的经历过程，一般可分为以下四个阶段。

1．客户发掘

人员销售的第一步就是找出潜在顾客。通过分析企业历史客户和现有客户的数据库，销售人员可以确定理想潜在客户的特点。建立潜在的客户名单的途径包括现有的客户推荐、相关但非竞争企业的名单以及广告询问函或电话等。多加思考往往会出其不意地找到潜在客户。例如，家具连锁店和电信公司从购房名单中找到潜在客户，因为新建成的写字楼或公寓肯定需要装修，也一定需要电信服务。

2．事前准备

拜访客户之前，销售人员需要具备三种知识：产品知识、顾客事实和竞争者知识，即知己知彼。尽可能多地了解销售对象本人或企业的情况，同时选择最佳的接近方式和拜访时间。

3．销售展示

有了正确的潜在客户信息，销售人员便要设计吸引潜在客户注意的销售展示活动。销售人员应设法引起客户的兴趣，激起他们的欲望，并在适当的时机采取行动和达成交易。这一模式就是许多企业采用的AIDA模式，即注意（Attention）、兴趣（Interest）、欲望（Desire）和行动（Action）。该模式通过推销人员展示的相关资料吸引消费者的注意，激发消费者的购买欲望，最终双方达成交易。

4．售后服务

如果推销人员希望确保顾客满意并重复购买，那么交易手续的跟踪服务就必不可少。售后服务不但可以建立客户的好感，降低客户购买后的不一致感，也可以为将来生意打下基础。优秀或尽职的销售人员会追踪订单的后期服务事项，并确保客户真正满意。

案　例

汽车顾问式销售流程

中国汽车市场是全世界发展潜力最大的汽车消费市场，2010年之前我国新车年销量已突破1000万辆，汽车营销人才已成为维系汽车行业快速健康发展最紧缺和最关键的资源。

汽车销售顾问是指为客户提供顾问式的专业汽车消费咨询和导购服务的汽车销售服务人员，其工作范围实际上也就是从事汽车销售的工作，但其立足点是以客户的需求和利益为出发点，向客户提供符合客户需求和利益的产品销售服务。其具体工作包括客户开发、客户跟踪、销售导购、销售洽谈、销售成交等基本过程，还可能涉及汽车保险、上牌、装潢、交车、理赔、年检等业务的介绍、成交或代办。

对于大多数汽车4S店而言，汽车销售流程从客户开发一直到最后的售后跟踪服务，一共有9个环节。

1. 客户开发

客户开发是汽车销售的第一个环节，这一环节主要是关于如何去寻找客户，在寻找客户的过程当中应该注意哪些问题。

2. 客户接待

在客户接待环节，主要是分析应该怎样有效地接待客户，怎样获得客户的资料，怎样引导客户到下一环节中去。

3. 需求分析

在这一环节，将以客户为中心，以客户的需求为导向，对客户的需求进行分析，为客户介绍和提供符合客户实际需求的汽车产品。

4. 车辆的展示与介绍

在车辆展示与介绍中，将紧扣汽车这个产品，对整车的各个部位进行互动式的介绍，将产品的亮点通过适当的方法和技巧进行介绍，向客户展示能够带给他哪些利益，以便顺理成章地进入下一个环节。

5. 试乘试驾

试乘试驾是对第4个环节的延伸，客户可以通过试乘试驾的亲身体验和感受以及对产品感兴趣的地方进行逐一的确认。这样可以充分地了解该款汽车的优良性能，从而增加客户的购买欲望。

6. 处理客户的异议

在这一环节，销售人员的主要任务是解决客户在购买环节上的一些不同的意见。如果这一环节处理得好，就可以顺利地进入下一环节，也就是说，可以与客户签订合同了；如果处理得不好，销售人员就应回头去检查一下到底问题出在哪里，为什么客户不购买你的车。

7. 签约成交

适时提出成交或签约要求，尽快达成交易。

8. 交车服务

交车是指成交以后，要安排把新车交给客户。在交车服务里销售顾问应具备规范的服务行为，了解不同产品交货程序、准备好要提交的相应资料、进行产品交货前的检验。

9. 售后跟踪服务

最后一个环节是售后跟踪服务。对于保有客户，销售人员应该运用规范的技巧进行长期的维系，以达到让客户替你宣传、替你介绍新的意向客户来看车、购车的目的。因此，售后跟踪服务是一个非常重要的环节，可以说是一个新的开发过程。

三、广告

（一）广告的含义及作用

广告指企业以付费的方式，通过各种传播媒体，向目标市场的消费者因某个宣传目的而采取的非个人的展示和促销活动。在商品种类繁多的今天，要想吸引消费者的注意越来越难，为此企业每年都会花费大量的经费投放广告。

广告作为一种积极、有效的信息传递活动，对实现“产品的惊险跳跃”有着极为重要的作用。具体地说可以归纳为以下几点。

（1）传送信息，沟通产需。现代产品的销售过程是“信息流”与“物流”高度统一的过程，如果没有有效的信息沟通，买卖双方相互隔离，产品就难以实现销售。而广告能够把产品、劳务等信息传递给可能的顾客，迅速、有效地沟通产需，缩短产需之间的距离，加速产品的流转。

（2）创造需求，刺激消费。广告通过各种传播媒体向顾客广泛介绍产品信息，不断向顾客介绍产品的性能、特色、适用范围、价格、销售地点及售后服务项目等，不仅能提高顾客对产品的认识程度，诱发其需求和购买欲望，而且能起到强化顾客对产品的印象、刺激需求、创造需求的作用。

（3）树立形象，利于竞争。当今的广告大战，从本质上可以说是不同的企业文化之间的较量和竞争。在洋货大出风头的现今市场，不少中国产品在广告上夸耀自己的“洋出身”“洋伙伴”，四川长虹却率先打出民族工业的旗帜，“以产业报国、民族昌盛为己任”，这是明明白白的企业文化，挡不住的民族凝聚力。

（4）美化环境，教育作用。广告也是一种艺术，一则思想性和艺术性强的好广告，能给人以美的享受，陶冶人们的情操，提高人们的思想修养，美化市容和环境。广告内容设计得当，有利于树立消费者正确的道德观、人生观及优良的社会风尚。

（二）广告的媒体及其选择

1. 广告媒体的种类及其特性

广告媒体的种类很多，不同类型的媒体有不同的特性。目前常用的广告媒体有以下几种。

（1）报纸。报纸这种广告媒体，其优越性表现在：①影响广泛。报纸是传播新闻的重要工具，与人民群众有密切联系，发行量大。②传播迅速。可及时地传递有关经济信息。③简便灵活，制作方便，费用较低。④便于剪贴存查。⑤信赖性强。借助报纸的威信，能提高广告的可信度。报纸媒体的不足表现在：①因报纸登载内容庞杂，易分散对广告的注意力；②印刷不精美，吸引力低；③广告时效较短，重复性差，只能维持当期的效果。

（2）杂志。杂志以登载各种专门知识为主，其优点表现在：①广告宣传对象明确，针对性强；②杂志印刷精美，阅读率高，保存期长，读者可以反复查看；③杂志媒体版面安排灵活，颜色多样。其缺点表现在：①发行周期长，灵活性较差，传播不及时；②读者较少，传播不广泛。

（3）广播。广播媒体的优越性有：①传播迅速、及时；②制作简单，费用较低；③具有较高的灵活性；④听众广泛，不论男女老幼、是否识字，均能受其影响。使用广播做广告的局限性在于：①时间短促，转瞬即逝，不便记忆；②有声无形，印象不深；③不便存查。

（4）电视。电视广告具有形象、生动、逼真、感染力强的优点，而且由于电视已成为人们文化生活的重要组成部分，收视率较高，使电视广告的宣传范围广，影响面大。电视作为广告媒体的缺点是：①时间性强，不易存查；②制作复杂，费用较高；③因播放节目繁多，易分散对广告的注意力。

（5）户外广告。户外广告主要包括路牌、霓虹灯、旗帜、招贴、灯箱、壁图、橱窗、车船等形式。如果现代企业能在城市的主要交通路口、人群汇集地选择引人注目的地方，用独特的方式进行户外广告，效果是非常好的。户外广告媒体的优点是：①展示时间长；②表现手法灵活；③不受竞争对手干扰；④费用低。其缺点是：①很难有特别的创意；②可选地方受限制；③难修改，时效性差。

（6）网络广告。随着因特网的发展，网络广告越来越得到广泛的运用。目前我国企业也十分重视网络广告的作用，越来越多的现代企业采用了网上做广告的形式。网络广告媒体的优越性有：①速度快，制作成本低；②跨越时间、空间限制；③动态、及时；④反馈的可测性高；⑤与消费者的互动性强。其缺点是：①网络广告点击率还不高，这使宣传效果受限；②技术含量要求高；③在我国，网络广告还受种种限制。

2．广告媒体选择的影响因素

（1）产品因素。广告媒体的选择首先要考虑产品特点的差异。不同性质的产品，宜采用不同的媒体。需要展示的有色泽或样式要求的产品，宜选择电视、杂志、网络做媒体，以增强美感和吸引力，如服装、化妆品、食品等；对技术性较强、性能复杂的产品，可采用报纸、杂志等文字性的媒体进行宣传，它可以较详细地说明产品性能，或用实物表演，增强用户实感。

（2）媒体习惯。不同消费群体对不同媒体的接触频率有很大差异，媒体选择应与目标消费者的习惯相适应。例如：儿童用品以电视作媒体效果最佳；对于老年消费者，则以广播、报纸为主要传播媒体；针对工程技术人员的广告，应选择专业杂志为媒体。

（3）销售范围。由于广告的最终目的是促进销售，所以广告的宣传传播范围应该与商品的销售范围基本一致。如果是地产地销的产品，就不必到全国性的广告媒体去做广告；反之，如果是面向全国市场的产品，本企业又有巨大的资本能力及扩产潜力，就可以选择有全国影响力的电视、广播、报刊等媒体做广告。

（4）媒体费用。不同的广告媒体的广告费用也不一样。电视、电影媒体的广告费用最高；广播、报刊次之；路牌、橱窗、招贴的广告费用则更低。对于广告主来说，广告费用对其制约主要体现在两方面：一是经济承受力；二是广告的经济效果，即广告费用的投入和产出之比。

（5）媒体影响力。报纸杂志的发行量，广播电视的收视率等是媒体影响力的标志。媒体的影响应覆盖目标市场的全部，不及或超越目标市场区域都会形成浪费，而且广告需要一定的频率才能得到消费者的关注和记忆，否则也难以体现成效。

案　例

多芬的广告宣传

多芬（Dove）几十年来一直是联合利华一个有力的品牌，它的传统广告积极地宣传该品牌独有的1/4乳霜成分，并鼓励女性进行7天的多芬产品试验来发现它的功效。

2003年多芬在战略上曾进行了巨大的转变，发起了一项“真美无界限”的宣传活动，颂扬无论是体形胖瘦、个子高矮、年龄长幼的女性，美都存在于“真实的女人”的身上。这一主题创意源自一项调查，其调查结果表明，世界上只有2%的女性认为自己是漂亮的。基于这一数据，多芬此次的宣传活动中没有展示传统的模特形象，而是展示了坦诚、自信并富有曲线和丰满体形的女性形象。

广告宣传中主要推销的产品是多芬的皮肤护理品，如密集紧致霜、乳液和沐浴露。在媒体选择方面，不仅有传统的电视和印刷广告，同时也结合了新的媒体形式，如用手机对模特的实时投票、在巨大的公告栏中展示结果、利用网站进行互动等。网络是与女性进行对话的重要工具。因此，此次活动推出了一个网站，并配有多芬“变革性”的广告录像。多芬“变革性”录像用快速的影像画面展示了一个相貌普通的女性在经过化妆师、美发师和电脑修饰之后看起来更像一个模特。当多芬的广告代理商奥美把录像上传到YouTube网站之后，马上就成为网络关注的热点，吸引了250万人观看。

随后针对年纪更大的网络观众，多芬又推出了“年龄无界限”的广告。尽管该项活动曾在社会中激起了广泛的争论，但它的功绩在于刺激了多芬活动推广所遍及的所有国家的销量和市场份额，并获得了美国营销协会颁发的“最有效的营销活动”的艾菲奖。

案例点评：

广告是企业促销的一种宣传方式，它在一段时间内可激发消费者购买欲望，增加产品销量，提高企业知名度。广告主题是广告的中心思想，是表现广告为达到特定目的而要说明和所要传播的基本观念。多芬在市场调研后，以“真美无界限”为主题进行广告创意，引导消费者认识“真实的女人”的美，结合新的媒体形式进行宣传，从而达到激发购买欲望，扩大市场，提高销售量的效果。

（三）广告的设计原则

广告效果，不仅决定于广告媒体的选择，还取决于广告设计的质量。广告设计必须遵循下列原则。

1. 真实性

广告的生命在于真实。虚伪、欺骗性的广告，必然会丧失现代企业的信誉。现代企业必须依据真实性原则设计广告，这也是一种商业道德和社会责任。

2. 合法性

广告在传播经济信息的同时，也传播了一定的思想意识，必然会潜移默化地影响社会文化、社会风气。因此，广告要遵循党和国家的有关方针、政策，不违背国家的法律、法令和制度。

3. 针对性

广告的内容和形式要富有针对性，即对不同的产品、不同的目标市场要有不同的内容，采取不同的表现手法。由于各个消费者群体都有自己的喜好、厌恶和风俗习惯，为适应不同消费者群的不同特点和要求，广告要根据不同的广告对象来决定广告的内容，采用与之相适应的形式。

4. 艺术性

广告是一门科学，也是一门艺术。广告把真实性、思想性、针对性赋于艺术性之中。这就要求广告设计要构思新颖，语言生动、有趣、诙谐，图案美观大方，色彩鲜艳、和谐，广告形式要不断创新。

（四）广告效果的评估

为了对广告进行有效控制，企业必须对广告活动的效果进行评估。同时，广告效果也是企业调整营销组合策略的重要依据。在实践中，广告效果的评估一般从以下两个方面着手。

1. 直接经济效果

直接经济效果是以广告对产品促销情况的好坏来直接判定广告效果，是以广告费的支出和销售额的增加这两个指标为主要测量单位。广告主支出广告开支，必然希望能够通过增加产品销售而获得经济效益，因此，直接经济效果比较容易测定，也是广告主最为关心的。但是，直接影响产品销售的因素，除了广告之外还有很多，诸如现代企业的营销策略与方法、产品的生命周期和市场竞争情况等，都会直接影响产品的销售量。有时在广告发布后，产品销售量下降了，但这并不一定是广告没有发挥作用，也许是其他因素影响的结果。显然。单纯以直接经济效果的多寡来衡量广告效果的大小，是不够全面也不够准确的。

2．间接经济效果

间接经济效果不是以销售情况好坏作为直接评定广告效果的依据，而是以广告的收视收听率、产品的知名度、记忆度、理解度等广告本身的效果为依据。当然，广告本身效果最终也要反映在产品销售上，但它不以销售额多少作为指标，而是以广告所能产生的心理性因素为依据，即广告做出后，测定广告接受者人数的多少、影响的程度，以及人们从认知到行动的整个心理变化过程。

四、公共关系

（一）公共关系的概念

公共关系（简称公关）是指企业为改善与社会公众的联系状况，增进公众对组织的认识、理解与支持，树立良好的组织形象而进行的一系列活动。这些社会公众主要包括供应商、中间商、消费者、竞争者、信贷机构、保险机构、政府部门、新闻传媒等。企业公共关系的最终目的，是促进产品销售，提高市场竞争力。企业作为社会经济生活基本的经济组织形式，营利性是它的基本准则。公共关系的最终目的，无疑仍然是促进商品销售。正因为如此，公共关系才成为一种隐性的促销方式。

（二）公共关系的活动方式

公共关系的活动方式主要是指企业在公共关系活动中，将公关媒介与公关方法结合起来所形成的特定的公共关系方式。按照公共关系活动所要达到的目的来看，公共关系的活动方式可以分为以下五种。

1．宣传性公共关系

这是运用报纸、杂志、广播、电视等各种传播媒介，采用撰写新闻稿、演讲稿、报告等形式向社会各界传播现代企业有关信息，以形成有利的社会舆论，创造良好气氛的活动。这种方式传播面广，推广现代企业形象效果较好。

2．征询性公共关系

通过各种征询热线、问卷调查、民意测验等形式，吸引社会各界参与企业发展的讨论。征询型公关既可以了解社会各界对企业形象的认识程度，以利于进一步改善形象，又可以在征询的过程中达到与社会各界密切联系及沟通信息的目的。

3. 交际性公共关系

通过宴会、座谈会、招待会、谈判、专访、慰问、电话、信函等形式与社会各界保持联系，广交朋友，增进友谊，亲善人际关系，以提高企业的知名度和美誉度。交际性公共关系具有直接、灵活、亲密、富有人情味等特点，能深化交往层次。

4. 服务性公共关系

通过各种实惠性服务，如消费指导、消费培训、免费修理等形式，以行动去获取公众的了解、信任和好评，以实现既有利于促销又有利于树立和维护现代企业形象与声誉的活动。

5. 社会性公共关系

社会性公共关系是通过赞助文化、教育、体育、卫生等事业，通过支持社区福利事业，参与国家、社区重大社会活动等方式来塑造现代企业的社会形象，提高现代企业的社会知名度和美誉度的活动。这种公共关系方式，公益性强，影响力大，但成本较高。

（三）公共关系的作用

公共关系是一门“内求团结，外求发展”的经营管理艺术，是一项与现代企业生存发展休戚相关的事业。其作用主要表现在以下四个方面。

1. 搜集信息，监测环境

信息是现代企业生存与发展必不可少的资源。运用各种公共关系手段可以采集各种有关信息，监测现代企业所处的环境。现代企业公共关系需要采集的信息包括以下几方面。

（1）产品形象信息：消费者对现代企业产品的各种反应与评价。

（2）企业形象信息：公众对现代企业组织机构、经营管理水平、企业人员素质以及企业服务质量等的评价。

（3）企业内部公众的信息：通过对现代企业内部职工意见的了解，能掌握职工对企业的期望，企业应树立什么样的形象，才能对职工产生向心力和凝聚力。

（4）其他信息：现代企业不可能脱离外界而存在，投资者的投资意向、竞争者的动态、顾客的需求变化以及国内外政治、经济、文化、科技等方面的重大变化都直接或间接地影响现代企业的经营决策。

2. 咨询建议，决策参考

公共关系的这一职能是利用所搜集到的各种信息，进行综合分析，考查现代企业的决策和行为在公众中产生的效应及影响程度，预测现代企业决策和行为与公众可能意向之间的吻合程度，并及时、准确地向现代企业的决策者进行咨询，提出合理而可行的建议。

3．舆论宣传，危机管理

这一职能是指公共关系作为现代企业的“喉舌”，将现代企业的有关信息及时、准确、有效地传送给特定的公众对象，为现代企业树立良好形象，创造良好的舆论气氛。如公共关系活动，能提高现代企业的知名度、美誉度，给公众留下良好形象；能持续不断、潜移默化地完善舆论气氛，因势利导，引导公众舆论朝着有利于现代企业的方向发展；还能适当地控制和纠正对现代企业不利的公众舆论，及时将改进措施公之于众，避免扩大不良影响，从而收到化消极为积极、尽快恢复声誉的效果。

4．交往沟通，协调关系

现代企业是一个开放系统，不仅内部各要素需要相互联系、相互作用，而且需要与系统外部环境进行各种交往、沟通。不仅要协调现代企业与外界的关系，还要协调现代企业内部关系，包括现代企业与其成员之间的关系、现代企业内部不同部门成员之间的关系等，要使全体成员与现代企业之间达到理解和共鸣，增强凝聚力。

（四）公共关系活动的组织实施

公共关系的主要职能是围绕企业形象进行信息搜集、传播沟通、咨询建议和协调引导。作为一个完整的工作过程，公关应包括四个相互衔接的步骤。

1．公共关系调查

它是公共关系工作的一项重要内容，是开展公共关系工作的基础和起点。公关调研的主要内容包括企业现状、公众意见及社会环境三个方面。

2．公共关系策划

公共关系是一项长期性工作，合理的计划是公共关系工作持续高效的重要保证。制订公共关系计划，要以公共关系调查为前提，依据一定的原则，来确定公共关系工作的目标，并制定科学、合理而可行的工作方案。

3．公共关系实施

企业在实施公关计划的过程中应确保与目标计划保持一致不偏离，有效控制各项工作内容的完成进度，及时发现公共关系实施中的方法偏差和错误，及时进行调整和纠正。

4．公共关系评估

公关工作的成效，可从定性与定量两方面评价。在肯定成绩的同时，发现新问题，为制定和不断调整现代企业的公共关系目标、公共关系策略提供重要依据，也为使现代企业的公共关系成为有计划的持续性工作提供必要的保证。

案 例

王老吉公关案例分析

2008年5月12日，汶川大地震震动了全中国人民的心。在这场特大灾难中，企业的赈灾善举成为备受关注的焦点，捐赠额度和速度成为人们评判企业是否乐于履行社会责任的重要标准。

5月18日，在中央电视台“爱的奉献”大型募捐活动中，生产红罐王老吉的加多宝集团为四川灾区捐款1亿元，一夜之间这个民族饮料品牌迅速成为公众聚焦的中心。

5月19日晚，天涯论坛上出现了名为《让王老吉从中国的货架上消失，封杀它!》的帖子：“王老吉，你够狠！捐一个亿，胆敢是王石的200倍！为了整治这个嚣张的企业，买光超市的王老吉！上一罐买一罐！不买的就不要顶这个帖子啦！”这个热帖迅速被搜狐、网易、奇虎等国内人气最旺的论坛转载，受到网友的热捧，几天之后，类似的帖子已经充斥大大小小的各类网络社区，“要捐就捐一个亿，要喝就喝王老吉”“为了‘整治’这个嚣张的企业，买光超市的王老吉！上一罐买一罐！”等言论如病毒般迅速在网络里扩散，成为民众热议的话题。

事件影响力：帖子达3430条，相关网页有54800篇（百度）、70400篇（谷歌）。

网民态度：我的英雄，我支持!

因为一个亿，加多宝被推到舞台中心，吸引了无数公众的关注，在此背景之下网络话题被挑起，显得如此名正言顺，以至于不少网民觉得支持王老吉是应该的事，如同受恩应回报一样理所当然。

如此的创意，高关注度、好口碑指数都在意料之中，“封杀王老吉”事件当仁不让地入选2008上半年度最典型、最成功的网络口碑营销个案。究其原因，有以下几个方面值得借鉴：

一是口号有创意：“让王老吉从货架上消失，封杀它!”其中的“封杀王老吉”“够狠”等字眼正话反说、利用带有负面字眼的标题吸引网民关注，深具“标题党”的创意。

二是情节够煽情：利用在中央电视台大型募捐活动中的突出表现，通过一个“封杀王老吉”的口号，把“一个亿”吸引到的公众目光转移到企业自身，借助公益来煽情，把网民的好感直接引导为实际行动。

三是对比引争议：利用当时人们热衷比较各企业捐款数额的舆论背景，在帖子中直接将王老吉与王石进行对比，惹起争议，突出自身，在加速话题的扩散的同时，又争取到网民对自己的支持，提高事件的网络口碑指数。

五、营业推广

（一）营业推广的概念

营业推广又称销售促进，是企业运用各种短期刺激因素鼓励消费者购买的方式的总称。营业推广一般能促使消费者或中间商立即采取购买行为，但营业推广不适合长期单独使用，只可以作为一种阶段性的促销手段配合其他手段使用。

案 例

线上线下齐发力，良品铺子的双十一促销

良品铺子诞生于2006年8月28日，是一家集休闲食品研发、加工分装、零售服务于一体的专业品牌连锁运营公司，以研发、定制、推广全球各地好吃的零食为企业目标。良品铺子在2014年双十一来临之时，线上线下齐发力，其促销招数如下。

一、线上促销

1．门店引流

（1）时间：2014年10月25日—2014年11月10日（预热期）

（2）目标：充分整合线下实体门店资源，利用线下平台进行双十一活动宣传，不断扩大活动宣传效果。

（3）方式：①印制特别门店手袋。双十一期间的门店手提袋图案都是经过特别设计的，上面印有双十一活动宣传及10元优惠券二维码。②门店宣传单。随顾客手提袋附送双十一线上宣传单，宣传双十一活动攻略；提示双十一畅销单品；扫码领取双十一10元优惠券。③门店活动海报。将爆款产品低价抢购信息公布在线下门店，促进购买。④门店发放供线上使用的优惠券，用支付宝支付送天猫双十一有门槛优惠券5元、10元、20元，为线上平台引流。⑤线下会员短信通知。筛选线下100万会员系统群发短信预热双十一活动，会员收到的短信附带优惠券领取链接。⑥门店店员宣传。以激励方式促使全国1400家门店超过4000名店员（2014年11月数据）推荐顾客关注双十一活动。

（4）影响范围：全国门店1400多家，约350万人次直接获知双十一活动信息。

2．社交平台互动引流

（1）时间：2014年10月17日—2014年11月10日（预热期）

（2）目标：利用新媒体与粉丝交流，加强企业与消费者之间的互动，不断增强粉丝黏性，利用粉丝口碑和社交分享扩大活动宣传效果。

（3）方式：①微博转发优惠券。良品铺子官方微博不断推送最新活动信息并发放活动优惠券，粉丝可参与讨论并转发优惠券。②微博话题征集。良品铺子官方微博在活动预热期间发起微博话题征集活动，分别发起话题“最爽的礼物”“随手拍·门店爽十一”等，不断保存粉丝活跃度，预热双十一。③微信互动预热。良品铺子官方微信粉丝超过

120万（截至2014年10月）。预热期间保持高频率更新双十一活动最新动态，派发优惠券，发布节日攻略和促销信息，不断创新活动玩法。④线上游戏互动。良品铺子针对目标消费群体年轻、好奇心强、爱娱乐等特征，在活动期间推出首款互动小游戏“爽啪啪”，在PC端和手机端同步上线，不仅有积分换奖品，还可参加抽奖，增强了活动期间用户的黏性和参与度。

（4）影响范围：官方平台粉丝人数，排除重叠粉丝，人数超过200万。

3．广告媒体引流

（1）时间：2014年10月17日—2014年11月10日（预热期）。

（2）目标：选择与良品铺子品牌形象契合的明星作为公司代言人为活动进行宣传提高品牌形象；同时辅以网络广告和媒体宣传，扩大品牌在全国范围内的影响力，持续为活动预热。

（3）方式：①明星代言。在高收视率电视娱乐节目《奔跑吧兄弟》武汉取景期间，公司邀请年轻消费者喜爱的“跑男”陈赫担任良品铺子形象大使——“爽食达人”，并以微电影男主角的形式出镜“良品铺子双11”广告视频的拍摄。代言期间，陈赫为公司活动拍摄多组平面广告和宣传视频，公司在全国范围内进行网络广告投放和宣传，不断将活动推向高潮。②媒体邀请。公司管理人员积极与媒体沟通，在双十一活动预热期间邀请网络媒体代表采访良品铺子门店，宣传主打产品，预告双十一活动内容。

（4）活动效果：拍摄的平面广告用作宣传资料在全国超过1400家门店投放；视频广告在腾讯、新浪、京东、良品铺子天猫旗舰店等平台上播出，并获得了良粉们的一致好评，极大程度地扩大了良品铺子品牌在华东市场的认知度和影响力；媒体宣传给予良品铺子以正面肯定，较高频率的媒体曝光不断扩大活动影响。

4．商家联盟引流

（1）时间：2014年10月中旬—2014年11月11日。

（2）目标：利用其他知名线上品牌资源，充分合作，相互引流；为活动预热的同时促进销售转化。

（3）方式：与周黑鸭、楼兰蜜语、西域美农等100个食品商家组成线上联盟，进行战略合作。活动前夕联盟商家在各自店铺首页互相轮流分批展示联盟商家的优惠券，消费者可以提前领取优惠券，在双十一当天购物时进行消费。

（4）活动意义：良品铺子最大限度地利用100家食品商家的预热资源，在天猫食品类目以点及面，集结成引流互通网，实现多赢，发挥出“1>100”的效应，最大限度地提高店铺曝光率。

5．线上购买促销力度大

双十一当天，良品铺子各大电商平台加大折扣力度，做到价低质好，让利消费者，促进购买行为。使用的手段包括：①全场包邮；②优惠券发放；③定制周边礼品满送；④每个整点时间段，前5名免单；⑤转盘抽奖；⑥满300参加砸金蛋活动，赢取iPhone6手机；⑦全天四场买一送一，每场2款；⑧全场5折封顶；⑨会员满额升级；⑩所有会员积分换礼品。

二、线下促销

（1）会员制度：凡是在良品铺子购物满38元即可办理一张会员卡，会员卡可以有会员价格专享的特权，同时还可以积分。

（2）一年一度的核桃节活动：每年在良品铺子生日即8月28日那天都会有十款核桃做活动，这已经成为良品铺子一年一度的文化节活动，就好像是良品铺子与良粉的一个约定。

（3）每个月都会有会员特价活动，会员凭会员卡享受7～9折的优惠。

（4）试吃活动：直接用产品去获得市场，准备100～200个良品的新产品给进店顾客免费试吃。

（5）砸金蛋活动：放进一些小礼物、优惠券或产品到金蛋中，一次性购买产品20元以上就可以获得砸金蛋机会一次。

（6）抽奖活动：凡是购买良品铺子里的商品超过50元，可凭借小票参与现场抽奖活动。

（二）营业推广的特点

（1）短期性。人员推销、广告和公关都是常规性的促销方式，而多数营业推广方式则是非常规性和非周期性，没有固定的工作程序，往往是临时性和短期性的、额外的促销工作。

（2）辅助性。相对于广告、人员推销和公共关系这些可以单独开展的常规性促销方式，营业推广往往不能单独使用，一般作为一种辅助手段，与其他促销方式结合使用。

（3）灵活多样性。主要指营业推广的方式比较灵活，可根据企业经营的不同商品特点和所处的不同营销环境，加以灵活选择和运用。

（4）促销效果显著。一般来说，只要能选择合理的营业推广方式，就会很快地收到明显的增销效果，取得短期性的效益，而不像广告和公共关系那样需要一个较长的时期才能见效。因此，营业推广适合于在一定时期、一定任务的短期性的促销活动中使用。

（5）局限性。商家的营业推广活动，往往会给顾客营造一种“机不可失，时不再来”的感觉，这一方面有利于推动消费者迅速购买。但是，如果企业长期频繁使用或使用不当，会使消费者认为卖者有急于抛售的意图，产生对商品价格、质量以及对商家信用的怀疑。因此，企业进行营业推广时，要注意选择适当的方式和时机。

（三）营业推广的形式

根据推广对象不同，可供选择的形式也不同。

1．针对消费者的营业推广方式

此类促销面对的是最终消费者，因此促销方式也最直接，使用频率很高。主要方式有以下几种。

（1）赠送样品。向消费者赠送样品或试用样品，样品可以挨户赠送，在商店或闹市区散发，在其他商品中附送，也可以公开广告赠送。赠送样品是介绍一种新商品最有效的方法，但费用也最高。

（2）优惠券。给持有人一个证明，证明他在购买某种商品时可以免付一定金额的钱。

（3）廉价包装。在商品包装或招贴上注明，比通常包装减价若干，它可以是一种商品的单独包装，也可以把几件商品包装在一起。

（4）奖励。可以凭奖励券买一种低价出售的商品，或者凭券免费领取以示鼓励，或者凭券购买某种商品时给予一定的优惠，各种抽奖也属此类。

（5）现场示范。企业派人将自己的产品在销售现场当场进行使用示范表演，把一些技术性较强的产品的使用方法介绍给消费者。

（6）组织展销。企业与零售商联合促销，将一些能显示企业优势和特征的产品在商场集中陈列，边展销边销售。

（7）参与促销。参与各种促销活动，如技能竞赛、知识比赛等活动的消费者，能获取企业的奖励。

（8）会议促销。各类展销会、博览会、业务洽谈会期间的现场产品介绍、推广和销售活动。

2. 针对中间商的营业推广方式

把产品卖给消费者的是中间商，所以对中间商促销，提高他们的积极性，也是非常必要的。主要有以下形式。

（1）批发回扣。企业为争取批发商或零售商多购进自己的产品，在某一时间内给经销本企业产品的批发商或零售商加大回扣比例。

（2）推广津贴。企业为促使中间商购进企业产品并帮助企业推销产品，可以支付给中间商一定的推广津贴。

（3）销售竞赛。根据各个中间商销售本企业产品的实绩，分别给优胜者以不同的奖励。如现金奖、实物奖、免费旅游、度假奖等，以起到激励的作用。

（4）交易会或博览会、业务会议等。

3. 针对内部员工的营业推广方式

对内部员工促销的目的是建立员工的促销意识。主要包括以下三种方式。

（1）销售员培训。目的在于加强销售员的知识、技能、态度等。集体培训的典型做法有以下几种：课堂讲授方式、集体讨论方式、个案研究方式、角色扮演方式等。

（2）红利提成或超额提成。具体做法有：从企业的销售利润中提取一定比例的金额作为奖励发给推销员；推销员按销售利润的多少提取一定比例的金额，销售利润越大，提取的比例越大。

（3）销售员竞赛。销售员竞赛指以销售员的销售金额、新开拓客户数目、总利润额及各种评估结果，促使销售员彼此竞赛，对表现优良者给予现金、旅游、奖品、休假、提级晋升、精神奖励等。

案 例

花式打折：让促销更有趣

促销的本质从用户角度来说是满足顾客需求，从商家角度来说是实现销售额增长。促销目标要有数量指标，即流量、转化率、回头率。

营销专家科特勒曾说过“没有降低2分钱抵消不了的品牌忠诚”，可见打折促销的影响力很大，是决定顾客临门一脚的重要门槛。可是，顾客对常规促销麻木了怎么办？能不能不这么简单粗暴？促销能不能也让人觉得好玩、有趣？

办法一：

康师傅有一个促销广告：红烧牛肉面全新升级，更厚的面饼，更大的牛肉，配合香浓的汤汁，价格仍然只有5元。这其实是变相的降价，感觉出来的却是“加量不加价”。

办法二：

茶饮料促销，过去常采用第二杯半价或买一送一的方法，但现在不少商家采取一元换购的促销方式。什么叫一元换购？活动期间，可以用一元买到几十元的东西。“哇，好划算”不少顾客都会惊叹觉得占了大便宜。这就对了，促销就是要让顾客有占了便宜的感觉。如果让顾客觉得是通过战胜你占到便宜，就更好。也许有人会问，商家在乎这一块钱么？为什么不白送呢？送你的，是意外之得。花一元买来的，是占了大便宜。比起意外之得，顾客更看重是否占了便宜。意外之得是惊喜，是没通过自己劳动所得，免费的也就不会太珍惜。便宜之得是欢喜，是以小博大的成就感。

办法三：

餐厅想增加顾客的消费频次，开展了会员卡充值活动。顾客按消费四倍充值免当餐费用，就是如果消费200元，会员充值800元，免200元。这叫充值免单。实质打了75折，顾客充值后，相当于套牢顾客产生长久消费。

如果和语义效应综合运用效果更好：顾客吃完饭结账，消费200元。“这顿饭你有机会可以免费，我们今天有个充值免单活动。您只要充值800元，这顿饭就可以免单，很划算呢！”。全额免单？这是莫大的优惠啊！你想不到这是打折，但其本质，就是买800元，便宜200元，打了75折。

办法四：

“您只要花149元就可以买到我们店里价值200元的商品”，或者“您只要花199元，就可以在我们店里挑选任何一件原价商品”。少花钱，买贵东西，你会觉得特别有价值感，但不会觉得这是打折，其实这就是打折。这是低价高购。

办法五：

“这件衣服能不能更便宜点?”真的不能再便宜了。这样吧，再送你点新品小样吧?再送你一张现金折扣券吧?这些都叫赠而不折。它不会折损产品的价值感，但却给了用户同样的获得感。

办法六：

一个餐厅搞了个掷骰子游戏，出现1个6，打九折；出现2个6，打八折；出现3个6，免单。这叫游戏促销，通过游戏参与，让顾客有赌的心态，以无损失博得大收益。通过玩游戏，给顾客意外之得，也吸引下次再来，说不定能博个免单呢。实质上，一个6的概率只有16%，二个6的概率只有3%，三个6的概念只有千分之五，而顾客肯定愿意搏一下。其实如上分析顾客所得概率不高，得不到参与度会变低，顾客参与度小，促销会失去意义。所以，可以对没中的顾客，分发5元或30元现金券，作为安慰。让顾客有所得，又有了下次来消费的理由。

办法七：

点了一份鱼，可以和服务员玩石头剪刀布的游戏，赢一次打一折，玩了10次，赢了7次，打了3折。大家都很开心，通过游戏赢得了3折。其实只是一条鱼打折，又不是全餐打折。可是大家觉得又好玩又开心，还等着下次再能大战一场。

办法八：

顾客要买衣服，先充100送100，标价298元，实际花了198元，这和直接花198元购买完全一样的，但顾客就是有种划算的感觉。本质上还是赠而不折，因为价格一旦下来了，很难再上去。就是要通过赠的方式，守住价格底线。

（改编自《中国营销传播网》，2018-09-25，作者：王勃）

（四）营业推广的控制

营业推广是一种促销效果比较显著的促销方式，但倘若使用不当，不仅达不到促销的目的，反而会影响产品销售，甚至损害现代企业的形象。因此，在运用营业推广方式促销时，必须予以控制。

1. 选择适当的方式

营业推广的方式很多，且各种方式都有其各自的适应性。选择好营业推广方式是促销获得成功的关键。一般来说，应结合产品的性质、不同方式的特点以及消费者的接受习惯等因素选择合适的营业推广方式。

2. 确定合理的期限

控制好营业推广的时间长短也是取得预期促销效果的重要一环。推广的期限，既不能过长，也不宜过短。这是因为，时间过长会使消费者感到习以为常，消失刺激需求的作用，甚至会产生疑问或不信任感；时间过短会使部分顾客来不及接受营业推广的好处，收不到最佳的促销效果。一般应以消费者的平均购买周期或淡旺季间隔为依据来确定合理的推广期限。

3. 禁忌弄虚作假

营业推广的主要对象是企业的潜在顾客，因此，现代企业在营业推广全过程中，一定要坚决杜绝徇私舞弊的短视行为发生。

4. 注重中后期宣传

在营业推广活动的中后期，面临的十分重要的宣传内容是营业推广中的企业兑现行为。这是消费者验证现代企业推广行为是否具有可信性的重要信息源。所以，令消费者感到可信的现代企业兑现行为，一方面有利于唤起消费者的购买欲望，另一方面可以换来社会公众对现代企业良好的口碑，增强现代企业良好形象。

资料补充

如何撰写促销方案?

一份完善的促销活动方案可以从以下十二个方面撰写。

一、活动目的

对市场现状及活动目的进行阐述。市场现状如何？开展这次活动的目的是什么？是处理库存？是提升销量？是打击竞争对手？是新品上市？还是提升品牌认知度及美誉度？只有目的明确，才能使活动有的放矢。

二、活动对象

活动针对的是目标市场的每一个人还是某一特定群体？活动控制在多大范围内？哪些人是促销的主要目标？哪些人是促销的次要目标？这些选择的正确与否会直接影响到促销的最终效果。

三、活动主题

这一部分是促销活动方案的核心部分，应该力求创新，使活动具有震撼力和排他性。

四、活动时间和地点

这一部分主要阐述活动开展的具体时间和地点。

五、活动方式

这一部分主要阐述活动开展的具体方式。

六、广告配合方式

一个成功的促销活动，需要全方位的广告配合。选择什么样的广告创意及表现手法？选择什么样的媒介炒作？这些都意味着不同的受众抵达率和费用投入。

七、前期准备

前期准备包括人员安排、物资准备、试验方案三个方面。

在人员安排方面要“人人有事做，事事有人管”，无空白点，也无交叉点。谁负责与政府、媒体的沟通？谁负责文案写作？谁负责现场管理？谁负责礼品发放？谁负责顾客投诉？要各个环节都考虑清楚，否则就会临阵出麻烦，顾此失彼。

在物资准备方面，要事无巨细，大到车辆，小到螺丝钉，都要罗列出来，然后按单清点，确保万无一失，否则必然导致现场的忙乱。

尤为重要的是，由于活动方案是在经验的基础上确定，因此有必要进行必要的试验来判断促销工具的选择是否正确，刺激程度是否合适，现有的途径是否理想。试验方式可以是询问消费者，填调查表或在特定的区域试行方案等。

八、中期操作

中期操作主要是活动纪律和现场控制。在方案中对应对参与活动人员各方面的纪律做出细致的规定。

九、后期延续

后期延续主要是媒体宣传的问题，对这次活动将采取何种方式在哪些媒体进行后续宣传？

十、费用预算

这一部分主要阐述这次活动所支出的各项成本。

十一、意外防范

每次活动都有可能出现一些意外。比如政府部门的干预、消费者的投诉、甚至天气突变导致户外的促销活动无法继续进行，等等。必须对各个可能出现的意外事件做必要的人力、物力、财力方面的准备。

十二、效果预估

预测这次活动会达到什么样的效果，以利于活动结束后与实际情况进行比较，从刺激程度、促销时机、促销媒介等各方面总结成功点和失败点。

以上十二个部分是促销活动方案的一个框架，在实际操作中，应大胆想象，小心求证，进行分析比较和优化组合，以实现最佳效益。有一份有说服力和操作性强的活动方案，才能让公司支持你的方案，也才能确保方案得到完美的执行，使促销活动起到四两拨千斤的效果。

总结

1 市场营销组合是指企业根据目标市场的需要和自身的市场定位，综合运用各种可能的市场营销策略和手段，组合成一个系统化的整体策略，以达成企业的经营目标，并取得最佳的经济效益。4P营销组合理论是营销学的经典理论，以该理论作为营销组合基本决策的构架包括：产品策略、价格策略、渠道策略和促销策略。在运用各项策略时，必须注意相互间的协调配合、相互补充，以达到最佳组合效果。

2 研究产品策略首先要把握产品整体概念。产品策略的内容包括产品组合策略、新产品的开发策略、产品生命周期各阶段的营销策略、产品品牌及包装策略的制定等。

3 价格策略是企业竞争极其重要的手段。企业定价方法主要包括成本导向定价法、需求导向定价法、竞争导向定价法。产品定价策略主要包括新产品定价策略、心理定价策略、折扣定价策略以及差别定价策略等。

4 企业制定渠道策略时，需要综合考虑产品、市场、中间商、宏观环境以及企业自身因素。

5 促销就是营销者向消费者传递有关本企业及产品的各种信息，说服或吸引消费者购买其产品，以达到扩大销售量的目的。企业主要的促销方式包括人员推销、广告、公共关系、营业推广。由于各种促销方式都有其优势与不足，因而在促销过程中，企业有计划、有目的地把人员推销、广告、公共关系、营业推广等促销方式进行适当配合和综合运用，以形成一个完整系统的促销策略。

练习与思考

一、名词解释

产品组合　产品生命周期　品牌　渗透定价　撇脂定价　渠道
中间商　促销组合　人员推销　营业推广　公共关系

二、选择题（单选题）

1. 在波士顿矩阵法中，评价企业业务组合的标准是（　）。

A. 市场份额和相对市场份额　　B. 市场吸引力和业务力量
C. 市场增长率和相对市场份额　　D. 业务力量和相对市场份额

2. 企业在调整业务投资组合时，对某些问题类业务单位，欲使其转入明星类单位，宜采取哪种战略？(　)

A. 保持　B. 收割　C. 发展增大　D. 放弃

3. 产品改良、市场改良和营销组合改良等决策适用于产品生命周期的(　)。

A. 导入期　B. 成长期　C. 成熟期　D. 衰退期

4. 在市场上表现为产品质量水平、外观特色、式样、包装等，属于产品的(　)。

A. 核心产品　B. 潜在产品　C. 形式产品　D. 期望产品

5. 销售量的增长缓慢，利润增长值接近于零时，说明产品已进入(　)。

A. 投入期　B. 成长期　C. 成熟期　D. 衰退期

6. 新发明创造的产品叫作(　)。

A. 改进新产品　B. 换代新产品　C. 地域性新产品　D. 全新产品

7. 企业从消费者的角度对创意所做的详尽描述叫作(　)。

A. 产品形象　B. 产品概念　C. 产品外观　D. 产品用途

8. 企业把创新产品的价格定得较低，以吸引大量顾客，提高市场占有率，这种定价策略叫作(　)。

A. 撇脂定价　B. 渗透定价　C. 目标定价　D. 加成定价

9. 小摊贩在卖东西时，对于买主觉得价格太高、希望降价的要求常做这样的解释："这件货进价就高，赚不了几个钱。"如果此话可信，则可以推断小摊贩所用的定价方法是(　)。

A. 随行就市法　B. 心理定价法　C. 理解价值法　D. 成本加成定价法

10. 渠道不包括(　)。

A. 供应商　B. 生产者　C. 代理中间商　D. 经纪人

11. 下列说法有错误的是(　)。

A. 易腐烂的产品通常需要直接营销

B. 体积较大的产品需要搬运次数较少的渠道来分销

C. 非标准化产品通常由企业推销员直接销售　D. 价值高的应由中间商销售

12．公共关系目标是使企业（　　）。

A．出售商品　　B．盈利　　C．广结良缘　　D．占领市场

13．一般来说，胶卷之类的产品最好通过电视媒体做活生生的广告说明。在这里，主要考虑的影响媒体种类选择的因素是（　　）。

A．顾客的媒体习惯　　B．产品特性　　C．信息类型　　D．成本

14．一般在消费品的投入期，最重要的促销手段是（　　）。

A．营业推广　　B．广告宣传　　C．公共关系　　D．人员推销

三、问答题

1．简述4P营销组合理论的内容。

2．简述产品整体概念的内容。

3．产品生命周期各阶段的营销策略是什么？

4．产品品牌策略有哪些？

5．企业定价时要考虑哪些因素？

6．渠道策略的影响因素有哪些？

7．影响企业促销组合策略的因素有哪些？

实训与实践

1．有几位同学准备创业，通过市场调查发现学校里有很多动漫爱好者，但是周边却没有一家专门卖动漫产品的商店，于是他们打算在校园里开办一家专门为动漫爱好者服务的动漫店，请为他们提供该采取的市场营销组合策略建议。

2．每年寒暑假过后，各大高校开学，学生纷纷返校，并且会购买一系列的日常生活用品，高校园区各大超市如果针对大学生开学返校期间进行一些促销活动，吸引刚刚返校的大学生前来购物，必定会为超市带来可观的经济效益。请你以此为背景写一份大学开学返校超市促销活动方案。

3．推销技巧实训：现场抽取4名同学，A扮演推销员，B扮演不愿意接受产品的采购员，由A向B推销，C和D扮演观察员，其他同学作为台下观察员。演练结束后，由台下同学对A和B的演练进行点评，指出双方优缺点，再由C和D进行点评，并板书。最后由教师与同学进行总结。

模块五

企业营销管理

学习目标

1．了解营销组织的类型
2．理解各类型营销组织结构的优缺点
3．理解市场营销控制的基本内容
4．学会撰写营销计划

导入案例

科诺公司的营销控制

武汉科诺公司主要从事生物农药及其他高效、低毒、无公害农药的研发、生产、销售和推广。科诺公司在市场部设置了督办部，设计了一种“双回路”的营销控制模式，并且这种营销控制模式对公司早期的快速成长以及规范销售人员的行为发挥了重要的作用。“双回路”营销控制模式主要是强调工作计划与督办落实两条腿走路，一方面要求销售人员做出详细的工作计划，包括具体的销售业绩目标，另一方面派出督办人员不定期地到市场一线去检查工作计划的完成情况，并及时反馈检查的结果。督办人员的工作目的不是为了“挑刺”，找出销售人员工作中的不规范行为，而是帮助销售人员解决工作中的困难，即时“纠偏”，从而顺利完成销售目标。

科诺公司的这种销售控制模式实际上是将结果控制、过程控制以及他人控制等几种类型的营销控制有机地结合起来，而且在每种类型的营销控制中设计和运用的具体方法和流程之间也是相互支撑的。因此，这种整合的营销控制模式较好地弥补了单个控制模式的不足之处，并使其发挥了“1+1＞2”的作用。

任务一

营销组织的设计

管理离不开组织，市场营销管理自然也离不开特定的组织结构。设计一个适应企业特点和环境变化的营销组织结构，是实现营销目标的前提和基础。多年来，市场营销从一个简单的销售功能演变成一个复杂的功能群体，营销组织结构也随之不断发生演变。目前常见的组织形式有以下几种。

一、功能性组织模式

这是最常见的市场营销机构的组织形式，是在营销副总裁的领导下，由各种营销职能专家构成的职能性组织。具体结构如图5-1所示。

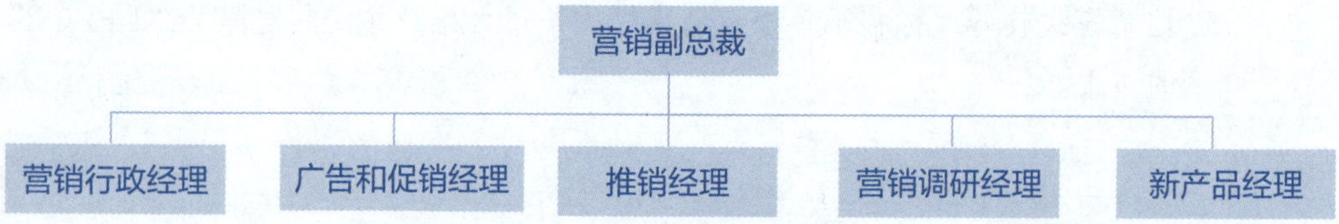

图 5-1　功能性营销组织

功能性组织的主要优点是管理简单。但是随着产品的增多和市场扩大，这种组织形式会暴露出很大的缺点。由于没有一个人对一项产品或一个市场负全部的责任，因而每项产品或每个市场制订的计划欠完整，有些产品或市场就很容易被忽略。另外，各个职能部门为了各自利益容易发生纠纷。

二、地区型组织模式

在全国范围内组织营销的企业往往按地理区域组织其推销人员。例如，许多公司把中国大陆分成华东、华南、华北、西南等区域，每个区域设一区域经理，区域经理根据所管辖省市的销售情况再设若干地区销售经理，地区销售经理下再设若干地方销售经理/主任，每个地方销售经理/主任下再领导几位销售代表。

由上可见，这种模式明显增加了管理幅度。但在推销任务复杂，推销人员对利润影响很大的情况下，这种分层是很重要的。

三、产品和品牌管理组织模式

生产不同产品或品牌的公司往往需要设立产品或品牌管理组织。这种组织并没有取代功能性管理组织，只不过是增加一个管理层次而已。其基本做法是，由一名产品主管经理领导，下设若干个产品大类（产品线）经理，产品大类（产品线）经理下再设几个具体产品经理。

产品经理的任务在于制订产品计划并设法付诸实施发，管理检查其执行结果，采取纠正行为。具体而言，这个职责可细分以下几项任务：

（1）制定产品长期竞争策略；

（2）制订年度销售计划并进行销售预测；

（3）策划广告活动；

（4）激励销售人员和经销商对产品的兴趣和支持；

（5）收集市场信息，提出产品改进意见；

（6）与公司其他部门和外界进行沟通和协调。

资料补充

产品管理最初是由美国宝洁公司于1927年率先采用的。当时公司推出一种camay香皂，但销售业绩较差。一名叫麦古利的年轻人在一次会议上提出：如果公司的销售经理把精力同时集中于camay香皂和Ivory香皂（宝洁的一种老牌香皂）的话，那么camay香皂的潜力就永远得不到充分发掘。同时，他提出了“brand man”（品牌人）的概念，一个品牌人应该有一个销售小组的帮助，每一个宝洁品牌应当当作一个单独的事业来经营，与其他品牌同时竞争。麦古利赢得了宝洁高层的支持。随后，他的成功表现使公司认识到产品管理的巨大作用。之后，宝洁便以“产品管理体系”重组公司体系。“产品（品牌）经理”体制帮助宝洁公司从以产品为中心的运营机制中解放出来，不是从产品而是从产品之外的价值上使公司获得持续增长能力。如今宝洁已成为全球产品管理的典范，这一体制也推广到了包括银行、旅游等几乎所有行业。

产品和品牌管理组织的优点在于：①产品经理可以协调其所负责产品的营销组合策略；②产品经理能及时反映该产品在市场上出现的问题；③由于有专门的产品经理，因而即使不太重要的产品也不会被忽视掉。产品管理型组织的缺点：①由于产品经理需要经常同生产、研发、采购及其他营销部门合作，容易造成部门冲突；②产品经理较易于成为他所负责产品的专家，但很难成为公司其他功能的专家；③产品管理系统的成本往往比预计的高；④产品经理的流动性导致该产品营销规划缺乏连续性，严重影响产品的长期竞争力。

四、市场型组织模式

当企业把一条产品线的各种产品向不同的市场进行营销时可采取这种组织模式。如生产电脑的企业可以把目标客户按不同的购买行为和产品偏好分成不同的用户类别，设立相应的市场型组织结构。

市场型组织的优点：企业的市场营销活动是按照满足各类不同顾客的需求来组织和安排的，这有利于企业加强销售和市场开拓。其缺点：和产品型组织一样，存在权责不清和多头领导的矛盾。

五、产品-市场管理组织模式

生产多种产品并向多个市场销售的企业，在确定营销组织结构时既可以采用产品管理型，也可以采用市场管理型，还可以建立一种既有产品经理，又有市场经理的两维矩阵组织。如图5-2所示。

然而这样的组织结构管理费用太高，而且容易产生内部冲突。比如各个产品在市场上的定价是由市场经理还是产品经理来决定？如何组织销售人员？是按人造丝、醋酸纤维等产品品种分别组织销售队伍，还是按男装、女装等市场来分别组建队伍？

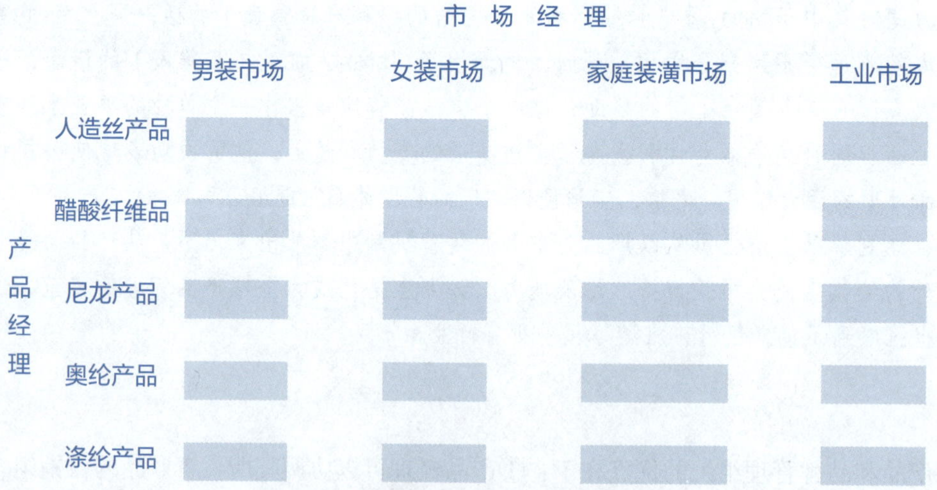

图5-2　产品-市场管理组织模式

以上介绍了五种基本的市场营销组织模式，可以看到市场营销组织没有尽善尽美的，即使现在的组织结构较为理想，但随着企业的发展和环境的变化，市场营销经理也需对组织进行相应调整，以适应市场的需要。

任务二

营销计划的制订

企业的市场营销计划，在企业内部的计划体系中，处于极其重要的地位，企业内部的各种计划，如财务计划、生产计划、人力资源计划等都要围绕营销计划来开展。如生产部在制订生产计划时，要根据营销部提供的营销计划，来决定应生产哪种产品、生产多少、何时完成；财务部制订财务计划时也要根据营销计划做好资金调拨和准备。

值得注意的是，制订企业营销计划应始终与企业发展战略方向保持一致。例如，企业发展战略中把建立跨行业、跨地区、跨国界的企业集团作为发展目标，那么，营销计划就应当根据这一战略方向来制订，在计划中就应当充分体现这一战略思想，在长期和中短期计划中不同程度地贯彻落实这一战略意图，任何与战略目标和发展方向不协调或相冲突的营销方案、方法，不论它有多么完美，都不应出现在营销计划中。

一、营销计划的分类

1．按计划时期长短，可分为长期计划、中期计划和短期计划。

（1）长期计划的期限一般5年以上，主要是确定未来发展方向和奋斗目标的纲领性计划。

（2）中期计划的期限一般为1～5年。

（3）短期计划的期限通常为1年，如年度计划。

2．按计划涉及的范围，可将营销计划分为总体营销计划和专项营销计划。

（1）总体营销计划是企业营销活动的全面、综合性计划。

（2）专项营销计划是针对某一产品或特殊问题而制订的计划，如品牌计划、渠道计划、促销计划、定价计划等。

3．按计划的程度，可分为战略计划、策略计划和作业计划。

（1）战略性计划需要考虑哪些因素会成为今后驱动市场的力量，可能发生的不同情境，企业希望在未来市场占有的地位及应当采取的措施。

（2）策略计划是对营销活动某一方面所做的策划。

（3）作业计划是各项营销活动的具体执行性计划，如某一次具体的促销活动计划，其特点是非常细致和具体，对活动的目的、时间、地点、活动方式、费用预算等都有详细的说明。

二、营销计划的内容

一份完整的营销计划的内容一般可分为以下8个部分：

（1）执行纲要：提供该计划的简略概要。

（2）当前营销状况：提供与市场、产品、竞争、宏观环境有关的数据。

（3）SWOT分析：概述面临的机会、威胁、优势、劣势，总结所面临的问题。

（4）营销目标：确定预计要达到的关于销量、市场份额、利润等目标。

（5）营销策略：描述为实现上述目标而采取的主要方法。

（6）行动方案：各项活动具体执行时间以及负责人等。

（7）预计损益表：预计收益情况。

（8）控制：说明如何监控该计划。

在企业的实际操作中，可能会因为企业的不同要求出现风格各异的营销计划。但不管怎么变化，其实质内容仍是紧紧围绕上述8个部分。下面我们就以某一企业为其产品所做的营销计划为例，对计划内容的各个部分予以详细说明。

东方制药公司替硝唑阴道泡腾片上市计划书

东方制药公司是一家中外合资的中型制药企业，在全国20多个省市设有销售办事处，公司生产的药品包括抗感染用药、糖尿病用药、心血管用药等。最近，公司即将上市妇科用药替硝唑阴道泡腾片，作为产品经理，Jack负责制订了一份上市计划书。

一、执行纲要

这部分简要概述关于计划执行的目标，为达此目标应采用的主要方法以及预计所需的费用。

我公司研制生产的替硝唑阴道泡腾片即将投入市场。我们通过分析同类产品当前的营销情况，结合我公司的实际情况，拟订明年营销目标为93650盒，财务目标为18.5万元，市场占有率30%。为达到此目标，拟通过竞争性定价、临床促销服务、临床验证、病例讨论以及一系列大、中、小型临床推广会等方式，在全国开发23家医院（其中三甲医院15家，二甲医院8家，上海地区及广州、南宁、长沙、郑州等地未统计在内），商业包销3家，药店零售2家。共需花费112.7万元。

二、当前营销情况

1．市场状况

治疗滴虫及厌氧菌感染，国内一直使用较多的是甲硝唑，其疗效好，价格便宜，国营厂家生产的价格仅3元左右/100粒。从××年湖北省医药工业研究所率先在国内研制成功替硝唑至今，先后有40多家厂商申报并获得替硝唑各剂型的生产批文，但其中并无实力强大的厂商参与，故在××年《国家基本医疗保险药品目录》中，甲硝唑入选，替硝唑榜上无名。

妇科用替硝唑阴道泡腾片作为新剂型，申请到生产批文的除了我厂外，目前还有4家厂商。分别是：浙江康恩贝集团研究开发中心、中外合资黑龙江银峰制药有限公司、江苏板桥药业有限公司、江苏省东台市制药厂。

根据对长江流域主要城市医院的系统分析，××年尚未有替硝唑阴道泡腾片的销售，××年1季度浙江康恩贝的“佳丽康”在上述地区共销售了5460盒，总价为12.7万元，其中杭州占了96.9%的份额。由此说明，佳丽康××年处于刚启动阶段，且启动范围较小，以本地为主，其他三个厂商尚未见有销售。

以下列出五大城市典型医院替硝唑及各剂型、抗滴虫类药、甲硝唑栓销售金额（表5-1）。（单位：万元）

表5-1　五大城市替硝唑销售状况

城市 销售总金额（万元）	成都		重庆		杭州		南京		上海	
	××年	××年1季度	××年	××年1季度	××年	××年1季度	××年	××年1季度	××年	××年1季度
替硝唑阴道泡腾片	0	0.4	0	0	0	12.3	0	0	0	0
替硝唑全剂型	307.4	80.3	–	20.3	167.0	33.2	380.8	101.1	33.6	13.6
抗滴虫药	398.7	97.1	–	35.9	321.9	64.0	494.2	120.7	556.3	134.7
甲硝唑栓	–	2.4	–	2．4	–	6.3	–	5.1	–	6.4

2．竞争状况

这里对主要的竞争者进行辨认，并尽可能描述他们的规模、目标、市场份额、产品质量、营销战略等，从而了解他们的意图和行为。

主要的竞争对手是浙江康恩贝的佳丽康，目前它在市场上占主导地位。零售价格为23元/盒，主要在医院进行销售，有专业销售队伍，售后服务较好，估计明年将大规模进军其他省市销售，……

3．宏观环境情况

这部分描述人口统计、经济、政治、技术、文化等宏观环境变化对产品销售可能造成的影响。

据国内外有关文献报道，滴虫发病率为25%～65%，是当今世界上极常见的性传播疾病之一，近年还有上升的趋势。因此，该市场潜力巨大。

随着人们经济收入和对自身健康的关注，人们愿意使用疗效更好、副作用更少的药物。替硝唑与甲硝唑相比，有疗效好、副作用小的优点，是其更新换代产品。阴道泡腾片作为一种新剂型，更适合女性患者。虽然甲硝唑的价位远低于替硝唑，但替硝唑阴道泡腾片小包装低于25.00元/盒，市场对此价格并不敏感。

最关键的是是否进入医保目录。以上海为例，因为未进医保目录，原则上不能进医院销售。所以替硝唑在医院的销售只占抗滴虫药的10%以下，其他地区则因为价贵而有半分天下之形势（占50%以上）。因此应根据各地区执行医保的情况制定销售方案及指标。

三、SWOT分析

SWOT分析是将宏观环境分析、行业竞争环境分析、竞争者分析、企业内部分析的内容进行总结，目的是确认企业当前战略与其特定的优势、劣势之间的相关程度以及企业处理和应付环境变化的能力。

（1）优势（Strengths）：是企业较之竞争对手在哪些方面具有不可匹敌、不可模仿的独特能力。

（2）劣势（Weakness）：是企业较之竞争对手在哪些方面具有缺点与不足。

（3）机会（Opportunities）：是外部环境变化趋势中对本企业生存与发展有吸引力的、积极的、正向的方面。

（4）威胁（Threats）：是外部环境变化趋势中对本企业生存与发展不利的、负面的方面。

表5-2　SWOT分析结果（替硝唑）

优势 ① 同剂型品种零售价最便宜 ② 有一定操作空间，可制定灵活的销售政策 ③ 现有的商业网络齐全，信誉好 ④ GMP认证，企业产品品质好	机会 ① 同剂型的竞争小 ② 市场潜力大
劣势 ① 未列入医保目录 ② 新品种，无知名度 ③ 局限于妇科用药，市场范围比口服的缩小 ④ 价格比常用药甲硝唑贵	威胁 ① 未列入医保目录，导致某些地区不能进医院，用量受限 ② 临床用药习惯仍以甲硝唑为主

问题分析：

根据对甲硝唑、替硝唑及妇科用药的市场调查，其总金额均不大，故本计划书考虑从以下几点制订：

（1）作为市场量小的新品种，目前又遇上国家医保目录出台，影响公司对阴道泡腾片的预估，故试销期内以损益平衡为目的，占领市场，避免发生库存太多面临报废的可能。

（2）因该品种为新剂型，竞争厂家少，故以高定价、高促销费、高奖金为定位。

（3）因产品本身特点，进医院后用药金额远不及抗生素的潜力大，故鼓励与商业或连锁药店合作，铺设药店，提供市场方面的支持，如药店宣传册、台架及对药店人员的培训等。

四、营销目标

销量目标：××年销售量为93650盒

销售金额：××年销售收入为1109753元

毛利：××年毛利为16.5万

相对市场占有率：××年市场占有率达到30%

五、营销策略

营销策略是指达到上述营销目标的途径或手段。包括目标市场的选择和市场定位战略、营销组合策略、营销费用策略等。

（1）目标市场：大中型城市的妇保医院、综合医院的妇产科、大型企业职工医院、药店。

（2）市场定位：治疗滴虫性阴道炎的首选药。

（3）定价：

	含税（元/盒）	除税（元/盒）
零售价	19.80	
批发价	17.22	14.72
经销价	13.86	11.85
包销价	6.93	5.92

（4）通路：医药公司、医药商店。

（5）销售人员：不增加，以原有人员为销售队伍。

（6）广告：宣传单页（用于医院）、宣传小册（用于药店）、小礼品。

（7）销售促进。

①临床促销：售后服务费为2.5元/盒；开拓费为1元/盒。

②学术促销：临床病例讨论、对比疗效、大中型妇科推广活动。

六、行动方案

行动方案具体包括：要做什么？何时开始？何时完成？由谁负责？成本为多少？

产品销售行动计划见表5-3。

表5-3 产品销售行动计划表

时间 项目	1月	2月	3月	4月	5月	6月	7月	8月	9月	10月	11月	12月	负责人	预计费用
宣传资料制作	☆												Jack，Jenny	3万
礼品制作	▲												Jack	2万
培训		▬	▬										Jack，Rose	
推广活动				▬	▬	▬	▬	▬					Jack 各办主管	9.4万
……														

推广活动拟在上海、广州、北京、成都举办。

推广会参加人员为妇产科医生及药剂科，推广会分小型（20人以下）和中型（50人左右），小型活动费用预估5000元/次，中型活动费用预估为10000～20000元/次。

临床病例分讲座与效果比较两种，小型研讨会为3000元/次，效果比较为我公司提供样品与已有产品比较疗效，临床观察费控制在4000～6000元/20例。

七、预计损益表

销售金额（除税）：10.30×93650=964595元

成本：3.50×93650=327775元

售后服务费：2.5×93650=234125元

开拓费：1×93650=93650元

推广会费：中型15000×2=3万元

小型5000×4=2万元　　共计：5万元

临床病例费：中型6000×2=1.2万元

小型3000×4=1.2万元　　共计：2.4万元

宣传资料费：3万元

小礼品：2万元

毛利润=销售金额-成本-售后服务费-开拓费-推广会费-临床病例费-宣传资料费-小礼品

=964595-327775-234125-93650-50000-24000-30000-20000

≈18.5万元

八、控制

营销计划的最后一部分是概述控制，用以监督计划的进程。常把目标、预算按月或季度分开，便于上级主管及时了解各个阶段的实绩，掌握未完成任务的部门、环节，分析原因，并要求限期解释和提出措施。

有些营销计划的控制部分还应包括应急方案。应急方案中会扼要列举可能发生的各种不利情况，发生的概率和危害程度，应当采取的预防措施和必须准备的善后措施。其目的是要求经理们对可能发生的某些困难做事先考虑。

任务三 营销计划的执行和控制

即使是最优秀的市场营销计划，如果执行不当也是无法达到预期效果的。所以，有了市场营销计划后，就要积极执行，合理控制，努力实现计划目标。执行和控制市场营销计划是市场营销管理过程的最后一个步骤，也是市场营销管理过程的一个带关键性的、极其重要的步骤。

一、执行市场营销计划

有效执行市场营销计划的前提是公司必须设计一个能够实施营销计划的营销组织。如果现有的营销组织妨碍计划的实施，则必须下决心对组织结构做相应调整，或者修改营销计划使之相匹配。

有效执行市场营销计划还取决于是否配备有优秀的管理人员和营销人员。营销组织通常由一位营销副总经理负责，这是营销部门的领军人物，他能否合理安排营销力量，协调企业营销人员的工作，能否与公司其他职能部门如生产、财务、研发、采购和人事等的管理人员配合，对于满足目标顾客的需要，保质保量地完成市场营销计划起很重要的作用。当然，光有将军是不够的，还要有优秀的士兵。只有配备合格的营销人员，充分调动他们的工作积极性和创造性，增强其责任感和奉献精神，把计划任务落实到具体部门、具体人员，才能保证在规定的时间内完成计划任务。

要点提示：高效合理的营销组织和德才兼备的营销人员是执行计划的必备条件。

二、控制市场营销计划

在执行市场营销计划的过程中可能会出现许多意外情况，企业需要有一套反馈和控制程序，以确保营销目标的实现。营销控制方法包括年度计划控制、盈利能力控制、效率控制和市场营销审计。

1．年度计划控制

是由企业高层管理人员负责的，旨在检查年度计划目标是否实现。一般可用以下4种方法检查计划执行绩效。

（1）销售差异分析：销售差异分析就是要衡量并评估企业的实际销售额与计划销售额之间的差异情况。

例如，某公司在苏州、无锡、常州三个地区的计划销售量分别是2000件、1500件、1000件，总计4500件，而实际总销量是3800件，三个地区分别是1200件、1400件、1200件，与计划的差距分别为–40%，–6.7%，+20%。通过分析可知，苏州是造成困境的主要原因。因而应进一步查明苏州地区销量减少的原因。

（2）市场占有率分析：市场占有率能反映企业在市场竞争中的地位，是最基本的销售目标之一。根据企业选择的比较范围不同，市场占有率一般分为3种：

①全部市场占有率：企业的销售额（量）占行业销售额（量）的百分比。

②目标市场占有率：企业的销售额（量）占其目标市场总销售额（量）的百分比。

③相对市场占有率：企业的销售额（量）和几个最大竞争者的销售额（量）的百分比。

（3）营销费用率分析：指营销费用对销售额的比率，还可进一步细分为人力推销费用率、广告费用率、销售促进费用率、市场营销调研费用率、销售管理费用率等。

（4）顾客态度追踪：指企业通过设置顾客抱怨和建议系统、建立固定的顾客样本或者通过顾客调查等方式，了解顾客对本企业及其产品的态度变化情况。

2．盈利能力控制

盈利能力控制一般由财务部门负责，旨在测定企业不同产品、不同销售地区、不同顾客群、不同销售渠道以及不同规模订单的盈利情况的控制活动。盈利能力的指标包括资产收益率、销售利润率和资产周转率、现金周转率、存货周转率和应收账款周转率、净资产报酬率等。如某公司产品在北京、上海、武汉三大城市销售，损益表如下（表5–4）。

表5-4　××公司各区销售损益表（单位：元）

项目	北京	上海	武汉	合计
销售收入	400000	450000	300000	1150000
销售成本	240000	270000	180000	690000
销售毛利	160000	180000	120000	460000
营销费用				
推销费	50000	80000	60000	190000
广告费	40000	40000	35000	115000
物流费	30000	31000	36000	97000
费用总额	120000	151000	131000	402000
净利润	40000	29000	−11000	58000
销售收益率	10.00%	6.44%	−3.67%	5.04%

由上表可知，北京获利能力最高，净利润和销售收益率均为第一，上海次之，武汉最低，亏损11000元。

企业要取得较高的盈利水平和较好的经济效益，一定要对直接推销费用、促销费用、仓储费用、折旧费、运输费用、其他营销费用，以及生产产品的材料费、人工费和制造费用进行有效控制，全面降低支出水平。

3．效率控制

假如利润分析发现公司在某些产品、地区或市场方面的赢利不佳，那接下来要解决的问题是寻找更有效的方法来管理销售队伍、广告、促销和分销。

（1）销售人员效率。各销售经理可用如下指标考核和管理销售队伍：

①销售人员日均拜访客户的次数；

②每次访问平均所需时间；

③每次访问的平均收益；

④每次访问的平均成本；

⑤每百次销售访问预定购的百分比；

⑥每月新增客户数目；

⑦每月流失客户数目；

⑧销售成本对总销售额的百分比。

（2）广告效率。经理应掌握如下统计资料：

①每种媒体接触每千名顾客所花费的广告成本；

②注意、看到、阅读广告的人在其受众中所占的比率；

③顾客对广告内容和效果的评价；

④广告前后顾客态度的变化；

⑤由广告激发的询问次数。

（3）营业推广效率。为了提高促销效率，企业应注意以下统计资料：

①优惠销售所占的百分比；

②每一单位销售额中所包含的陈列成本；

③赠券回收率；

④因示范引起的询问次数。

（4）分销效率。主要是对企业存货控制、仓库位置和运输方式的效率进行分析和改进。

4．市场营销审计

营销审计是对一个企业或一个业务单位的营销环境、目标、战略和活动所做的全面、系统、独立和定期的检查，其目的在于决定问题的范围和机会，提出行动计划，以提高企业的营销业绩。营销审计可由企业内部人员来做，也可聘请外部专家进行。

营销审计是营销战略控制的主要工具。一次完整的营销审计活动的内容是十分丰富的，概括起来包括6个方面。

①营销环境审计。主要包括宏观环境如人口统计、经济、生态、技术、政治、文化；任务环境如市场、顾客、竞争者、经销商、公众等。

②营销战略审计。包括企业使命、营销目标和目的、战略等。

③营销组织审计。包括组织结构、功能效率、部门间联系效率等。

④营销制度审计。包括营销信息系统、营销计划系统、营销控制系统、新产品开发系统。

⑤营销效率审计。包括盈利率分析、成本效率分析等。

⑥营销职能审计。对营销的各个因素如产品、定价、渠道和促销策略的检查评价。

总结

1 企业的营销组织结构分为5种基本类型：功能型组织结构、地区型组织结构、产品-品牌管理型结构、市场型结构、产品市场管理型结构。市场营销组织没有尽善尽美的，即使现在的组织结构较为理想，但随着企业的发展和环境的变化，市场营销经理也需对组织进行相应调整，以适应市场的需要。

2 市场营销计划的内容一般由8个部分组成：执行纲领、目前营销状况、机会和问题分析、营销目标、营销策略、行动方案、预计损益表、控制。

3 高效合理的营销组织和德才兼备的营销人员是执行计划的必备条件。营销控制方法包括年度计划控制、盈利能力控制、效率控制和市场营销审计。

练习与思考

一、名词解释

目标市场占有率　相对市场占有率　SWOT分析

二、选择题

1. 企业常见的营销组织形式有（　）。

A. 功能性组织模式　B. 地区型组织模式　C. 产品和品牌管理组织模式
D. 市场型组织模式　E. 产品-市场管理组织模式

2. 产品和品牌管理组织的优点在于（　）。

A. 产品经理可以协调其所负责产品的营销组合策略
B. 产品经理能及时反映该产品在市场上出现的问题
C. 由于有专门的产品经理，因而即使不太重要的产品也不会被忽视
D. 产品管理系统的成本往往比预计的高

3. 营销审计活动的内容包括（　）。

A. 营销环境审计　B. 营销战略审计　C. 营销组织审计
D. 营销制度审计　E. 营销效率审计　F. 营销职能审计

4. 企业制订市场营销计划，必须要进行（　）。

A. 市场营销历史分析　B. 市场营销组织分析　C. 市场营销状况分析
D. 市场机会与风险分析　E. 优势与劣势分析

5. 效率控制包括（　）。

A. 销售人员效率　B. 广告效率　C. 营业推广效率　D. 分销效率

三、问答题

1. 一份完整的营销计划的内容应包括哪些？
2. 如何才能使营销计划达到预期效果？

实训与实践

请找一家企业进行调研，为其制定一份年度营销方案。

模块六

市场营销的发展

学习目标

1．掌握网络营销的概念、特点、实施步骤

2．掌握网络营销的方法

3．能够根据具体情况，正确选择网络营销的方法，进行网络营销

导入案例

大堡礁护岛人

2009年1月，一则消息在全球网络上不胫而走：“澳大利亚招聘大堡礁护岛人”“面向任何人的工作”“月薪10万美元”“喂鱼、看鲸、巡岛、写博客”“平均每周只需工作12小时”“入住哈密顿岛豪家”。

消息一经传出，全球各大报纸、电视台相继报道，有201个国家和地区的36648人参与竞聘，其中包括11565名美国人、2791名加拿大人、2262名英国人、2064名澳大利亚人、503位中国人；一共产生了时长达610小时的有关宣传大堡礁岛的视频内容；在56天的时间里成功吸引了近685万人访问招聘活动的官方招聘网站，招聘网站一度崩溃。

最后经过层层筛选，英国慈善工作者本·绍索尔得到了这份工作。然而，这只是一个开始，全世界的媒体仍然在跟踪。本·绍索尔在他后续的工作中，通过博客、照片和视频记录下了护岛生活的点点滴滴，也吸引了全世界的关注。

这次活动的所有关键环节都是在网上开展的，在Google中搜索“世界上最好的在大堡礁上的工作”，搜索结果竟然达到5250万条，其中包括231355篇博客文章和4360条新闻。而从最开始的活动网站到消息在SNS社区中如病毒般扩散，再到通过收集SNS中产生的内容进行二次传播，让整个互联网看上去就像是一个关于大堡礁的互动网络社区。

这个营销活动是社会化网络营销的经典案例之一。在戛纳广告节上，它曾摘取了公关类全场大奖；同时还击败了1000多个对手，获得了另外一项全场大奖——直效行销广告全场大奖。它还获得了旅行、旅游业和休闲、最佳利用网络、数字媒体和社会媒体四个分类别的金狮奖，成为戛纳广告节的最大赢家。

任务一

认识数字营销

一、网络营销概念

网络营销就是使潜在的客户通过使用互联网，找到某网站、商铺，查看商品或服务的信息，通过电话、邮件、QQ等方式联系到卖家、厂家或服务商，将潜在客户变成有效客户的过程。也可以理解为，网络营销就是以企业实际经营为背景，以网络营销实践应用为基础，从而达到一定营销目的的营销活动。其中可以利用多种手段，如网络广告营销、视频营销等。总体来说，凡是以互联网或移动互联网为主要平台开展的各种营销活动，都可称之为网络营销。简单地说，网络营销就是以互联网为主要平台进行的为达到一定营销目的的营销活动。对于它的理解要把握以下几点。

（1）网络营销不能脱离传统的市场营销环境而孤立存在。

（2）网络营销不等于网上销售。一方面，网络营销的效果表现在多个方面，如提升企业品牌价值、加强与客户之间的沟通、作为一种对外发布信息的工具。另一方面，网上销售的推广手段也不仅仅是网络营销，往往还要采取许多传统的方式如传统媒体广告、发布新闻、印刷宣传册等。

（3）网络营销与传统营销既有相同点也有不同点。

相同点主要有：①都是企业的一种营销活动；②都需要通过组合发挥功能实现企业的既定目标；③都把满足消费者需求作为一切活动的出发点；④对消费者需求的满足，不仅停留在现实需求上，而且还包括潜在需求。

不同点主要表现在：①产品上，在互联网上进行网络营销的产品可以是任何产品或任何服务项目，而在传统营销领域却很难做到；②价格上，在互联网上营销的价格，可以调整到更有竞争力的位置上；③销售上，网络营销具有“距离为零”和“时差为零”的优势，改变了传统的迂回模式，可以采用直接的销售模式，实现零库存、无分销商的高效运作；④促销上，页面方式具有更丰富的内涵和实现方式；⑤决策上，网络营销的决策内容更多、响应速度更快。

（4）弄清电子商务与网络营销的关系。二者既紧密相连又有明显区别，主要表现在：①研究范围不同，电子商务的内涵更为广泛，核心是电子化交易，强调的是交易方式和交易过程的各个环节，而网络营销注重的是以互联网为主要手段的营销活动，发生在电子交易过程中的网上支付和交易之后的商品配送等环节并不属于网络营销的范畴。同样，电子商务体系中所涉及的安全、法律等问题也不属于网络营销的范畴；②关注重点不同，网络营销关注的重点在于交易前的宣传和推广，电子商务关注的则是电子化交易。

网络营销是企业整体营销战略的一个组成部分，无论是传统企业还是线上企业，不管电子化交易是否能够真实发生，都需要进行网络营销活动，而网络营销本身并不是一个完整的商业交易过程，而是在为促成交易提供支持，是电子商务中的一个重要环节，尤其是在交易发生之前，网络营销发挥着重要的信息传递作用。从这个意义上来说，电子商务可以看作是网络营销的高级阶段，一个企业在没有完全开展电子商务活动之前，就可以开展不同层次的网络营销活动。

二、网络营销的特点

1. 营销双方不受时间的限制

网络营销中采用电子数据（无纸贸易）、电子传递，使营销双方无论身在何处，均可与在世界各地的商品生产者、销售者、消费者进行交流、交易，实现快速准确、双向式数据、信息交流。

2. 经营规模不受场地限制

网络营销可以使经营者在“网络店铺”中无论摆放多少商品几乎不受任何限制，无论经营者有多大的商品经营能力，网络营销系统都可以满足，而且经营方式也很灵活，你可以既是零售商，又可以是批发商。通过电子网络，可以方便地在全世界范围内采购、销售形形色色的商品。

3. 支付手段高度电子化

为满足网络营销的发展需要，各银行金融机构、信用卡发放者、软件厂商纷纷提出了在网络上购物后的货款支付方法，现已使用的形式主要有信用卡、电子现金、智能卡等。

三、网络营销的步骤

（1）在互联网上获取具有特色和个性的域名，建立Web服务器企业的网页。域名是接入互联网用户在网上的名称，是一个企业或机构在互联网上的标志。为了使用户能记住企业网页，域名的选取非常重要。一个好的域名应该是可以让公司的品牌得以实现的域名，是有更多机会让公众认识产品的域名，同时也是有更多的机会获得潜在客户的域名，而且要避免使用潜在客户流向竞争对手的域名。域名确定后，就要构建企业的Web服务器。Web服务器是一套基于互联网上使用的符合WWW标准的计算机系统。WWW系统主要提供的是多媒体信息的浏览与发布，也支持多点之间的计算机相互通信和资源访问。

（2）不断地向企业站点发布企业的产品信息、形象信息和文化信息。网络经济被誉为“眼球经济”，这正说明了“注意力”是网站建设的关键。这促使网站的建设从单一、冷漠的技术型转向多元化、人性化富有亲和力的技术与艺术复合型。要吸引浏览者访问企业的网站，内容是很关键的。网站建设的内容中，应该强调网站方便的导航功能、完善的帮助系统、尽可能快的下载速度以及简单友好的用户界面。同时页面效果的作用也不容忽视，就好像人总是喜欢穿漂亮的衣服一样，美丽的事物总是对人有很大的吸引力。简单来说，美观与否是人们对页面效果的评判标准。

由于不同的网站面对的是不同的“潜在客户”，因此企业应该针对自己潜在顾客的偏好规划网站。另外，在内容上也应尽可能地融入企业的营销理念、营销文化等，以求达到使访问者在“视觉和心理”上都受到冲击，产生共鸣。

（3）充分利用强势网络引擎、定向网络广告和相互链接等推广企业站点。网络营销推广注重的是网站的推广，目的是建立公司站点的品牌形象，或者增加销售，或者让更多的人了解。从站点推广的角度来讲，网站不仅仅是一个企业的网上门面，也是一个重要的营销工具。

统计数据表明，95%以上的人通过搜索结果中前6个链接查看他们寻找的内容，排名在前10位的站点比排名11~30位的站点得到的访问量多78%，排名前30位站点得到的访问量占整个搜索结果的90%以上，而排在30位以后的站点几乎无人光顾。

（4）充分利用互联网的互动功能，实现与现有顾客的在线交流和潜在顾客的在线联络。互联网最重要的特色就是其交互性。若不将这种功能与营销功能结合起来，显然是一种巨大的浪费。企业应用数据库技术发现潜在顾客，并能及时进行联络。

（5）充分利用企业站点的维护和管理平台实现营销效果的分析评估，并及时进行营销策略的调整和完善。网站推出一段时间后，企业就应该通过站点的访问情况、产品的销售情况等对网站建设及企业的网络营销方式进行评估，并及时纠正出现的问题。

任务二

熟悉网络营销推广的工具和方法

随着互联网影响的进一步扩大，人们对网络营销理解的进一步加深，以及越来越多的网络营销推广成功案例的出现，人们已经开始意识到网络营销的诸多优点，并越来越多地通过各种方式进行网络营销的推广。

一、网络营销方法

1. 搜索引擎营销

搜索引擎营销即SEM（通常以PPC为代表），通过开通搜索引擎竞价，让用户搜索相关关键词，并点击搜索引擎上的关键词创意链接进入网站/网页进一步了解他所需要的信息，然后通过拨打网站上的客服电话，与在线客服沟通或直接提交页面上的表单等来实现自己的目的。

2. 搜索引擎优化

搜索引擎优化即SEO，是通过对网站结构、三要素描述、高质量的网站主题内容、丰富而有价值的相关性外部链接进行优化而使网站对用户及搜索引擎更加友好，从而获得在搜索引擎上的优势排名，为网站引入流量。

3. 电子邮件营销

电子邮件营销是以订阅的方式将行业及产品信息通过电子邮件提供给所需要的用户，以此建立与用户之间的信任与信赖关系。

4. 即时通讯营销

即时通讯营销是利用互联网即时聊天工具进行推广宣传的营销方式。

5. 病毒式营销

病毒营销是一种常用的网络营销方法，常用于进行网站推广、品牌推广等。病毒式营销利用的是用户口碑传播的原理。在互联网上，这种“口碑传播”更为方便，就像病毒一样迅速蔓延，因此成为一种高效的信息传播方式。而且由于这种传播是用户之间自发进行的，因此是一种几乎不需要费用的网络营销手段。

案 例

支付宝锦鲤病毒营销

2018年9月29日，支付宝推出了一个转发中国锦鲤的活动，转发指定的微博，支付宝会抽出1位集全球独宠于一身的中国锦鲤。奖品包括鞋包服饰、化妆品、各地美食券、电影票、SPA券、旅游免单、手机、机票、酒店等。在9月29日，支付宝公布活动玩法后不到6个小时，就已经有100万人参与转发，第二天直接破200万，成为微博史上转发量最快破百万的企业微博；400万转评赞，2亿曝光量，在公布结果后，迅速占据微博热搜榜第一位和第五位，微信指数日环比大涨288倍；中奖用户“信小呆”的微博，一夜间暴涨到80万粉丝。

6. BBS营销

BBS营销就是利用论坛这种网络交流平台，通过文字、图片、视频等方式发布企业的产品和服务信息，从而让目标客户更加深刻地了解企业的产品和服务，最终达到宣传企业品牌、加深市场认知度的网络营销活动。

7. 博客营销

博客营销是建立企业博客或个人博客，用于企业与用户之间的互动交流以及企业文化的体现，一般以诸如行业评论、工作感想、心情随笔和专业技术等作为企业博客内容，使用户更加信赖企业，深化品牌影响力。

8. 微博营销

微博营销是指通过微博平台为商家、个人等创造价值的一种营销方式，也指商家或个人通过微博平台发现并满足用户的各类需求的商业行为方式。

9. 微信营销

微信营销是网络经济时代企业营销模式的一种创新，是伴随着微信的火热而兴起的一种网络营销方式。微信不存在距离的限制，用户注册微信后，可以周围同样注册的“朋友”形成一种联系，用户订阅自己所需的信息，商家通过提供用户需要的信息，推广自己的产品，从而实现点对点的营销，比较突出的如体验式微营销。

案　例

小米客服营销9：100万

据了解，小米手机的微信账号后台客服人员有9名，这9名员工每天最重要的工作是回复100万粉丝的留言。每天早上，当9名小米微信运营工作人员在电脑上打开小米手机的微信账号后台，看到后台用户的留言时，他们一天的工作也就开始了。

其实小米公司开发的微信后台可以自动抓取关键词回复，但小米微信的客服人员还是会进行一对一的回复，小米公司通过这样的方式大大地提升了用户的品牌忠诚度。相较于在微信上开个淘宝店，对于类似小米这样的品牌微信用户来说，做客服显然比卖掉一两部手机更让人期待。

当然，除了提升用户的忠诚度，微信做客服也给小米公司带来了实实在在的益处。

黎万强表示，微信同样使得小米公司的营销、CRM成本开始降低，过去小米公司做活动通常会群发短信，100万条短信发出去，就是4万块钱的成本。微信客服的作用可见一斑。

10. 视频营销

以创意视频的方式，将产品信息移入视频短片中，被大众所吸收，还不会造成太大的用户群体排斥性，也容易被用户群体所接受。

11. 软文营销

软文营销顾名思义，它是相对于硬性广告而言，由企业的市场策划人员或广告公司的文案人员来负责撰写的“文字广告”。与硬广告相比，软文之所以叫作软文，精妙之处就在于一个“软”字，收而不露，克敌于无形。它追求的是一种春风化雨、润物无声的传播效果。如果说硬广告是外家的少林功夫，那么，软文则是以柔克刚的武当拳法，软硬兼施、内外兼修，才是最有力的营销手段。

案 例

新闻体软文是一种软文写作手法，一般从明星下手，针对产品性能，抓住热门事件诉说品牌，以新闻事件的手法去写，让读者认为仿佛就是昨天刚刚发生的事件。2016年3月11日，就在李世石九段连败AlphaGo的当晚，脑白金抓住时机，推出一篇新闻体软文，标题为“睡眠不佳困扰李世石，粉丝寄脑白金盼其替人类反击”。文章写道“一位仰慕李世石的国内业余棋手，自掏腰包给李世石寄去两盒脑白金，希望帮助其改善睡眠，以最佳状态为人类而战”。

12. 体验式微营销

体验式微营销以用户体验为主，以移动互联网为主要沟通平台，配合传统网络媒体和大众媒体，通过有策略、可管理、持续性的O2O线上线下互动沟通，建立和转化、强化顾客关系，实现客户价值的一系列过程。体验式微营销站在消费者的感官、情感、思考、行动、关联五个方面，重新定义、设计营销的思考方式。

此种思考方式突破传统上“理性消费者”的假设，认为消费者消费时是理性与感性兼具的，消费者在消费前、消费时、消费后的体验，才是研究消费者行为与企业品牌经营的关键。体验式微营销以SNS、微博、微电影、微信、微视、微生活、微电子商务等新媒体形式为代表，为企业或个人达成传统广告推广形式之外的低成本传播提供了可能。

13．O2O立体营销

O2O立体营销，是一种基于线上、线下的一种全媒体深度整合的营销模式，以提升品牌价值转化为导向，利用信息系统移动力，帮助品牌企业打造全方位渠道的立体营销网络，并根据市场大数据分析制定出一整套完善的多维度立体互动营销模式，从而实现大型品牌企业全面以营销效果为导向的立体营销网络。对受众进行全视角、立体式的营销覆盖，帮助企业打造一个多渠道、多层次、多元化、多维度、全方位的立体营销网络。

二、网络营销策略

网络营销策略是企业根据自身所在的市场中所处地位不同而采取的一些网络营销组合，主要包括品牌策略、网页策略、产品策略、价格策略、促销策略、渠道策略和顾客服务策略。

1．品牌策略

网络营销的重要任务之一就是在互联网上建立并推广企业的品牌，并快速树立品牌形象，达到提升。网络品牌建设是以企业网站建设为基础，通过一系列的推广措施，达到顾客和公众对企业的认知。在一定程度上说，网络品牌的价值甚至高于通过网络获得的直接收益。

2．网页策略

在网络营销中，网站是网络营销活动的基础。顾客首先接触到的就是企业的网页，网页设计的好坏直接关系到企业网络营销的成败，因此中小企业可以选择比较有优势的地址建立自己的网站，建立后应有人进行维护，并注意宣传。

3．产品策略

中小企业要使用网络营销方法必须明确自己的产品或者服务项目，明确哪些是网络消费者选择的产品，并以此来定位目标群体，因为产品的网络销售费用远低于其他销售渠道的销售费用，因此中小企业如果产品选择得当就可以通过网络营销获得更大的利润。

4．价格策略

价格策略是较为复杂的网络营销策略之一，对成本与价格的直接对话。网络营销过程中，由于信息的开放性，消费者很容易掌握同行业所有竞争者的价格，因此如何引导消费者做出购买决定是关键，这就要求企业如果想在价格策略上取得网络营销的成功就应该注重强调企业产品的性能价格比以及与同行业竞争者相比之下自身产品的特点优势。

除此之外，由于竞争者的冲击，网络营销的价格策略应该做到适时调整，可根据企业在不同阶段的不同营销目的在不同时间制定相应的价格。例如，在自身品牌推广阶段可以以低价来吸引消费者，在计算成本基础上，减少利润而占有市场。品牌积累到一定阶段后，制定自动价格调整系统，降低成本，根据变动成本市场供需状况及竞争对手的报价来适时调整。

5. 促销策略

营销的基本目的是为增加销售提供帮助，网络营销也不例外，大部分网络营销方法都与直接或间接促进销售有关，但促进销售并不限于促进网上销售，事实上，网络营销在很多情况下对于促进网下销售十分有价值。网上促销不需要使用传统营销模式下的营销人员进行直接接触式的促销，而只需要使用大量的网络广告这种软营销模式来达到促销效果。这种做法可以节省大量人力、财力支出。同时通过网络广告，企业还可以实现到人工不能到达的地方去挖掘更多的潜在消费者，通过使用网络的丰富资源与非竞争对手达到合作联盟，以此拓宽产品的消费层面。另外，网络促销还可以避免现实中传统促销的千篇一律，通过将本企业的文化与宣传网站的企业文化更好地进行融合，从而达到最佳的促销效果。

6. 渠道策略

为了促进消费者购买，企业应该及时在网站发布促销信息、新产品信息、公司动态，为了方便购买，还要提供多种支付模式，让消费者有更多的选择。同时在公司网站建设时还应该建立网络店铺以加大销售的可能。

7. 客服策略

网络营销与传统营销模式不同还在于它特有的互动方式。传统营销模式人与人之间的交流十分重要，但是营销手法比较单一，而网络营销则可以根据自身公司产品的特性设立不同的客服方法、途径，采取不同的客服策略。

总结

1 网络营销就是使潜在的客户通过使用互联网，找到某网站、商铺，查看商品或服务的信息，通过电话、邮件、QQ等方式联系到卖家、厂家或服务商，将潜在客户变成有效客户的过程。也可以理解为，网络营销就是以企业实际经营为背景，以网络营销实践应用为基础，从而达到一定营销目的的营销活动。其中可以利用多种手段，如网络广告营销、视频营销等。总体来说，凡是以互联网或移动互联网为主要平台开展的各种营销活动，都可称之为网络营销。

2 企业根据对网络市场及其环境的分析，选择相应的网络营销策略，并使产品价格、分销、促销等多重因素有机结合，产生最佳的营销效果，最终实现企业的营销目标。

练习与思考

一、名词解释

网络营销　软文营销　体验式微营销　O2O立体营销

二、选择题

1. 网络营销的特点是（　）。

A. 营销双方不受时间的限制　B. 经营规模不受场地限制
C. 支付手段高度电子化　D. 经营方式专业化

2. 下列哪些属于网络营销方法？（　）

A. 即时通讯营销　B. 博客营销
C. 体验式微营销　D. 电子邮件营销

3. 下列哪些属于网络营销策略？（　）

A. 品牌策略　B. 网页策略
C. 产品策略　D. 价格策略

4. 下列哪个不属于体验式微营销的五个方面？（　）

A. 感官　B. 情感　C. 思考　D. 主动　E. 行动　F.关联

5. 搜索引擎的英文是（　）。

A. SEP　B. SEN　C. SAM　D. SEM　E. SQM

三、问答题

1. 什么是网络营销？其特点有哪些？
2. 网络营销的方法有哪些？

3．什么是网络营销策略？网络营销策略有哪几种？其内容包含哪些？

实训与实践

在网上随机选择3～4个商业网站，分析其网络营销策略的特点，并试想可以如何改进？

参考文献

[1] 杨佳丽. 市场营销基础[M]. 北京：高等教育出版社，2015.
[2] 杜明汉. 市场营销知识[M]. 第3版. 北京：中国财政经济出版社，2012.
[3] 张润琴. 市场营销学基础[M]. 第2版. 北京：高等教育出版社，2012.
[4] 冯金祥. 市场营销知识[M]. 第3版. 北京：高等教育出版社，2012.
[5] 马继刚，朱益湘. 市场营销基础[M]. 南京：江苏凤凰教育出版社，2016.
[6] 周玉泉. 市场营销立体化教程[M]. 南京：南京大学出版社，2010.
[7] 干冀春，刘毅. 市场营销学教程[M]. 北京：北京航空工业出版社，2012.
[8] 菲利普·科特勒，凯文·莱恩·凯勒. 营销管理[M]. 第18版. 上海：上海人民出版社，2012.
[9] 菲利普·科特勒，凯文·莱恩·凯勒. 营销管理[M]. 王永贵，译. 北京：中国人民大学出版社，2012.
[10] 郭国庆，钱明辉.市场营销学通论[M]. 第7版. 北京：北京人民大学出版社，2017.
[11] 胡文静. 新编市场营销学[M]. 武汉：华中科技大学出版社，2018.
[12] 温伟胜. 市场营销学基础与应用[M]. 广州：华南理工大学出版社，2018.
[13] 何亮，柳玉寿. 市场营销学原理[M]. 成都：西南财经大学出版社，2018.
[14] 李阳，林玉贞. 市场营销策划理论与实务[M]. 北京：北京理工大学出版社，2018.